PARAS US AU COMBAT

Matthieu Longue

Les hauts faits d'armes du 2/506th Parachute Infantry Regiment

Diplômé de l'Université Libre de Bruxelles, historien et journaliste de formation, chercheur indépendant, l'auteur, Matthieu Longue est publié, en francophonie, depuis 2006, et collabore avec les Editions Heimdal, depuis 2007.

Dans le présent ouvrage, aussi accessible pour un public profane que satisfaisant pour un lectorat d'experts avertis, remarquablement documenté et abondamment illustré, Matthieu Longue nous propose, avec le concours de vétérans et d'autres spécialistes de la question, un récit complet et une analyse détaillée du parcours au combat du *2/506th Parachute Infantry Regiment* ainsi que des principaux hauts faits d'armes de l'une des compagnies de fusiliers de ce bataillon, la mondialement célèbre *Easy Company « Band of Brothers »*.

En compagnie des paras, au plus fort de l'action, le lecteur suivra, de près, leur entraînement avant de se retrouver au cœur des combats de Normandie, de Hollande, des Ardennes et d'Alsace, revivant ainsi les moments tragiques d'une aussi sombre que glorieuse page de l'histoire de l'*US Army* de la Seconde Guerre mondiale, celle qui œuvra à la Libération dont nous avons fêté le soixante-dixième anniversaire, en 2014 !

Un nouvel ouvrage de référence pour quiconque s'intéresse au sujet, rédigé avec l'aimable concours et la précieuse collaboration de :

Johnny Bona et Frank Ottelet (« Le Mess » - *101st Airborne Division Museum*, à Bastogne)

Michel De Trez (Directeur du *Dead Man's Corner Museum*)

Franck Feuardent (propriétaire du Manoir de Donville, Directeur/Conservateur du Musée de la Bataille de Donville/Mémorial de « *Bloody Gulch* »)

Susan Finn (fille de Robert B. Smith, vétéran *Easy Company « Band of Brothers »*)

Ian Gardner (auteur de plusieurs ouvrages sur le *506th PIR* et biographe de Ed Shames)

Marie Lipton (veuve de Carwood Lipton, vétéran *Easy Company « Band of Brothers »*)

Et neuf vétérans de l'*Easy Company :* Buck Compton, Bill Guarnere, Forrest Guth, Babe Heffron, Earl Mac Clung, Shifty Powers, Ed Shames, Amos Taylor, Dick Winters.

Ouvrage écrit par Matthieu Longue,
conçu par Georges Bernage.

Rédaction graphique : Christel Lebret,
Nicolas Bucourt, Erik Groult et Harald Mourreau.

HEIMDAL

1 Naissance des Airborne Troops

A l'origine de la naissance de l'infanterie aéroportée de l'armée américaine, soit les *US Army Airborne Troops* ou *US Paratroops*, on trouve le succès de l'emploi de ce concept militaire révolutionnaire par les Allemands qui l'ont inauguré, au printemps 1940, notamment avec la prise du fort belge d'Eben-Emael. Ce haut fait d'armes démontre, au monde entier, qu'une petite troupe d'élite, surgissant du ciel, par surprise, est tout à fait capable de réduire au silence une puissante forteresse en anéantissant sa garnison, bien supérieure en nombre et en armement !

Comme lieu de naissance des *Airborne Troops*, les autorités militaires américaines, soit le *War Department*, choisissent le site de *Fort Benning*, en Géorgie (1). Là, est créé le *Parachute Test Platoon* (*PTP*), formé de volontaires et activé le 1er juillet 1940, sous la direction du *Major* William C. Lee (1895-1948), un vétéran de la Première Guerre mondiale, futur général et premier commandant de la *101st Airborne Division*, considéré comme le « Père fondateur des troupes aéroportées » (2).

Bien que prestigieuse, la tâche du *Major* Lee se révèle ardue. En effet, il doit développer, *ex nihilo*, une nouvelle doctrine militaire, inventer des équipements spécifiques et recruter de futurs paras pour constituer de nouvelles unités ! Bien entendu, l'aide et l'expérience des hommes du *PTP* seront d'un grand secours à Lee qui s'investit, corps et âme, dans sa tâche, convaincu du bien fondé de son action et soucieux de doter l'*US Army* d'une force de frappe au potentiel militaire exceptionnel…

Suite au succès grandissant de l'entreprise menée par Lee et aux résultats encourageants obtenus lors de l'expérience effectuée avec le *PTP*, une première « unité complète et expérimentable » est créée, toujours à *Fort Benning*, le 1er octobre : le *501st Parachute Infantry Battalion*.

Le 10 mars 1941, un « premier QG des paras » s'installe à *Fort Benning*. Il s'agit du *HQ Provisional Parachute Group* qui deviendra le *Airborne Command*, dès le 23 mars 1942.

Entre juillet et octobre 1941, quatre nouveaux bataillons de paras sont créés : les *502nd*, *503rd*, *504th* et *505th Parachute Infantry Battalions (PIB)*. Sur base des *501st*, *502nd*, *503rd* et *504th PIB*, quatre nouveaux régiments d'infanterie aéroportés, des *Parachute Infantry Regiments (PIR)*, sont, ensuite, activés, le 24 février 1942.

Trois nouveaux *PIR* voient le jour, entre juin et juillet : les *505th*, *506th* et *507th PIR*. Le 506th PIR (*cf. infra*, chapitre 4), créé le 1er juillet et activé le 20 de ce mois, à *Camp Toccoa*, intégrera, quant à lui, la *101st Airborne Division*, le 10 juin 1943.

Avec la mise sur pied des *Parachute* et des *Glider Infantry Regiments (GIR)* – les *Glider Troops* sont aussi « *Airborne* », puisque transportées par planeurs ! – germe dans l'esprit des « patrons » des *Airborne Troops* l'idée de former de nouvelles divisions, à savoir les *82nd* et *101st Airborne Divisions*. La première est activée, le 15 mars 1942, à *Fort Bragg*, et la seconde, à *Camp Clairborne*, le 15 août.

La division d'infanterie aéroportée (*Airborne Infantry Division* ou *AID*) est conçue comme une « division d'infanterie légère d'élite à haute mobilité » devant jouer le rôle stratégique de fer de lance des futures

Ci-contre : le *Major-General* William C. Lee (1895-1948), photographié devant le bâtiment abritant les bureaux du QG divisionnaire de la *101st Airborne*, en 1943. Victime d'un malaise cardiaque, Lee est hospitalisé d'urgence et remplacé par le *Brigadier-General* Maxwell D. Taylor, en mars 1944, alors que sa division, qui s'entraîne pour le *D-Day*, stationne en Angleterre. (*US Army.*)

A droite : des membres du *Parachute Test Platoon*. (*US Army.*)

A gauche : le *Captain* William T. Ryder (1913-1992), chef du *Parachute Test Platoon*. (*US Army*)

Ci-dessus : affiches de propagande/de recrutement pour les *Airborne Troops*, incitant les jeunes hommes qui « ont le courage et les tripes » de s'y engager à « sauter au cœur du combat ». (NARA)

offensives de grande envergure de l'*US Army*. Dans cette optique, la qualité et la rudesse de l'entraînement occupent une place prépondérante. De fait, toute l'instruction des paras les prépare à subir les pires épreuves de la guerre, à devenir une troupe d'élite et de choc, capable de défaire n'importe quel adversaire, sur n'importe quel terrain et dans n'importe quelles conditions !

Durant toute la période d'instruction et d'entraînement, on inculque aux paras, entre autres doctrines militaires, la notion fondamentale d'esprit d'équipe car la force de ces derniers tiendra, principalement, dans leur capacité à « surprendre, en masse » l'ennemi, non sans témoigner d'une féroce brutalité au combat.

Au départ, l'effectif de l'*AID* regroupe 8505 hommes, réunis, principalement, au sein de sept bataillons de fusiliers (trois dans le régiment de parachutistes et deux dans chacun des deux régiments de *Gliders*). Finalement, l'effectif de l'*AID* sera revu à la hausse et considérablement renforcé jusqu'à atteindre près de 12000 soldats. Ainsi, en 1944, l'*AID* compte, dans ses rangs, trois *PIR* et un *GIR* (ici, à trois bataillons) ainsi que des unités du génie et d'artillerie...

Dans un premier temps, il est prévu que l'entraînement des unités, surtout les paras, devant former le « noyau dur » de la *101st Airborne Division,* dure neuf mois, planifié en trois phases, à savoir :

Phase 1 (13 semaines) : entraînement individuel des hommes, sur le plan physique et mental (formation de base du fantassin).

Phase 2 (13 semaines) : entraînement, non plus au niveau de la section (ou peloton), mais bien de la compagnie, du bataillon et du régiment, en coordination avec les unités du génie et de l'artillerie.

Phase 3 (11 semaines) : entraînement et manœuvres au niveau divisionnaire.

Cependant, l'entraînement de la *101st Airborne Division* est prolongé, atteignant une durée de vingt-deux mois. Au terme de ce dernier, l'un des plus rudes et des plus spécialisés de l'*US Army*, la division saute sur la Normandie, dans la nuit du 5 au 6 juin 1944 !

Très belles photos couleurs montrant des paras, engagés sur le théâtre d'opérations méditerranéen. Bien entendu, ces clichés sont publiés, à large échelle, toujours à des fins de propagande, dans le but de recruter des volontaires. (*US Army*.)

(1) *Fort Benning* : base de l'*US Army*, établie en 1918, près de la ville de Colombus, en Géorgie, à la frontière avec l'Alabama, comme centre d'entraînement pour les unités d'infanterie destinées à rejoindre le Front Français, durant la Première Guerre mondiale. En 1940, *Fort Benning* abrite l'*US Army Infantry School* et, aujourd'hui, on y trouve le siège du *US Army Maneuver Center of Excellence*, dont dépend, actuellement, ce dernier, entre autres institutions comme, par exemple, le *US Special Operations Command*.

(2) Sur les 200 volontaires pour le *PTP*, seuls 48 hommes, triés sur le volet, sont sélectionnés. Une fois formé, le *PTP* (« section/peloton de test des parachutes), unité expérimentale par excellence, est placé sous l'autorité d'un officier diplômé de *West Point*, en 1936, le *1st Lieutenant* William T. Ryder (1913-1992).

L'organisation des unités 2

Organisation officielle et réalité de terrain

Quiconque s'intéresse à la question de l'étude détaillée de l'organisation des unités de l'infanterie aéroportée de l'*US Army*, durant la Seconde Guerre mondiale, retiendra, tout d'abord, que cette dernière est régie par la structure des organigrammes repris dans les documents officiels que sont les *Tables of Organization and Equipment (TO&E)*, soit les « tableaux de dotation et d'effectifs », dans la langue de Molière. Ensuite, nous noterons aussi que les *TO&E*, quoiqu'il s'agisse là, au départ, de schémas, somme toute, assez rigides et complexes, n'en demeurent pas moins astreints à une certaine et nécessaire flexibilité, à l'origine de l'évolution qu'ils subiront, au fil du déroulement du conflit. D'autre part, retenons encore que les *TO&E* sont soumis au contrôle d'homologation du grand état-major et que donc, en théorie, ils doivent, au préalable, être « officialisés » avant leur adoption par les unités concernées, mais que, dans les faits, autrement dit, en pratique, ceux-ci sont, parfois, souvent même, modifiés et adoptés, bien avant que les autorités compétentes n'aient donné leur aval ! Enfin, soulignons donc bien ici que : entre les *TO&E* officiels théoriques et la réalité du terrain, il subsiste d'assez notables différences, même si la base établie par les *TO&E* demeure, pour ainsi dire, le « plus proche parent » de l'organisation réelle des unités, sur le terrain.

Une structure triangulaire (« règle de trois » ou schéma ternaire)

En dépit de leur esprit d'innovation et ne dérogeant pas aux us et coutumes en vigueur à l'époque, les *TO&E* de l'infanterie aéroportée adoptent une structure triangulaire classique, caractéristique de l'*US Army*, basée sur la fameuse « règle de trois », à savoir qu'un régiment, en dehors de sa compagnie d'état-major et de sa compagnie de service, compte trois bataillons à trois compagnies de fusiliers et ainsi de suite jusqu'au niveau de la section (ou peloton).

L'organisation des unités, en bref

L'unité de base de l'infanterie aéroportée est l'escouade de fusiliers (douze hommes), commandée par un sergent, secondé d'un caporal. Deux escouades de fusiliers (ensuite, une troisième viendra s'ajouter), une escouade d'artilleurs servant un mortier léger et un groupe de commandement forment une section (ou peloton), placée sous les ordres d'un officier subalterne, soit un sous-lieutenant ou un lieutenant. Trois sections de fusiliers et une section de commandement composent la compagnie d'infanterie, dirigée par un capitaine, voire, parfois, par un lieutenant. Trois compagnies de fusiliers ainsi qu'une compagnie d'état-major et de service sont réunies au sein du bataillon, dont le commandement est confié à un lieutenant-colonel et même, si nécessaire, à un major. Trois bataillons d'infanterie et une compagnie d'état-major ainsi qu'une compagnie de service constituent un régiment, sous l'autorité d'un colonel, voire d'un lieutenant-colonel, dans certains cas.

L'organisation des unités, en détails (nous parlons ici des dotations théoriques, qu'il s'agisse ou non des *TO&E* officiels)

Airborne Infantry Squad **(escouade de fantassins/fusiliers aéroportés)**

L'*Airborne Infantry Squad (AIS)* compte douze hommes, commandés par un *Sergeant* (sergent), secondé par un *Corporal* (caporal). Ensuite, une nouvelle directive exigera que le *Squad Leader* soit un *Staff Sergeant* (sergent-chef), son adjoint devant alors être titulaire du grade de *Sergeant*. Cependant, cette dernière ne sera que très rarement, pour ne pas dire jamais, appliquée.

Composition de l'*AIS* :

- *Squad Leader* (chef d'escouade).
- *Assistant Squad Leader* (adjoint du chef d'escouade).
- *Machine Gunner* (servant de la mitrailleuse *Browning M1919* de 7,62 mm).
- *Assistant Machine Gunner/Loader* (deuxième servant de mitrailleuse/chargeur).
- *Ammunition Bearer* (troisième servant de mitrailleuse, celui chargé de transporter les caissettes de munitions).
- *7 Rifle Men* (fantassins)

Au vu de ce qui précède on constate qu'une arme lourde, en l'occurrence, une mitrailleuse de 7,62 mm remplace le fusil-mitrailleur *BAR* (*Browning Automatic Rifle*), en dotation dans les unités d'infanterie classique, la principale raison de ce changement étant que les paras, en fonction du caractère particulier de leur mission, se devaient de disposer d'une plus grande puissance de feu. Néanmoins, cela ne veut pas dire que le *BAR* ne sera pas utilisé par les unités de paras. En effet, en plus de celui de la mitrailleuse, son usage, tout comme celui d'armes automatiques allemandes de prise, finira par se répandre, dès l'automne 1944.

Toujours au chapitre de l'armement notons encore que :

1/ En théorie, chez les paras, suivant les *TO&E* datant de 1942, chaque homme se voit doté d'une arme de poing réglementaire (pistolet ou revolver), prélevée sur les stocks des arsenaux de l'*US Army*, mais que, à partir de 1944, ce « privilège » ne sera plus accordé qu'aux officiers et sous-officiers. Cependant, la plupart des paras conserveront un pistolet ou un revolver, réglementaire ou non, y compris des armes allemandes de prise, voire des armes achetées sur le marché civil ou bien, tout simplement, dérobées au personnel d'unités de seconde ligne qui, dans l'esprit des paras, « n'aurait, de toute façon, jamais l'occasion de s'en servir ! ».

2/ Suivant les dispositions officielles, hormis les trois servants de la mitrailleuse, porteurs d'une carabine *M1* et l'adjoint du chef d'escouade équipé d'un pistolet-mitrailleur, chacun des huit autres hommes de l'unité sont armés de l'excellent fusil semi-automatique *Garand*.

Ceci dit, une fois de plus, dans les faits, il arrive, très souvent, que les PM *M1928A1 Thompson* ou *M3 Grease Gun*, soient utilisés, à plus large échelle, par les paras. En effet, l'emploi du pistolet-mitrailleur, y compris et surtout celui de la *Thompson*, demeure très prisé par de nombreux paras, notamment les officiers qui la préfèrent, comme le *Garand* d'ailleurs, à la carabine *M1*, délaissée, notamment à cause du manque de force d'arrêt de sa munition dont l'impact se révèle trop faible pour le combat d'infanterie.

3/ Certains tireurs d'élite, parmi les paras, utilisent, à l'occasion ou exclusivement, en lieu et place du fusil *Garand*, le vieux *Springfield M1903*, datant de la Première Guerre mondiale, doté d'une lunette de visée, pour le tir de précision.

Organisée tel que décrit ci-dessus, nous constatons que l'*AIS* est une unité réduite, mais solide et particulièrement redoutable, vu les hauts niveaux de motivation (générant d'extraordinaires talents en matière de combativité) et degré de qualification, consécutifs à la qualité et la durée de l'entraînement subi en amont du premier engagement opérationnel.

Bien commandée, l'*AIS* dispose d'un groupe d'appui-feu (les trois hommes servant la mitrailleuse), de deux éclaireurs et d'un groupe de manœuvre. De fait, elle se révèle parfaitement qualifiée pour appliquer les meilleures tactiques d'assaut d'infanterie, au combat, et défaire l'ennemi !

***Airborne Mortar Squad* (escouade de mortier aéroportée)**

Unité d'appui-feu, l'*Airborne Mortar Squad (AMS)* se compose, en théorie, de six hommes (1) servant un mortier léger de 60 mm. Le type de mortier utilisé est le même que celui en dotation dans l'infanterie classique, à savoir : un *Light Mortar M2*.

Le mortier *M2* peut être considéré comme « l'artillerie de poche » de la compagnie d'infanterie. D'un poids total de 19 kilos, en ordre de fonctionnement, cette arme lourde se fractionne en trois fardeaux pour le transport (le viseur, le tube et le bipied de support ainsi que l'embase, une plaque d'acier, socle de fixation du tube). Souple d'emploi, polyvalent et précis, le mortier *M2* permet à des servants entraînés d'atteindre et de maintenir une cadence de tir de 18 obus par minute et de mettre des coups au but jusqu'à une portée de 1800 mètres.

Composition de l'*AMS* :

- *Squad Leader* : chef d'escouade, il commande et dirige celle-ci.

- *Assistant Squad Leader* : Adjoint du chef d'escouade, il assiste son supérieur hiérarchique direct, détermine quelle est la meilleure position pour faire feu et supervise l'aménagement de ladite position ainsi que la mise en batterie du mortier.

- *Mortar Gunner* : Tireur qui transporte le viseur du mortier, il règle le tir en visant directement sa cible grâce à la lunette graduée prévue à cet effet et/ou en orientant le tube en site et en azimut, suivant les instructions du chef d'escouade).

- *Assistant Gunner/Loader* : Chargeur, il fait feu en laissant glisser les obus au fond du tube, sur ordre du *Gunner*.

- *Ammunition Bearer* : Troisième servant du mortier, celui qui est chargé de transporter les sacoches de munitions et qui alimente le chargeur en projectiles, sans discontinuer, lors des phases de tir jusqu'à ce que celles-ci soient interrompues.

- *Rifle Man with M7 Grenade Launcher* : Grenadier, fantassin porteur d'un fusil *Garand* équipé d'un manchon lance-grenades *M7*. Grâce au dispositif amovible *M7*, adapté pour se fixer sur la gueule du canon du *Garand*, un tireur entraîné peut expédier une grenade à 300 mètres de distance (au lieu de 30 mètres maximum, lors d'un lancé à la main) et ce avec précision (pour atteindre une fenêtre, par exemple). En outre, le *M7* permet aussi le tir de projectiles antichars à charge creuse, dont la grenade *M9A1 HEAT*, susceptibles de détruire, à courte portée du moins, des blindés légers.

***Airborne Infantry Platoon* (section d'infanterie aéroportée)**

Au départ, en 1942, l'*Airborne Infantry Platoon* (*AIP*) compte deux *AIS* et une *AMS*, en plus de son *Platoon HQ* (groupe de commandement). A l'époque, elle compte donc, trente-six hommes. Ensuite, dès le printemps 1944, un changement, un renforcement pour être exact, s'opère : on commence, dans la majorité des cas, à ajouter une troisième *AIS* au *TO&E* de la section (cette disposition « non réglementaire », assez courante, dès le printemps 1944, se répandra à partir de l'été suivant, juste après la Bataille de Normandie). De fait, l'effectif de l'*AIP* augmente de douze hommes ; ce qui le porte, au total, à une bonne cinquantaine de soldats, cadres compris.

Composition de l'*AIP* (*TO&E* « adapté à la situation de terrain » datant de l'été 1944) :

- *Platoon HQ* (groupe de commandement) – 10 hommes

- *1st Rifle Squad (AIS)* – 12 hommes

- *2nd Rifle Squad (AIS)* – 12 hommes

- *3rd Rifle Squad (AIS)* – 12 hommes

- *Mortar Squad (AMS)* – 6 hommes

Détails de la composition du *Platoon HQ* :

- *Platoon Commanding Officer (Plt. CO)* : Chef de corps, officier commandant la section. Généralement, ce poste est réservé à un *1st Lieutenant* (lieutenant), voire un *2nd Lieutenant* (sous-lieutenant).

Platoon Executive Officer (Plt. XO) : Facultatif, mais inventé et largement exploité afin de procurer un encadrement renforcé permettant de contrebalancer le poids des pertes en officiers subalternes et d'assurer ainsi la continuité de la chaîne de commandement, ce poste d'adjoint du chef de section, de commandant en second, est, généralement, réservé à un *2nd Lieutenant*.

- *Platoon Sergeant (Plt. Sgt.)* : Ce sous-officier, le plus souvent un *Staff Sergeant* (sergent-chef) ou un *Technical Sergeant* (sergent-major) est l'adjudant de la section. On affecte à ce poste le sous-officier le plus ancien et le plus compétent de l'unité. En l'absence de *XO*, il assume la fonction de commandement en second, en plus de son rôle d'assistant et de conseiller du *CO*.

- *Platoon Guide* ou *Sergeant Guide* : Porteur du fanion de la section lors des parades, ce sous-officier, généralement un *Sergeant*, est l'assistant du *Plt. Sgt.* ; sa mission est de guider la section lors des déplacements sur le terrain, en surveillant les flancs et les arrières du groupe et en évitant toute dispersion préjudiciable, ainsi que de s'assurer du bon ravitaillement en vivres, matériel et munitions de la section. Il est également responsable de la définition des dispositions à adopter en matière de choix de l'emplacement, de la nature et du camouflage des positions de combat et/ou de bivouac de la section.

- *Platoon Radio Operator* : Soldat qualifié, technicien, qui assume la responsabilité du transport et de l'usage du poste de radio permettant au *CO* de communiquer avec les unités amies. La disposition réglementaire est que chaque section soit équipée, au minimum, d'un émetteur-récepteur de type walkie-talkie : le *SCR-536* (2 kilomètres de portée, uniquement en phonie).

- *Platoon HQ Scouts/Runners* : Deux fantassins assumant la tâche d'éclaireurs/agents de liaison pour le compte du chef de section.

- *Platoon Medic* : Infirmier de la section (à l'origine, les infirmiers ne sont pas prévus pour intégrer les sections d'infanterie, mais, finalement, ils seront « détachés » et transférés du bataillon médical et sanitaire divisionnaire pour être affectés au plus près de la troupe).

- *Anti-tank Section (Bazooka Team)* : Deux soldats (un tireur et un chargeur) servant un bazooka (lance-roquettes anti-char) et protégeant ainsi la section contre les éléments blindés ennemis.

Airborne Infantry Company (compagnie d'infanterie aéroportée)

L'*Airborne Infantry Company (AIC)*, commandée par un *Captain* (capitaine), voire un *1st Lieutenant*, compte trois sections de fusiliers (*AIP, cf. supra*) et une section de commandement (*Company HQ Section*).

Composition de l'*AIC* (*TO&E* « adapté à la situation de terrain » datant du printemps 1944) :

- *Company HQ Section* – 29 hommes
- *1st Rifle Platoon (AIP)* – 52 hommes
- *2nd Rifle Platoon (AIP)* – 52 hommes
- *3rd Rifle Platoon (AIP)* – 52 hommes

Détails de l'organigramme de la section de commandement (*Company HQ Section*) de l'*AIC* :

- *Company CO* : Chef de corps, commandant de compagnie, généralement, un *Captain*.

- *Company XO* : Adjoint du chef de corps, commandant en second. D'habitude, ce poste est occupé par un *1st Lieutenant*.

- *Company 1st Sergeant* : Titulaire du grade de *1st Sergeant* (adjudant), ce sous-officier supérieur, hautement qualifié et expérimenté, occupe le poste d'adjudant de la compagnie. Même en présence d'un *XO*, il demeure un assistant et un conseiller pour le chef de corps, voire un éventuel commandant en second, si la situation l'exige.

- *Company Operations Sergeant* : Sous-officier chargé d'assister le chef de corps lors de la préparation et de la planification des opérations sur le terrain.

- *Company Intelligence Sergeant* : Sous-officier chargé d'assister le chef de corps à propos des questions de renseignement (exemples : la topographie du terrain, les itinéraires à suivre, la nature du dispositif ennemi, sa force ou encore ses intentions).

- *Company Supply Sergeant* : Fourier de la compagnie, il en assure le bon ravitaillement en matériel, vivres et munitions.

- *Company Mess Sergeant* : Sous-officier responsable de la gestion du mess.

- *Company Field Cooks* : Deux « cuistots », chargés de préparer « la tambouille », aussi bien au cantonnement que sur le terrain, sous les ordres du *Mess Sergeant*.

- *Company Communications Sergeant* : Technicien chargé d'assurer le bon déroulement des communications radio avec les unités amies. Responsable du « trafic radio » interne de la compagnie, soit les messages échangés entre le chef de compagnie et ses chefs de section.

- *Company Radio Operator* : Assistant du *Co. Com. Sgt.*, soldat qualifié, technicien, qui assume la responsabilité du transport et de l'usage du poste de radio permettant au *CO* de communiquer avec les unités amies. La disposition réglementaire est que chaque section soit équipée, au minimum d'un *SCR-536*, voire d'un *SCR-300*, un émetteur-récepteur, porté au dos, d'une portée de 5 à 8 kilomètres (phonie et morse).

- *Company Armorer* : Armurier de la compagnie, soldat qualifié pour l'entretien et la réparation des armes.

- *Company Clerk* : Secrétaire de compagnie, soldat qui aide l'officier-adjoint et le chef de corps à administrer l'unité, responsable de la gestion du courrier et des tâches administratives.

- *Company Messengers* : Deux soldats qui jouent le rôle d'agents de liaison.

- *Company Medic* : Infirmier de la compagnie.

- *Anti-tank Section (Bazooka Team)* : Deux soldats (un tireur et un chargeur) servant un bazooka (lance-roquettes antichar) et protégeant ainsi l'unité contre les éléments blindés ennemis.

- *Rifle Squad* : Douze fusiliers chargés d'assurer la sécurité du PC de la compagnie et jouant aussi le rôle d'unité de réserve d'urgence, à disposition directe du chef de compagnie.

Airborne Infantry Battalion (bataillon d'infanterie aéroportée)

L'*Airborne Infantry Battalion (AIB)*, également appelé *Parachute Infantry Battalion (PIB)*, se compose, outre son état-major, de trois compagnies de fusiliers et d'une compagnie d'état-major et de service, également appelée compagnie de quartier général et d'armes lourdes.

Détails de l'organigramme du *AIB/PIB* :

Battalion HQ

Headquarters & Service Company (HQ and Heavy Weapons Company)

- *Company HQ*
- *Staff Section*
- *Mess Section*
- *Communications Platoon*
- *Supply Section*
- *Light Machine Gun Platoon (2x Light Machine Gun Section)* – 4x mitrailleuses *Browning M1919* de 7,62mm
- *Mortar Platoon (2x Heavy Mortar Section)* – 4x mortiers de 81 mm
- *Antitank Section* (6x Bazooka)

1st Rifle Company

2nd Rifle Company

3rd Rifle Company

_TO&E_ « officiel », _Parachute Infantry Battalion_, février 1942-août 1944

Battalion Headquarters (6 officiers)

Headquarters Company (7 officiers, 138 hommes)

- *Company HQ* (2 officiers, 7 hommes)
- *Staff Section* (7 hommes)
- *Mess Section* (25 hommes)
- *Communications Section* (1 officier, 22 hommes)
- *Light Machine Gun Platoon* (2 officiers, 40 hommes)
- *Mortar Platoon* (2 officiers, 37 hommes)

Rifle Company (8 officiers, 119 hommes)

- *Company HQ* (2 officiers, 14 hommes) : trois *Rifle Platoons*, comprenant chacun, un *Platoon HQ* (2 officiers, 5 hommes), un *Mortar Squad* (6 hommes) et deux *Rifle Squads* (12 hommes).

Rifle Company (8 officiers, 119 hommes)

Rifle Company (8 officiers, 119 hommes)

Effectif théorique complet : 532 soldats (37 officiers et 495 hommes)

_TO&E_ « officiel », _Parachute Infantry Battalion_, août 1944-décembre 1944.

Battalion Headquarters (6 officiers)

Headquarters Company (7 officiers, 180 hommes)

- *Company HQ* (4 officiers, 15 hommes)
- *Staff Section* (15 hommes)

- *Mess Section* (22 hommes)
- *Communications Section* (1 officier, 26 hommes)
- *Supply Section* (13 hommes)
- *Light Machine Gun Platoon* (1 officier, 46 hommes)
- *Mortar Platoon* (2 officiers, 42 hommes)

Rifle Company (5 officiers, 125 hommes)

- *Company HQ* (2 officiers, 20 hommes) : trois *Rifle Platoons*, comprenant chacun, un *Platoon HQ* (1 officier, 5 hommes), un *Mortar Squad* (6 hommes) et deux *Rifle Squads* (12 hommes).

Rifle Company (5 officiers, 125 hommes)

Rifle Company (5 officiers, 125 hommes)

Effectif théorique complet : 583 soldats (27 officiers et 556 hommes)

TO&E « officiel », *Parachute Infantry Battalion*, décembre 1944-mai 1945

Battalion Headquarters (6 officiers)

Headquarters Company (7 officiers, 165 hommes)

- *Company HQ* (3 officiers, 22 hommes)
- *Battalion HQ Section* (15 hommes)
- *Communications Platoon* (1 officier, 26 hommes)
- *Supply Section* (13 hommes)
- *Light Machine Gun Platoon* (1 officier, 46 hommes)
- *Mortar Platoon* (3 officiers, 42 hommes)

Rifle Company (8 officiers, 168 hommes)

- *Company HQ* (2 officiers, 27 hommes) : trois *Rifle Platoons*, comprenant chacun, un *Platoon HQ* (2 officiers, 5 hommes), un *Mortar Squad* (6 hommes) et trois *Rifle Squads* (12 hommes).

Rifle Company (8 officiers, 168 hommes)

Rifle Company (8 officiers, 168 hommes)

Effectif théorique complet : 706 soldats (37 officiers et 669 hommes)

L'état-major du *Parachute Infantry Battalion* (PIB), 1942-1945

L'état-major du *PIB* compte six officiers qui opèrent en liaison et avec le soutien de la *Staff Section*, à savoir :

- *Btn. S6, Commanding Officer (CO)* : Chef de corps, commandant du bataillon. En théorie, ce poste est occupé par un *Lieutenant-Colonel*, mais, dans les faits, il arrive que la fonction soit assumée par un *Major*.

- *Btn. S5, Executive Officer (XO)* : Adjoint du chef de corps, commandant en second du bataillon. En théorie, ce poste est occupé par un *Major*, mais, dans les faits, il arrive que la fonction soit assumée par un *Captain*.

- *Btn. S4, Supply Officer* : Officier responsable des questions de logistique et d'intendance. Fourier du bataillon, il veille au bon ravitaillement de ce dernier en matériel, vivres et munitions (attention : concernant la question de la distribution et de l'usage des munitions, le *S4* doit d'abord obtenir le feu vert du *S3*, *cf. infra*, avant d'agir). Généralement, cet officier porte le grade de *Captain* ou de *1st Lieutenant*.

- *Btn. S3, Operations and training Officer* : Officier qui occupe la troisième place dans la hiérarchie du bataillon. Chargé de l'organisation de l'entraînement de la troupe et des cadres, il est également « l'expert » en stratégie et en tactique du bataillon. Responsable de la préparation et de la planification des opérations sur le terrain, il seconde les *Btn. S5* et *S6*. Généralement, cet officier porte le grade de *Major* ou de *Captain*.

- *Btn. S2, Intelligence Officer* : Officier chargé d'assister le chef de corps à propos des questions de renseignement (exemples : la topographie du terrain, les itinéraires à suivre, la nature du dispositif ennemi, sa force ou encore ses intentions). Il porte, également, la responsabilité de la direction des interrogatoires des soldats ennemis capturés. Généralement, cet officier porte le grade de *Captain* ou de *1st Lieutenant*.

- *Btn. S1, Personal Officer* : Adjudant du chef de corps, cet officier est responsable de la gestion des ressources humaines du bataillon (questions de personnel) ainsi que des tâches administratives, au sein de l'état-major de l'unité. En théorie, ce poste est occupé par un *1st Lieutenant*.

***TO&E* « officiel », *Parachute Infantry Regiment (PIR)*, 1942-1945.**

Regiment HQ

Headquarters Company

Service Company

1st Battalion:

- *HQ Company*
- *Able, Baker and Charlie Companies*

2nd Battalion:

- *HQ Company*
- *Dog, Easy and Fox Companies*

3rd Battalion:

- *HQ Company*
- *George, How and Item Companies*

L'état-major et la compagnie de service du *Parachute Infantry Regiment (PIR Regimental HQ and Regimental Service Company)*, 1942-1945

Regimental HQ

- *Reg. S6 (CO)* (Commandant)
- *Reg. S5 (XO)* (Officier adjoint/commandant en second)
- *Reg. S4* (Logistique)
- *Reg. S3* (Opérations/instruction)
- *Reg. S2* (Renseignement)
- *Reg. S-1* (Personnel)
- *Communications Officer* (Transmissions)
- *IPW Officer* (Officier chargé de l'interrogatoire des prisonniers de guerre)
- *Regimental Surgeon* (Médecin chef et chirurgien du régiment)
- *Regimental Dentist* (Dentiste du régiment)
- *Chaplain* (Aumônier du régiment)
- *I&E Officer* (Officier chargé des relations publiques et de la rédaction de l'histoire officielle du régiment)

HQ Company

- *Company HQ*
- *Staff Section*
- *S2 and Recon Section* (section de reconnaissance)
- *Communications Platoon* (section de transmissions)
- *Engineers Platoon* (section légère du génie)
- *Demolition Section* (section de démolition)

Service Company

- *Company HQ*
- *Regimental Supply Platoon* (section d'intendance)
- *Regimental Transportation Platoon* (section de transport motorisée)
- *Rigger Platoon* (section de manutention et de transport de matériel lourd)
- *Regimental Medical Platoon* (section médicale)
- *Regimental Campaign Hospital* (poste de secours, hôpital de campagne régimentaire)

Tableau récapitulatif de l'évolution des postes au QG du 2/506th PIR, 1942-1945

	Déc. 1942	Eté 1943	6 juin 1944	17. Sep. 1944
CO	*Major* Strayer	*Lt.-Col.* Strayer	*Lt.-Col.* Strayer	*Lt.-Col.* Strayer
XO	*Captain* Horton	*Major* Horton	*Major* Horton	*Major* Horton
S4	?	*1st Lt.* Matheson	*1st Lt.*Peacock	?
S3	?	*1st Lt.* Hester	*Captain* Hester	*Captain* Hester
S2	?	*1st Lt.* Nixon	*1st Lt.* Nixon	*Captain* Nixon
S1	*1st Lt.* Matheson	*1st Lt.* Lavenson	*1st Lt.* Lavenson	?

	Nov. 1944	Bastogne	Haguenau	Printemps 1945
CO	*Lt.-col.* Strayer	*Lt.-Col.* Strayer	*Lt.-Col.* Strayer	*Major* Winters
XO	*Captain* Winters	*Captain* Winters	*Captain* Winters	*Captain* Cox
S4	?	*1st Lt.* Winter (2)	Poste vacant	*1st Lt.* Bonning, *1st Lt.* Cowing (3)
S3	*Captain* Nixon	*Captain* Nixon	Poste vacant	*Captain* Nixon
S2	*1st Lt.* Welsh	*1st Lt.* Thomas (4)	*1st Lt.* Thomas	*1st Lt.* Welsh
S1	?	*1st Lt.* Bonning (5)	*1st Lt.* Bonning	*1st Lt.* Richey (6)

Tableau récapitulatif de l'évolution des postes au QG du 506th PIR, 1942-1945

Reg. S6 (CO)	*Colonel* Robert F. Sink (42-45)
Reg. S5 (XO)	*Lieutenant-Colonel* Charles H. Chase (7/42-2/45), *Lieutenant-colonel* Robert L. Strayer (3/45).
Reg. S4	*Captain/Major* Salve H. Matheson (9/44-2/45), *Captain* Herbert M. Sobel (3/45).
Reg. S3	*Major* Henry W. Hannah (7/42-8/44), *Major* Clarence Hester (9/44-1/45), *Captain* Lewis Nixon (2/45). *Major* Salve H. Matheson (3/45)
Reg. S2	*Major* William H. Leach (44-45), *Major* Gene L. Brown (3/45).
Reg. S1	*Captain* Salve H. Matheson (9/43-8/44), *Captain* Robert I. Barry (9/44-45)
Communications Officer	*Captain* John H. Reeder (45)
IPW Officer	*Captain* Alphonse Gion (45)
Regimental Surgeon	*Major* Louis R. Kent (44-45)
Regimental Dentist	*Captain* Samuel C. Feiler (45)
Chaplain	*Captain* John S. Maloney (44-45)
I&E Officer	*Captain* William L. Hunker (45)

Tableau récapitulatif de l'évolution des effectifs du PIR entre 1942 et 1945

	Août 1942	Février 1944	Décembre 1944
Reg. HQ and HQ Co.	162	125	132
Attached Medical	69	102	116
Chaplain Section	2	2	2
Service Co.	208	94	114
Parachute Infantry Battalion (x3)	530	583	706
	2029	2072	2482

Tableau récapitulatif de l'évolution des effectifs de l'AIC entre 1942 et 1945

Août 1942	Février 1944	Décembre 1944
127	130	176

Tableau récapitulatif de l'évolution des effectifs de la Easy CO., 2/506th PIR, entre 1942 et 1945

Août 1942	1er juin 1944	16 septembre 1944	15 décembre 1944
140	144	154	127

Notes :

(1) En théorie, un *Mortar Squad* compte six hommes, mais, dans les faits, l'effectif de l'unité peut être plus important. En effet, selon le témoignage de Lester A. Hashey, à la suite de la Bataille de la Normandie, deux vétérans de cette campagne, le *Sergeant* Muck et le *Pfc.* Penkela, sont affectés au *Mortar Squad* du *1st Platoon* de la *Easy Co., 2/506th PIR*. Leur mission : prendre en charge les huit « bleusaillons » (dont Hashey), désormais placés sous leurs ordres, et en faire des soldats. De fait, il est important de noter que, dans ce cas précis, entre autres, un *Mortar Squad* compte plus de six hommes, ici, en l'occurrence, dix, pour être exact.

(2) *1st Lt.* Alfred Winter, porté disparu et présumé mort à Noville, le 16 janvier 1945.

(3) *1st Lt.* Robert H. Cowing.

(4) *1st Lt.* Ed Thomas. Il supplée Harry Welsh, blessé, le temps de sa convalescence.

(5) *1st Lt.* Charles W. Bonning.

(6) *1st Lt.* Ralph D. Richey.

3 Le commandement : officiers et sous-officiers

A droite : au dessus, par ordre hiérarchique décroissant, les insignes de grades de l'*US Army*, durant la Seconde Guerre mondiale, et, en bas, les insignes régimentaires et divisionnaires, portés par les hommes du *506th PIR*. Pour info : un mot doit être dit à propos du grade de *SGM*. En effet, ce rang de sous-officier supérieur, aussi officiel et prestigieux qu'honorifique, sous certains aspects, se retrouve rarement attribué. Si c'est le cas, c'est, le plus souvent, au niveau de l'état-major du régiment, voire, plus exceptionnellement encore, au niveau de celui du bataillon qu'on rencontre un *SGM* (désigné comme *Regimental Sergeant Major* ou *RSM*, s'il sert au *Reg. HQ*). En bref, le *SGM* est, pour faire simple, en tant que vétéran expérimenté, le « responsable » du corps des sous-officiers de toute l'unité, chargé des questions de gestion du personnel, d'instruction et d'entraînement.

Les grades de l'*US Army* (1940-1945)

Troupe :
Private (Pvt) = soldat
Private 1st Class (PFC) = soldat 1re Classe
Corporal (Cpl) = caporal

Sous-officiers :
Sergeant (Sgt) = sergent
Staff Sergeant (S/Sgt) = sergent-chef
Technical Sergeant (T/Sgt) = sergent-major
Master Sergeant (M/Sgt) = adjudant
1st Sergeant (1st Sgt) = adjudant-chef
Sergeant Major (SGM) = adjudant-major

Officiers subalternes :
2nd Lieutenant = sous-lieutenant
1st Lieutenant = lieutenant
Captain = capitaine

Officiers supérieurs :
Major = commandant
Lieutenant-Colonel = lieutenant-colonel
Colonel = colonel

Officiers généraux :
Brigadier-General = général de brigade
Major-General = général de division
Lieutenant-General = général de corps d'armée
General = général d'armée
General of the Army = maréchal

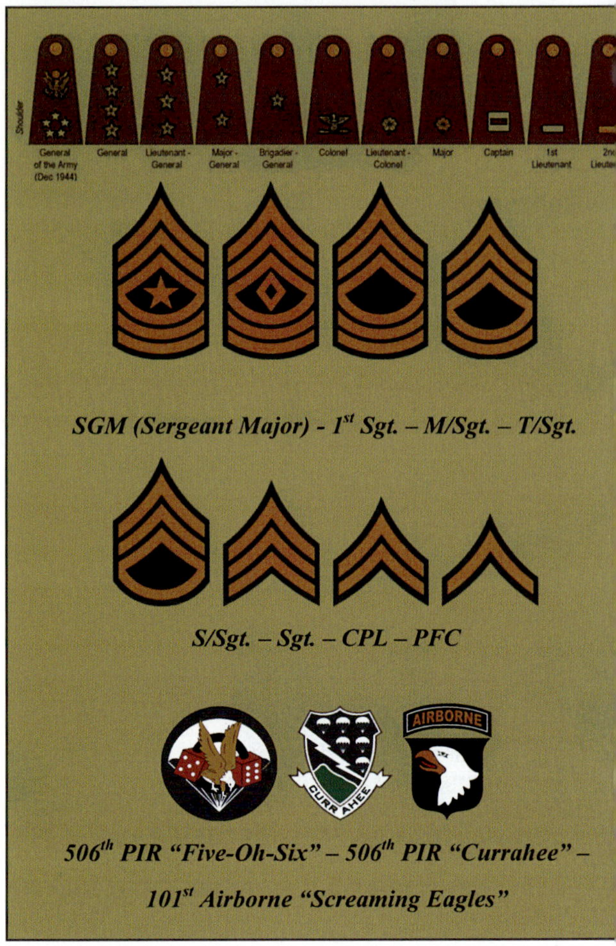

SGM (Sergeant Major) - 1st Sgt. – M/Sgt. – T/Sgt.

S/Sgt. – Sgt. – CPL – PFC

506th PIR "Five-Oh-Six" – 506th PIR "Currahee" – 101st Airborne "Screaming Eagles"

Ci-contre et page suivante : l'officier le plus gradé de la *101st Airborne* est son commandant divisionnaire, le *Major-General* Maxwell Davenport Taylor (1901-1987). On le voit, ici, en janvier 1945, passer en revue et s'entretenir avec des soldats et cadres (sous-officiers et officiers) du *502nd PIR*. Très courageux et extrêmement compétent, Taylor n'est, pourtant, pas très apprécié par ses subalternes qui redoutent ses méthodes de commandement autoritaires et n'approuvent pas le fait que leur général se montre persuadé, à tort, que ses soldats « aiment combattre et préfèrent l'action à la vie de garnison ». (*US Army*.)

Les officiers

Tout d'abord, dès qu'on s'intéresse de près à l'analyse de la composante du corps des officiers, il faut, impérativement, avoir à l'esprit le fait que ce dernier se divise en trois catégories (*cf. supra*, tableau récapitulatif des grades), correspondant chacune à un niveau de responsabilités, clairement défini. En effet, dans toutes les armées du monde, on retrouve, par ordre d'importance croissant :

- les officiers subalternes,
- les officiers supérieurs,
- les officiers généraux.

Bien entendu, chacune de ces trois catégories se doit d'assumer les tâches qui lui incombent dans l'exercice de sa mission et ce conformément aux exigences d'un commandement efficace. De même, toutes trois jouent un rôle de première importance. Toutefois, on ne saurait nier le fait que, se situant au premier échelon, agissant en étroite collaboration avec les sous-officiers, au contact direct de la troupe et dans le feu de l'action, sur la ligne de front, le corps des officiers subalternes (chefs de section et chefs de compagnie) représente bien le premier maillon de la chaîne de commandement, l'un des piliers de la hiérarchie, encore plus lorsqu'il s'agit de mener des hommes au combat, en accomplissant une mission, avec un minimum de pertes.

Ensuite, notons que tous les officiers ne partagent pas la même provenance. Bien entendu, tout particulièrement en ce qui concerne les officiers subalternes, les frais émoulus des dernières promotions de *West Point (1)* (soit, *grosso modo*, les promos 1936 à 1941), constituent, en 1940 et 1941, un important vivier dans lequel puiser de nouveaux chefs d'unité (comprendre : celles existantes et celles à venir, créées, souvent, *ex nihilo*), mais, cependant, celui-ci ne se révélera pas intarissable, puisque, *primo*, toutes les branches de l'armée réclamant des cadres, ces derniers ne sont pas exclusivement destinés aux *Airborne Troops* et, *secundo*, il fallait encore que lesdits officiers soient volontaires pour intégrer les parachutistes, tout en ayant satisfait aux exigences du programme de sélection et d'entraînement du centre de formation de *Fort Benning* (condition *sine qua none* pour être breveté *paratrooper and airborne officer*) ! Retenant cela, le lecteur comprendra donc, aisément, que les officiers subalternes sont, également, recrutés et formés via le biais d'autres institutions et procédure, à savoir : l'*US National Guard (2)*, les *OCS (3)*, le *ROTC (4)* et le système de promotion de la « *battlefield commission* » *(5)*.

Enfin, retenons encore ici que, au fil du déroulement de la guerre, des « officiers remplaçants » (aussi appelés « réservistes ») viendront combler les pertes importantes chez les cadres subalternes, occupant ainsi la place des morts et des blessés. Même si la plupart d'entre eux, exception faite de certains cas malheureux, sont qualifiés, leurs prestations ne rempliront pas toujours pleinement les attentes de leurs homologues vétérans, ni de leurs supérieurs et de leurs subordonnés. En effet, dans le feu de l'action, ces « nouveaux lieutenants » ne manifesteront pas, en permanence, les compétences, ni l'endurance (entendons, par là, la condition physique ainsi que la résistance psychologique) des « anciens ». Cependant, à leur décharge, soulignons, tout de même, que, en tant que « bleus », ils ne pouvaient pas se prévaloir d'une quelconque expérience acquise durant les campagnes précédentes.

Les officiers de la *Easy Company*

Assumer un commandement au combat, soit diriger la troupe (une fonction fort différente d'une tâche d'état-major) requiert des nerfs solides, du bon sens et une grande force de caractère. Assurément, les compétences personnelles de l'officier ainsi que la qualité et la durée de sa formation entre en ligne de compte, mais, avant tout, fondamentalement, commander et gérer des hommes demeure une question d'étoffe (on est utile là où on est efficace) ; cette tâche ne convient pas forcément à toutes les personnalités ! En effet, un bon officier se doit d'être sévère, mais juste (le bon *leader* connaît ses soldats ; il comprend les besoins des membres de son unité), autant respecté et admiré que craint. On lui demande aussi de prendre les bonnes décisions, le plus souvent sous la pression du combat, très rapidement et ce dans l'intérêt de la sauvegarde de la santé et de la vie de ses subordonnés dont il a la responsabilité (il doit atteindre son objectif avec le minimum de pertes). Le chef d'une unité de combat n'a pas le droit à l'erreur et tout le poids de ce principe immuable repose sur ses épaules. Dans le cas contraire, où il faillit et déchoit aux règles imposées par son statut, des bavures sont commises et/ou des hommes meurent en même temps que la mission échoue ; l'officier sera, alors, toujours jugé sévèrement, aussi bien par ses pairs que par ses subordonnés.

Le *General* Max Taylor, en 1962. (*US Army*.)

Le *Major* Salve H. Matheson (*Reg. S3* du *506th PIR*) en 1945. (*US Army*/Archives du *506th PIR*.)

Sachant cela, le lecteur comprendra, aisément, toute l'importance du rôle tenu par les officiers, surtout par les officiers subalternes, pour qui l'épreuve du feu sera le test ultime, révélant ou pas qu'ils sont ou non, effectivement, capables de commander leur troupe, avec honneur et mérite. De plus, il notera que, dans le cas de la *Easy Co.*, la plupart desdits gradés (*cf.* tableau, ci-dessous) se sont montrés à la hauteur de la situation, exception faite de certains cas malheureux ; ce qui a engendré des drames (*cf.* infra).

D'ailleurs, à ce sujet, si on en croit l'analyse de Edward Shames, qui a servi comme chef de section au sein de la *Easy Co.*, la situation des cadres appartenant au *2/506th PIR* apparaît comme paradoxale. En effet, d'une part, « *la plupart des officiers s'évertuent à faire leur devoir, dans la limite de leurs compétences personnelles, mais, d'autre part, trop nombreux parmi eux sont les officiers qui acceptent leur grade et les privilèges du rang sans assumer leurs responsabilités au combat !* ». Et Shames d'ajouter que « *certains boivent trop d'alcool et voient leur participation à la guerre comme une lente marche vers la mort, négligeant de faire leur devoir !* » (6). On le constate et le comprend fort bien : il n'est pas évident, à ce jour, de cerner la vérité, encore que, selon nous, l'analyse de Shames doit fort s'en approcher. D'autant plus que plusieurs soldats et sous-officiers de la compagnie nous ont fait la même remarque, lors d'interviews, et que, parmi eux, plusieurs ont affirmé que certains officiers ont, parfois, délibérément cherché à fuir le combat, dépassés par l'ampleur de certaines situations critiques, abandonnant la direction des opérations aux sous-officiers. Toutefois, retenons aussi ici la *Easy Co.*, a compté, dans ses rangs, des officiers de valeur comme Dick Winters, Harry Welsh, Edward Shames et, surtout, Ronald Speirs qui, si on se fie à sa réputation ainsi qu'aux dires de Shames et de Winters restera, sans aucun doute, le meilleur d'entre tous.

Outre ce qui vient d'être évoqué ci-dessus, il nous semble, également, intéressant, dans le présent ouvrage, de nous attarder sur la brève analyse de la structure de commandement de la *Easy Co.,* telle que décrite dans le tableau en page 17.

Les sous-officiers

Au même titre que les officiers subalternes, les sous-officiers, au contact direct de la troupe, occupent une position clé de la hiérarchie militaire. Un vieil adage nous affirme que la valeur d'une armée se mesure grâce au niveau de compétence du corps des sous-officiers ainsi que des officiers subalternes : eh bien, c'est on ne peut plus vrai ! De fait, à l'instar de leurs supérieurs hiérarchiques directs, les sous-officiers demeurent, indubitablement, l'une des poutres maîtresse de la chaîne de commandement.

Au départ, les sous-officiers affectés aux nouvelles unités de l'infanterie aéroportée sont des militaires de carrière, titulaires de quelques années de service, volontaires pour ce poste et brevetés de l'école de parachutisme de *Fort Benning*. Au fur et à mesure du déroulement des semaines, puis des mois d'entraînement, ces derniers seront tous remplacés par des soldats sortis du rang et formés pour leur succéder. Si on analyse le cas de la *Easy Co.*, on constate que, dès l'été 1943, tous les sous-officiers de la compagnie sont des soldats fraîchement promus. Retenons ici, entre autres, les noms de :

- James L. Diel (*S/Sgt., Platoon Sergeant, 2nd Platoon*)
- Terrence C. Harris (*S/Sgt., Platoon Sergeant, 3rd Platoon*)
- Myron N. Ranney (*S/Sgt., Platoon Sergeant, 1st Platoon*)
- Leo D. Boyle (*Sgt., 1st Platoon*)
- Bernard S. Cunningham (*Sgt., 2nd Platoon*)
- Charles E. Grant (*Sgt., 2nd Platoon*)
- William J. Guarnere (*Sgt., 2nd Platoon*)
- Clifford C. Lipton (*Sgt., 3rd Platoon*)
- John W. Martin (*Sgt., 1st Platoon*)
- Robert J. Rader (*Sgt., 1st Platoon*)
- Robert T. Smith (*Sgt., 1st Platoon*)
- Amos J. Taylor (*Sgt., 3rd Platoon*)
- Clarence M. Tridle (*Sgt., 3rd Platoon*)

Au fil des combats et des réorganisations de l'unité, d'autres soldats deviendront sous-officiers, à savoir, par exemple :

- James H. Alley, promu *Sgt.* et *Squad Leader*.
- Burton P. Christenson, qui finit la guerre avec le grade de *T/Sgt*.
- Donald G. Malarkey, qui finit la guerre avec le grade de *T/Sgt*.
- Warren H. Muck, promu *Sgt.* et *Squad Leader*.
- Denver Randelman, qui finit la guerre avec le grade de *S/Sgt*.
- Paul C. Rogers, qui finit la guerre avec le grade de *S/Sgt*.
- Robert K. Marsh, qui finit la guerre avec le grade de *S/Sgt*.
- Floyd M. Talbert (futur *Company 1st Sgt*)

Ainsi, autant durant son instruction que pendant les combats, la *Easy Co.* bénéficie d'un encadrement de qualité, d'un noyau de sous-officiers compétents et aguerris, parfaitement qualifiés, aptes à encadrer la troupe et à maintenir le moral et la cohésion de l'unité dans les moments critiques ; ce qui représente un avantage certain, largement exploité !

Le *Colonel* Robert F. Sink, chef du *506th PIR*, en train de questionner des prisonniers allemands, avec l'aide d'un interprète de la *Wehrmacht*, en mai 1945. (*US Army*.)

	Grade(s)	Fonction(s)	Informations utiles
Lynn D. COMPTON 1921-2012	*2nd Lieutenant (1943-1944),* *1st Lieutenant (1944-1945)*	*.2nd Platoon XO,* *2nd Platoon Leader.*	Formé au sein d'une *OCS* suite à son *cursus* universitaire à l'*UCLA* (Université de Californie), il rejoint la *Easy Co.*, en décembre 1943, après être passé par les stages de l'école de parachutisme de *Fort Benning*. Considéré comme un bon chef de section et très, voire trop « amical » envers ses subordonnés, il jouit du respect et de l'affection de ses hommes desquels il est considéré comme « trop proche » par ses supérieurs. Décoré de la *Silver Star* pour acte de bravoure lors de sa participation à la destruction de la batterie du Manoir de Brécourt, le 6 juin 1944. Blessé deux fois, en Normandie et en Hollande. Evacué de la ligne de front à la fin de la Bataille de Bastogne en raison d'une « dépression nerveuse » (névrose de guerre) et de graves gelures de tranchées aux pieds.
Norman S. DIKE 1918-1989	*1st Lt. (1944),* *Captain (1945).*	*Company CO, Div. HQ.*	Officier subalterne transféré de l'état-major divisionnaire. Il est le « protégé » de l'un des membres influent du proche entourage du général Taylor. Propulsé à la tête d'une compagnie d'infanterie (en l'occurrence, la *Easy Co.*), sans aucune expérience probante dans le domaine, il se révèlera tout à fait incompétent et, de fait, est limogé et renvoyé à son unité d'origine, par le chef de régiment.
Jack E. FOLEY 1922-2009	*2nd Lt. (1943-1944)* *1st Lt. (1944-1945).*	*2nd Platoon XO,* *1st Platoon Leader.*	Diplômé du *ROTC*, en 1943 (plus tard, il suivra une formation complémentaire dans une *OCS*). Transféré du *Coast Artillery Corps*, il se porte volontaire pour servir dans les troupes aéroportées et obtient son brevet de parachutiste et ses ailes, octobre 1944. Promu chef de section, durant la Bataille de Bastogne, il s'acquitte de sa tâche avec honneur et mérite, remplissant, pleinement, son devoir d'officier.
Clarence HESTER 1918-2000	*2nd Lt. (1942),* *1st Lt. (1942-1943),* *Captain (1944),* *Major (1944),* *Lieutenant-colonel (1945).*	*Company XO,* *2nd Btn. S3, Reg. S3,* *1st Btn CO.*	Excellent officier, formé dans une OCS. Membre de l'effectif d'origine de la *Easy Co.*, il gravit les échelons de la hiérarchie jusqu'au niveau de l'état-major régimentaire. Ensuite, on lui confiera un poste de commandant d'une unité de combat, le *1/506th PIR*.
Frederick T. HEYLIGER 1916-2001	*2nd Lt. (1942-1943),* *1st Lt. (1944).*	*Platoon Leader (E Co.),* *Mortar Platoon CO* *(HQ Co., 2/506th PIR),* *Company Co.*	Ancien membre de la *National Guard*, il sert également dans l'*US Air Force*, dès la fin novembre 1940. Formé dans une *OCS*, en 1941. Chef de section à la *Easy Co.*, en 1943 (alors que celle-ci stationne à *Fort Bragg*), il est muté à la *HQ Co.* du *2/506th PIR*, avant de revenir à son unité d'origine comme chef de corps, en Hollande, à partir d'octobre 1944. Officier compétent et bon chef de section, il démontre, sans tarder, sa capacité à diriger toute une compagnie, notamment lors de la périlleuse mission de sauvetage bap

			tisée Opération *Pegasus*). Hélas, il est blessé par le tir fratricide et accidentel d'une sentinelle amie, et, gravement touché, évacué dans un hôpital anglais.
Georges LAVENSON	*2nd Lt. (1942),* *1st Lt. (1943-1944).*	*Assistant Platoon Leader (Plt. XO),* *2nd Btn. S1*	Formé dans une *OCS*, cet excellent officier, apprécié de tous, est promu et muté à l'état-major du bataillon. Blessé en Normandie, il est évacué en Angleterre. Ensuite, il est porté disparu, au mois de juillet 1944, lorsque l'avion qui le ramène aux USA s'écrase au milieu de l'Océan Atlantique.
Salve H. MATHESON 1920-2005	*2nd Lt. (1942),* *1st Lt. (1943),* *Captain (1944),*	*1st Platoon Leader,* *2nd Btn. S1, Reg. S1, Reg. S4, Reg. S3.* *Major (1945).*	Excellent officier, provenant du *ROTC*. Membre de l'effectif d'origine de la *Easy Co.*, il gravit les échelons de la hiérarchie jusqu'au niveau de l'état-major régimentaire.
Robert L. MATHEWS	*2nd Lt. (1944)*	*3rd Platoon XO,* *3rd Platoon Leader.*	A rejoint la *Easy Co.*, à l'automne 1943. Tué au combat, le 6 juin 1944.
Thomas MEEHAN 1921-1944	*1st Lt. (1944)*	*Company CO.*	Excellent officier. Ancien chef de section, transféré de la *Baker Co.*, il prend le com mandement de la *Easy Co.*, en décembre 1943. Tué au combat, le 6 juin 1944.
Walter L. MOORE	*2nd Lt. (1942),* *1st Lt. (1943-1944).*	*3rd Platoon Leader.*	Membre de l'effectif d'origine de la *Easy Co.* Transféré aux *Pathfinders*.
Lewis NIXON 1918-1995	*2nd Lt. (1942),* *1st Lt. (1943-1944),* *Captain (1944-1945)*	*2nd Platoon XO, 2nd Btn. S2, Reg. S3, 2nd Btn. S3.*	Officier compétent, mais extravagant, affublé, à juste titre, d'une réputation assez sulfureuse ; ce qui poussera certains à médire à son sujet. Membre de l'effectif d'origine de la *Easy Co.*, il gravit les échelons de la hiérarchie jusqu'au niveau de l'état-major régimentaire. Hélas pour lui, ses nombreuses frasques ainsi que son alcoolisme notoire et récurrent lui vaudront de se voir rétrogradé et empêcheront sa promotion au grade de *Major*.
Thomas A. PEACOCK 1920-1948	*2nd Lt. (1943),* *1st Lt. (1944-1945).*	*2nd Btn. S4,* *1st Platoon Leader.*	Bon officier d'état-major, volontaire et, quoi qu'on ait pu en dire, compétent, mais « pas à sa place », à la tête d'une unité de combat. Hélas pour lui, victime du mépris de ses subordonnés.
Warren R. ROUSH 1916-1999	*2nd Lt. (1942-1943),* *1st Lt. (1944).*	*2nd Platoon Leader,* *3rd Platoon Leader.*	Membre de l'effectif d'origine de la *Easy Co.*, il jouit de la réputation d'être un bon officier, apprécié de ses hommes et de ses supérieurs. En septembre 1944, il est muté au *1/506th PIR*.
Raymond G. SCHMITZ	*1st Lt. (1944).*	*3rd Platoon Leader*	Grièvement blessé, accidentellement, à la veille du *D-Day*, il est remplacé par son adjoint, le *2nd Lt.* Robert L. Matthews. Rétabli, il est muté, en septembre 1944, à une autre compagnie du *506th PIR* et tombe au combat, le 22 septembre 1944.
Edward D. SHAMES 1922	*2nd Lt. (1944),* *1st Lt. (1945).*	*3rd Platoon Leader*	Excellent officier, soldat sorti du rang, puis sous-officier promu sur le champ de bataille. A l'instar de Harry Welsh, il demeure, sans doute, l'un des meilleurs chefs de section que la *Easy Co.* ait jamais compté, parmi tous ses officiers.
Herbert M. SOBEL 1912-1987	*1st Lt. (1942),* *Captain (1942-1945)*	*Company CO,* *Drill Instructor and Commanding Officer at Chilton Foliat Parachute School, 506th PIR*	Premier membre et premier commandant de la *Easy Co.*, dont il sera l'instructeur, cet officier à la personnalité tant controversée, décriée même, est issu de la *National Guard*.

		Regimental HQ Co., Reg. S4	Détesté, voire maudi par ses subordonnés car vu comme un médiocre chef de corps il se révèle pourtant comme un excellent instructeur qui forge l'âme, la compétence et la combativité de sa compagnie. Après avoir dirigé l'école de saut de Chilton Foliat, il sert dans la compagnie de QG régimentaire, durant la campagne de Normandie, puis comme adjoint du *Reg. S4*, un poste qu'il quitte pour prendre la place de celui qu'il seconde, en mars 1945.
Ronald C. SPEIRS 1920-2007	*2nd Lt. (1942-1944), 1st Lt. (1944), Captain (1945).*	*Company CO*	*2nd Platoon Leader, Dog Co.*, il est muté à la tête de la *Easy Co.* lors de l'attaque du village de Foy, en janvier 1945. Officier de premier ordre, sévère, mais juste, décoré pour bravoure à plusieurs reprises. Agressif au combat, il mène la troupe à la hussarde se montrant « impitoyable envers l'ennemi ».
Harry F. WELSH 1918-1995	*2nd Lt. (1943-1944), 1st Lt. (1944-1945).*	*1st Platoon XO, 1st Platoon Leader, Company XO, 2nd Btn S2.*	Soldat sorti du rang, puis sous-officier promu, formé dans une *OCS*. Transféré du *504th PIR* à la *Easy Co*, en mai 1943, cet excellent officier, fonceur et meneur d'hommes, est, probablement, le meilleur de tous les chefs de section que la *Easy Co.* ait jamais compté dans ses rangs.
Richard D. WINTERS 1918-2011	*2nd Lt. (1942), 1st Lt. (1942), Captain (1944), Major (1945).*	*2nd Platoon Leader, Company XO, 1st Platoon Leader, Company CO, 2nd Btn XO, 2nd Btn CO.*	Elevé au rang de mythe, il demeure le leader charismatique de la *Easy Co.* Excellent officier qui sera promu chef de bataillon, en 1945.

Pour de plus amples détails, consulter la notice biographique reprenant le récit complet du parcours militaire et de la vie de Dick Winters dans le chapitre intitulé « Galerie de portraits ».

Notes :

(1) *United States Military Academy at West Point (USMA)*, dite « West Point » : la *USMA*, fondée en 1802, est une école nationale de cadets (la plus ancienne et la plus prestigieuse des USA), dispensant un enseignement de type supérieur, soit, autrement dit, de niveau universitaire, qui forme, instruit et diplôme, à ce jour, environ 1000 nouveaux officiers (*commissioned officers*) par an (tous « commissionnés » *2nd Lieutenant*). Les diplômés de la *USMA*, tous âgés de 22 à 27 ans, s'engagent alors à rester, au minimum, cinq ans de service actif et trois ans de service dans la réserve, mais, bien entendu, la plupart mène une carrière militaire à long terme, atteignant, très souvent, le grade de *Colonel*, voire de *Brigadier-general*, à la date du départ en retraite, après 25 ou 30 ans de service, en moyenne.

(2) *US National Guard (USNG)* : créée en 1903, l'*USNG*, dont l'*Army National Guard* (*ANG*) constitue l'une des deux composantes, est ce que le jargon militaire désigne, communément, sous le vocable de « réserve » (l'expression étant, certes, largement répandue). L'*ANG*, véritable « armée de réserve » depuis 1933, représente même, environ, la moitié des effectifs de la force de combat de l'*US Army*.

(3) *Officer Candidate School (OCS)* : les *OCS* sont des écoles militaires formant les officiers de l'*US Army*, aussi bien ceux de l'active que de la réserve. Sont admis dans les *OCS* : les civils ou les hommes de troupes titulaires d'un diplôme universitaire, brevetés « soldat » (c'est-à-dire ayant terminé, avec succès, le programme du *Basic Combat Training*, soit leurs « classes », comme on dit en français), ainsi que les sous-officiers, recommandés par leurs supérieurs, pour une raison X ou Y.

(4) *Reserve Officers' Training Corps (ROTC)* : le *ROTC* est un programme d'entraînement militaire de base et d'instruction pour devenir officier de réserve, destiné aux étudiants suivant des cours à l'université.

(5)*Battlefield commission* : il s'agit là d'une « promotion sur le terrain ». Cette dernière permet à un sous-officier méritant (c'est-à-dire brave sous le feu ennemi et présentant des aptitudes significatives pour le commandement), voire, cas exceptionnel, à un homme de troupe, de devenir officier (*2nd Lieutenant*), auquel cas, une fois promu, il est muté dans une autre unité, l'armée craignant que celui-ci se montre, pour ainsi dire, « trop familier » avec ses anciens camarades et nouveaux subordonnés qui, de fait, n'auraient pas envers lui le respect qu'ils auraient pour un autre officier.

(6) Shames Edward, confidences à l'auteur, juillet 2013.

Ci-contre : groupe d'officiers du *2/506th PIR*, photographiés au soir du 5 juin 1944, peu avant le départ pour la Normandie. Clarence Hester, de l'état-major du bataillon, est visible, debout, au second rang (deuxième, en partant de la droite). (*US Army*/Archives du *506th PIR*.)

Ci-dessus : Berchtesgaden, mai 1945. Au premier rang, de gauche à droite : le *Sgt.* Zielinski (aide de camp du *Major* Winters), inconnu, inconnu, Lewis Nixon (*Btn. S3* du *2/506th PIR*), Dick Winters, *Captain* Lloyd Cox (*Btn. XO* du *2/506th PIR*) et Harry Welsh (*Btn. S2* du *2/506th PIR*). (*US Army*/Archives du *506th PIR.*)

Ci-dessous : le jour de l'annonce de la capitulation, sans condition, de la *Wehrmacht*, les soldats américains organisent une grande fête et célèbrent par une « abominable beuverie », durant laquelle bière, vin et alcool coulent à flots, l'heureuse nouvelle de la chute du *Reich*, marquant la fin de la guerre en Europe (*VE Day*, pour « *Victory in Europe* »). Sur ce cliché, pris le « lendemain de la veille », on reconnaît le *Captain* Lewis Nixon (*Btn. S3* du *2/506th PIR*), dont l'alcoolisme notoire et récurrent a, en partie, détruit la réputation, se réveillant, péniblement, victime d'une atroce gueule de bois, suite à sa participation active aux libations qui ont permis de vider les 10 000 bouteilles de la cave de la résidence, confortable chalet de villégiature alpin, que Hermann Göring possède à Berchtesgaden. (*US Army*/Archives du *506th PIR.*)

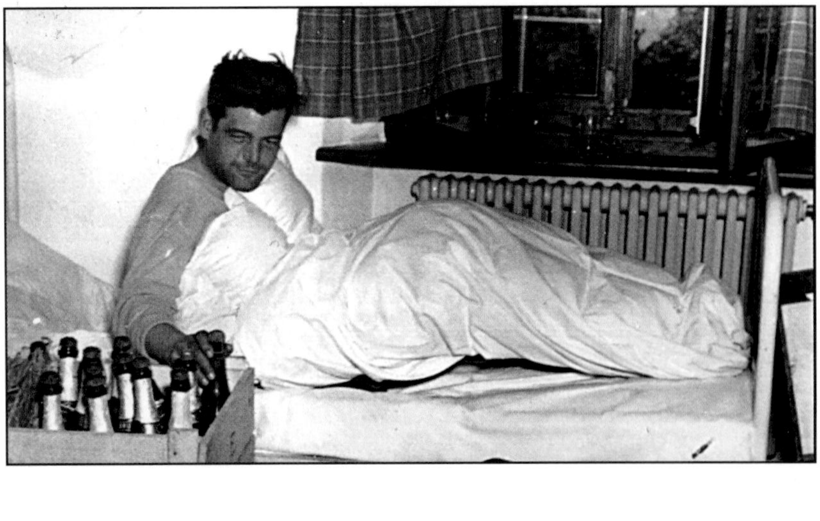

Le *Major* Richard D. Winters, en 1945. (*US Army*/ Archives du *506th PIR.*)

	Eté 1942	Eté 1943	Printemps 1944	Eté 1944 (Normandie)	17/09/1944 (*Market-Garden*)
Company HQ					
- Company CO.	Sobel	Sobel	Meehan	Winters	Winters
- Company XO.	Hester	Winters	Sweeney	-	Welsh
1st Platoon					
- Plt. CO.	Matheson	Heyliger	Winters	Welsh	Peacock
- Plt. XO.	Lavenson	?	Welsh	-	Brewer (7)
2nd Platoon					
- Plt. CO.	Winters	Roush	Roush	Compton	Compton
- Plt. XO.	Nixon	Welsh	Compton	-	Perkins (8)
3rd Platoon					
- Plt. CO.	Moore	Moore	Schmitz (9)	Roush (10)	Pisanchin
- Plt. XO.	Roush	?	Mathews	O'Brien (11)	Hudson (12)

Série de portraits de sous-officiers de la *Easy Company* :

1. *S/Sgt.* Paul C. Rogers (1918-2015), *3rd Platoon*.

2. *S/Sgt.* Robert K. Marsh (1924-2005), *1st Platoon*.

3. Donald G. Malarkey (1921), à gauche, en compagnie du *1st Sergeant* Talbert, en 1945.

4. *T/Sgt.* Burton P. Christenson (1922-1998), *1st Platoon*.

5. *Sgt.* Warren H. Muck (1922-1945), *1st et 2nd Platoon*.

6. Floyd M. Talbert (1923-1982), *3rd* et *1st Platoon*, puis *Company HQ Section*.

7. *S/Sgt.* William J. Guarnere (1923-2014), *2nd Platoon*.

(Archives du *506th PIR*.)

8. Deux officiers subalternes, les lieutenants Edward David Shames et Roy Paul Gates de la *E-2/506th PIR*, photographiés, en Autriche, à l'été 1945. (Ed Shames, collection Karen Mac Gee, via Ian Gardner.)

(7) *1st Lt.* Robert B. Brewer : *XO* du *1st Plt.*, Brewer est grièvement blessé, par le tir d'un sniper, le 18 septembre 1944, dans la périphérie de la ville d'Eindhoven.

(8) *1st Lt.* Ben M. Perkins : *XO* du *2nd Plt.*, Perkins remplacera Buck Compton à partir du moment où ce dernier, blessé au postérieur, est évacué vers un hôpital de campagne.

(9) *1st Lt.* Raymond G. Schmitz : blessé accidentellement, par Dick Winters, lors d'un match de lutte (en fait, une rixe) que lui-même a provoqué, Schmitz est muté à la *Fox Co.*, en juillet 1944, à cause de l'inimité existant entre les deux hommes. Schmitz trouvera la mort, le 22 septembre1944, en Hollande.

(10) *1st Lt.* Warren R. Roush : momentanément chef du *1st Plt.*, Roush est muté au *1/506th PIR*, durant l'été 1944.

(11) *2nd Lt.* Francis L. O'Brien : a rejoint la *Easy Co.*, durant la Bataille de Normandie. Transféré dans un autre compagnie, à l'été 1944, O'Brien sera tué, à Bastogne, en décembre 1944.

(12) *2nd Lt.* Charles A. Hudson : sergent promu officier, après la Bataille de Normandie, Hudson vient de la *Able Co.* du *1/506th PIR*. On l'affecte comme *XO* du *3rd Plt.*, sous les ordres du *1st Lt.* John G. Pisanchin. Courageux et compétent, Hudson est sévèrement blessé au combat, lors de l'opération *Market-Garden*.

4 Création du 506th Parachute Infantry Regiment

Le *Colonel* Robert F. Sink (photographié, ici, en 1945), chef du *506th PIR*. (*US Army*/Archives du *506th PIR.*)

Ci-dessous, à droite : le *Lieutenant-Colonel* Charles H. Chase (1910-1980), adjoint du *Colonel* Sink et commandant en second du *506th PIR*. (*US Army*/Archives du *506th PIR.*)

Ci-dessous : le *Colonel* Charles H. Chase, membre du *Division HQ* de la *101st Airborne* (à gauche), photographié, ici, en compagnie du *Major-General* Taylor (au centre) et du *Colonel* Moore (à droite), en 1945. (*US Army.*)

Ci-dessus : le *Major-General* Sink, commandant de la *44th Infantry Division* (photo datant de 1953). Tout au long de sa brillante carrière militaire, Sink demeure un excellent officier, jouissant du respect et même de l'affection de ses subordonnés. Du temps où il commande le *506th PIR*, ses hommes le surnomment, d'ailleurs, « *Uncle Bob* ». Selon les dires du soldat David K. Webster, vétéran de la *Easy Co.*, Sink se montre sévère, mais juste. Toujours de l'avis de Webster, Sink apparaît comme paternel, ayant bien compris, à l'inverse du commandant divisionnaire, que ses hommes ne craignent pas d'affronter l'ennemi, mais que, en revanche, ce n'est pas pour autant qu'ils aiment combattre et tuer des Allemands. Enfin, Webster note encore, dans ses mémoires, que, lors de ses « *speechs* » (harangues à la troupe), Sink parle de la guerre de façon sensible, réaliste et humoristique ; ce que ses hommes apprécient... (*US Army*/Archives du *506th PIR.*)

Robert F. Sink

Robert Frederick Sink est né, à Lexington (Caroline du Nord), le 3 avril 1905. Diplômé de *West Point*, en 1927, il commence sa carrière d'officier dans l'infanterie (comme chef de section dans le *8th Infantry Regiment*). Au fil de ses divers affections et formations (tant aux USA qu'outre-mer), il monte en grade et se voit promu *Captain*, en 1937. C'est avec ce rang qu'il sert comme commandant de compagnie, puis comme *Reg. S3* ; au *25th Infantry Regiment*, caserné à *Fort Huachuca* (Arizona).

En 1940, Sink rejoint le corps d'élite des parachutistes, alors en cours de formation, en intégrant le *501st Parachute Infantry Battalion*, à *Fort Benning*. Officier volontaire et compétent, il obtient une nouvelle promotion : on le nomme *Major*, en janvier 1941.

Un an plus tard, le *Lieutenant-Colonel* Sink est chargé de superviser la création d'un nouveau régiment de paras dont il prendra, finalement, le commandement : le *506th Parachute Infantry Regiment « Five-Oh-Six »*, plus tard surnommé « *Five-Oh-Sink* », en référence et hommage à son commandant, promu *Colonel*, en novembre 1942...

Sans aucun doute, Sink est un officier de premier ordre, courageux et qualifié. C'est aussi un homme à poigne, meneur d'hommes intransigeant, mais c'est, en même temps, un chef de corps calme et paternel, très apprécié de ses subordonnés qui le surnomment, affectueusement, « *Uncle Bob* » (pour l'anecdote, les paras l'appellent aussi, parfois, à son insu, « *Bourbon Bob* », faisant allusion, sans trop de médisance à l'encontre de leur chef, à son récurrent problème d'alcoolisme qui semble bien ne jamais lui avoir porté préjudice, aussi étonnant que cela puisse paraître). D'ailleurs, Sink aime, tellement, « son régiment » qu'il refusera deux promotions, durant la guerre, pour rester à la tête de ses soldats ! En août 1945, Sink est, finalement, muté à l'état-major de la *101st Airborne Division* où il occupe la fonction de commandant en second, comme adjoint direct du général dirigeant l'unité...

Au terme d'une brillante carrière militaire (chef de régiment, de division et, enfin, de corps d'armée), vétéran de deux guerres (il a servi en Corée), bardé de décorations (dont la *Silver Star*), le *Lieutenant-General* Sink prend sa retraite en 1961. Marié et père de trois enfants, il meurt, des suites d'un cancer, le 13 décembre 1965, à *Fort Bragg*.

Le *506th Parachute Infantry Regiment*, créé, pratiquement, *ex nihilo*, est mis sur pied à *Camp Tocca*, en Géorgie, à partir du 1er juillet 1942. Placé sous les ordres du *Lieutenant-colonel* Robert F. Sink, né en 1905, assisté du *Major* Charles H. Chase, et, officiellement, « activée », le 20 de ce mois, l'unité commence à recevoir ses nouvelles recrues dès le jour même...

Conformément au tableau de dotation et d'effectifs en vigueur à l'époque, d'application pour l'organisation d'un régiment d'infanterie aéroporté, le *506th PIR* compte trois bataillons de paras et neuf compagnies de fusiliers, de *Able* à *Item* (*cf. supra*, le chapitre sur l'organisation des unités). Cinquième compagnie du régiment, la *Easy Company* dépend, quant à elle, du deuxième bataillon, à savoir, le *2/506th PIR*, placé sous les ordres du *Major* Robert L. Strayer, né en 1912, universitaire et officier de réserve de son état, ancien membre du *501st Parachute Infantry Battalion*, secondé par le *Captain* Oliver M. Horton.

« Bob » Strayer et « Oli » Horton forment un excellent binôme au sein duquel les talents de l'un complètent, admirablement, ceux de l'autre. En effet, Strayer est un bon officier d'état-major, souriant, calme et posé, naturellement doué pour la tactique et les tâches administratives, maîtrisant l'art de s'entourer des meilleurs collaborateurs qui soient, mais, hélas, ce n'est pas un meneur d'hommes et donc, de fait, pas un « vrai commandant d'unité de combat ». A l'inverse, son second, le bouillonnant Horton, officier de terrain au franc-parler brutal, se montre tout à fait apte à commander de l'avant, avec brio et d'une main de fer, menant l'instruction de la troupe, tambour battant.

Le premier membre de la *Easy Co.* se trouve être son premier chef de corps et instructeur en chef, le *1st Lieutenant* Herbert M. Sobel *Sr.*, un officier de réserve, venu de la *National Guard*.

Outre Sobel, qui sont les autres membres de l'effectif d'origine de la *Easy Co.*, réunis à Toccoa, en ce chaud été 1942 ?

La *Easy Co.* est formée de 140 volontaires. Au sein de cet ensemble, il faut distinguer les cadres et les instructeurs (des sous-officiers de carrière) des nouvelles recrues formant le « gros de la troupe ».

Le baraquement abritant, à *Camp Toccoa*, le *Regiment HQ* du *506th PIR*. (*US Army*/Archives du *506th PIR*)

Les cadres = 8 officiers, un chef de corps, un commandant en second ainsi que trois chefs de section et leur adjoint.

Easy Co. CO : *1st Lt.* Herbert Sobel ;

Easy Co. XO : *2nd Lt.* Clarence Hester ;

1st Platoon Leader : *2nd Lt.* Salve Matheson ;

2nd Platoon Leader : *2nd Lt.* Richard Winters ;

3rd Platoon Leader : *2nd Lt.* Walter Moore.

Qu'il s'agisse du hasard des affections ou bien d'un acte délibéré de la part des autorités militaires américaines, il se trouve que la *Easy Co.,* au même titre que d'autres compagnies du régiment, se retrouve fort bien dotée en officiers de qualité dont une bonne partie, à la suite d'une promotion méritée, gravira les échelons de la chaîne de commandement jusqu'au niveau de l'état-major du bataillon, voire du régiment !

D'après les témoignages des troupiers : Matheson est celui qui « a la mentalité la plus militaire », Hester manifeste un comportement « paternel et attentif », Nixon (*2nd Lt.* Lewis Nixon, adjoint de Winters) apparaît toujours comme « extravagant » tandis que Winters affiche une attitude « réservée et courtoise, mais, somme toute, assez amicale ». En revanche, l'autoritarisme et la réputation d'incompétence (qu'elle soit supposée ou réelle) que lui prêtent ses chefs de section entraînent, dès le début, des frictions entre le chef de compagnie et ces derniers. Par exemple : une antipathie réciproque, due à un profond désaccord sur la méthode à appliquer dans la formation des soldats, futurs paras, amène Sobel et Winters à se détester l'un l'autre ainsi qu'à s'affronter, en permanence, dans la course vers l'obtention du *leadership* au sein de la compagnie...

Les instructeurs = 13 sous-officiers de carrière ayant obtenu leur brevet de parachutiste, soit un adjudant de compagnie et 12 (3x4) sergents (un sergent de section et trois chefs d'escouade pour chacune des sections).

Les nouvelles recrues = 119 hommes, dont une minorité d'appelés sous les drapeaux (conscrits effectuant leur service militaire) ou de soldats de carrière, tous volontaires pour servir dans les troupes aéroportées.

Est-il possible d'esquisser un « profil type général » pour les 119 hommes, en majorité nouvellement recrutés par l'*US Army* et affectés à la *Easy Co.* ? Oui, certainement.

- Tous sont de type caucasien. En effet, pratiquant encore la ségrégation raciale, à cette époque, l'*US Army* ne recrute que des Blancs pour ses unités d'élite.

Le *Lieutenant-colonel* Robert L. Strayer (1912-2002), chef du *2/506th PIR*. Officier de réserve, Strayer est un ancien membre du *501st Parachute Infantry Battalion*, ayant, bien sûr, suivi la formation dispensée par l'école de parachutisme de *Fort Benning*.

A gauche : le *Major* Oliver M. Horton, commandant en second du *2/506th PIR*. Officier compétent, Horton occupe différents postes à responsabilités. Excellent adjoint du chef de son bataillon, il est pressenti pour commander, un jour, un bataillon, voire un régiment. Chef de bataillon, à titre temporaire (il commande *ad interim* les 2/ et 3/506th *PIR*, à plusieurs reprises), il démontre, au combat, que ses supérieurs ont raison de l'estimer à sa juste valeur. Bien qu'il se soit couvert de gloire au feu, il ne sera, hélas, jamais promu au grade supérieur. En effet, il meurt, le 5 octobre 1944, mortellement frappé par un éclat d'obus, lors de la Bataille d'Opheusden, en Hollande. (*US Army*/ Archives du *506th PIR*)

Herbert M. Sobel Sr.

Né le 26 janvier 1912, Herbert Sobel est originaire de Chicago. Juif et issu d'une famille de la haute bourgeoisie d'affaires, il a grandi dans un milieu citadin aisé, reçu une bonne et stricte éducation et a, toujours, fréquenté d'excellents établissements scolaires. Après son passage à la *Culver Military Academy* (un établissement proposant des cours de sport, de citoyenneté et une préparation militaire de base aux jeunes gens), il est admis à la prestigieuse *University of Illinois* ; il en sortira diplômé, fort bien notés par ses professeurs.

Après ses études universitaires, le jeune homme accomplit son service militaire dans l'infanterie et passe les examens lui permettant d'être promu officier de réserve, affecté à la *National Guard*. Après sa démobilisation, le *2nd Lieutenant* Sobel retrouve la vie civile et devient *businessman* dans le secteur de la mode (prêt à porter de luxe).

De retour dans l'armée, dès 1940, l'officier de réserve souhaite, ardemment, être affecté à une unité d'active et servir son pays dès que celui-ci entrerait en guerre. Volontaire pour intégrer le corps d'élite des parachutistes, Sobel en suit la formation à *Fort Benning*, avant d'être promu *1st Lieutenant* et affecté au *2/506th PIR*, comme chef de compagnie.

En juillet 1942, Sobel est âgé de 30 ans. C'est donc, en théorie, un homme mûr, de surcroît, doté d'une expérience militaire (et professionnelle) non négligeable, même s'il n'a jamais connu le feu. De fait, ses supérieurs l'estiment tout à fait capable de manifester la retenue et de témoigner de la maturité adéquates dans l'accomplissement des tâches inhérentes à sa nouvelle fonction de commandant d'unité. Hélas, ce ne sera pas toujours le cas car l'homme se montrera, parfois, excessivement, nerveux et colérique.

Grand (il mesure plus d'un mètre quatre-vingt), svelte et raide comme un piquet, Sobel est un officier à l'allure martiale et sportive (il a pratiqué la natation, à assez haut niveau, durant ses études), sans pour autant passer pour un « chef », ni pour un athlète. Malheureusement pour lui, sa personnalité transpire l'arrogance ou, du moins, apparaît comme telle, aux yeux de ses contemporains. Sa mine hautaine, son regard froid, sa voix trop haut perchée, ainsi que le ton laconique qu'il emploie pour s'adresser aux autres, notamment à ses subordonnés, agacent ses interlocuteurs, à tel point que ceux-ci se sentent, souvent, méprisés. De fait, ils vouent à Sobel une rancune tenace et certains pousseront le vice jusqu'à souhaiter la mort de ce dernier !

L'histoire « officielle » de la *Easy Co.* a dépeint Sobel comme un chef de corps tyrannique et incompétent, borné au point d'être, carrément, psychorigide, avec une pure « mentalité de *drill instructor* », adepte du « caporalisme » le plus intransigeant et houspillant, sans cesse, à grands cris, les nouvelles recrues placées sous ses ordres. Est-ce vrai ? Oui, sans aucun doute, mais en partie, seulement. En effet, les réelles personnalité et motivation de Sobel demeurent encore, aujourd'hui, sujettes à controverse.

Notre opinion est que Sobel n'est pas l'homme qu'on a si souvent décrié ; ce qui explique, d'ailleurs, la polémique à son sujet et la récente remise en question du portrait qu'a brossé de lui feu Stephen Ambrose (paix à son âme !), dans sa monographie consacrée à l'histoire de la *Easy Co.*, publiée au début des années quatre-vingt-dix. Non, vraiment, selon nous, le personnage de Sobel demeure bien plus complexe et ambivalent que la grossière caricature exposée, jusqu'aujourd'hui, aux yeux du public.

Certes, Sobel est détesté par ses hommes et bien plus craint que respecté. Malgré cela, il instruit admirablement ses soldats, transformant des novices en combattants qualifiés et impitoyables, soit en véritables paras, « avides de sang et d'action ». Excellent instructeur, Sobel, n'est pas, il est vrai, un très bon chef de corps, mais de là à le traiter d'incompétent, il y a de la marge et une limite à ne pas franchir car ce serait médire à son sujet. Or, cet officier joue, indubitablement et avec succès, le rôle du « forgeron qui, à coups marteau, façonne le formidable outil de guerre que représente sa compagnie ».

Si Sobel se montre, sciemment, si dur et si inflexible, c'est pour plusieurs raisons se valant toutes et aussi évidentes les unes que les autres, à savoir :

Assurément, animé des meilleures intentions, mais maladroit, manquant, cruellement, de psychologie et peu doué, c'est le moins qu'on puisse dire, pour la communication (ce qui lui porte préjudice en l'amenant à entretenir des relations conflictuelles avec ses subordonnés), il est convaincu du caractère essentiel, voire « messianique », de sa mission, à laquelle il est voué corps et âme ; c'est pourquoi, il se montre aussi motivé et déterminé que les plus courageux de ses hommes, parfaitement conscient que de « subir son autoritarisme » sera le prix à payer pour réussir leur formation.

Persuadé de son bon droit, il veut que ses hommes soient les meilleurs, encore et toujours. Son *credo* : « la fin justifie les moyens ». Il mène donc une politique « orientée résultats » (des résultats qu'il obtient, d'ailleurs).

Suivant le principe que « la sueur épargne le sang », il joue le rôle qu'on lui a attribué, soucieux d'atteindre, à n'importe quel prix, son but : transformer des « bleusaillons » en « soldats », en « durs à cuire ». De fait, au sein de la troupe, il fait régner, par la terreur, une discipline de fer, avec l'aide de son adjudant de compagnie, le partial et servile William S. Evans. Tous deux imposent un rythme d'entraînement spartiate et ne pardonnent aucun faux pas, ni aucune faiblesse, non pas par « pur sadisme », mais uniquement par professionnalisme car c'est, tout simplement, ce que leurs supérieurs attendent d'eux !

En dépit de la rudesse de ses méthodes et de quelques grossières erreurs commises, Sobel conserve l'estime de ses supérieurs qui, en récompense de la « brillante conduite de la *Easy Co.* », fort bien notée dans tous les exercices et toujours « première au classement », le nomment *Captain*, à l'automne1942.

Sans nul doute, Sobel est un bon officier instructeur et, une fois promu à l'état-major de son régiment, à la fin de l'été 1944, il remplira sa mission d'officier logistique (*Reg. S4*) avec honneur et mérite. Cependant, il restera profondément marqué par le fait que jamais il ne parviendra à devenir un officier de terrain, meneur d'hommes et bon tacticien, brillant commandant d'unité de combat. De même, il sera toujours peiné, même s'il feint d'ignorer les railleries dont l'affublent ses soldats, dans son dos, de se savoir haï et incompris par les hommes dont il a pris en charge la responsabilité de la formation.

Le *Captain* Sobel est-il ambitieux et dénué de tout scrupule (autrement dit : simplement et bassement carriériste) ? Secrètement, au tréfonds de la face sombre de sa personnalité, peut-être bien que oui, dans des proportions infimes. Sinon, en règle générale : non. Sa seule ambition est d'obtenir de ses hommes qu'ils soient les meilleurs, les mieux préparés.

Est-il complètement borné et intransigeant, totalement idiot et dénué de bon sens ? Non. Il se montre borné et intransigeant, justement, par bon sens, puisque ce dernier ainsi que les obligations du devoir le lui imposent !

Est-il imbu de lui-même au point de manifester, ouvertement, de la suffisance ? Certes, il a une haute opinion de lui-même (*cf.* son éducation bourgeoise), mais sa soi-disant arrogance n'est, en fait, qu'une carapace qui masque une grande sensibilité d'écorché vif et un perfectionnisme obsessionnel anxiogène l'amenant à commettre d'impardonnables bourdes et autres maladresses que ses détracteurs ont interprété comme étant une preuve patente de faiblesse, d'incompétence même.

Est-il jaloux de ceux à qui il désire ressembler, tels que des hommes comme Dick Winters ou Harry Welsh ? Oui, indubitablement.

Est-il « fébrile » sur le terrain ; ce qui inquiète ses hommes et les pousse à se méfier de lui ainsi qu'à douter de sa capacité à les diriger, correctement, une fois en campagne, lors d'une opération de guerre ? Oui, certainement. Bourgeois et citadin, plus habitué aux mondanités qu'aux randonnées dans la nature, Sobel, il est vrai, ignore tout des activités de plein air, à l'inverse de beaucoup de ses soldats qui, eux, sont des chasseurs, coureurs des bois et des plaines, accomplis. De fait, il manque, cruellement, d'expérience dans les domaines de la lecture de carte et de la course d'orientation. S'en rendant pleinement compte, ses subordonnés le jugent sévèrement, sans aucune clémence, manquant là l'occasion de faire preuve d'empathie, voire, tout simplement, de compréhension.

En conclusion, outre l'aspect complexe et « torturé » du personnage, retenons que la qualité de l'entraînement imposé par Sobel, avec l'aval du chef de bataillon dont il jouit de la pleine confiance, est à l'origine des succès militaire de la *Easy Co.* et a sauvé bien des vies !

A gauche : le *Captain* Herbert M. Sobel, en 1943. (Herbert Sobel/ Archives du *506th PIR.*)

Ci-contre : le *Major* Sobel, en 1946. (Herbert Sobel/ Archives du *506th PIR.*)

Clarence Hester (1918-2000), photographié, ici, en 1945, avec le grade de *Lieutenant-colonel*. (*US Army*/Archives du *506th PIR.*)

- La plupart de ses hommes sont nés entre 1918 et 1924. Autrement dit : ils sont âgés, en moyenne, de 18 à 24 ans, en 1942. Deux ou trois approchent de ou ont atteint la trentaine. Seuls un ou deux individus, parmi l'effectif du groupe d'origine, ont menti sur leur âge et se sont engagés à 16 ou 17 ans.

- A trois exceptions près, tous sont célibataires.

- Les volontaires proviennent des quatre coins du vaste empire états-unien et sont issus de tous les horizons socioprofessionnels du pays.

- Jeunes et en bonne santé, les candidats parachutistes sont en excellente condition physique et cette dernière ne cessera, au fil de l'entraînement, de s'améliorer jusqu'à mériter le qualificatif d'athlétique.

- Le fondement de la motivation des nouvelles recrues pourrait, en bref, se résumer comme il suit : outre l'attrait de la prime de risque (solde mensuelle majorée de, minimum, 50 dollars) et le prestige de l'uniforme, tous les hommes se montrent désireux d'appartenir à une unité d'élite et ce avec tout ce que cela implique. Autrement dit : ils sont plus « fous et plus courageux » que les autres ! Assurément, il est de notoriété publique que, en temps de guerre, « il n'existe pas de plus sale boulot que de servir comme fantassin dans une unité de première ligne ». Eh bien, eux, en plus de prendre ce risque, ils se portent volontaires pour « sauter d'un avion en parfait état de fonctionnement » et à « tomber du ciel » pour « plonger au cœur du combat », en acceptant l'idée de se retrouver encerclés en territoire ennemi ! Quelque soit leur origine sociale ou familiale, chacun à leur manière, les soldats de la *Easy Co.*, comme leurs homologues au sein des autres compagnies du régiment d'ailleurs, sont des « durs à cuire ». Tous sont bien conscients qu'on exigerait d'eux le maximum, voire l'impossible ! Ces hommes au caractère bien trempé ont confiance en eux et se montrent bien résolus à relever le défi imposé par la rudesse de la préparation militaire dans laquelle ils viennent de s'engager ! Honneur, patriotisme, obéissance, courage et détermination sont leur *credo* ! Désirer rejoindre les troupes aéroportées et se porter volontaire comme candidat parachutiste est une chose ; prouver qu'on est capable en est une autre. La motivation des futurs paras, c'est-à-dire tous ceux qui ne seront pas « éliminés » au cours de l'entraînement (et puis même, les « recalés » n'auront pas démérité car il fallait « des couilles et des tripes » pour intégrer le programme de sélection), outrepasse les exi-

Le *2nd Lt.* Richard « Dick » Winters (1918-2011), chef du *2nd Platoon* de la *Easy Company*. (Richard Winters.)

Le *Sergeant* William S. Evans (1910-1944) est l'un des sous-officiers de carrière affecté comme cadre et instructeur à la *Easy Company*. (*US Army*/Archives du *506th PIR.*)

Le *2nd Lt.* Lewis Nixon (1918-1995). Ami de Dick Winters, qu'il a rencontré lors de son cursus à l'*OCS* et, ensuite, fréquenté à *Fort Benning*, Nixon commence sa carrière comme *XO* du *2nd Platoon* de la *Easy Co.*, avant d'être promu au grade supérieur et nommé à un poste à l'état-major du bataillon. (Lewis Nixon/ Archives du *506th PIR.*)

Le *2nd Lieutenant* Georges Lavenson. Officier compétent, Lavenson sert comme *Platoon XO* avant d'être muté à l'état-major du *2/506th PIR*. (*US Army*/ Archives du *506th PIR*, via Jake Powers.)

Salve H. Matheson (1920-2005), en 1943. (*US Army*/ Archives du *506th PIR.*)

Lewis Nixon. (Lewis Nixon/Archives du *506th PIR.*)

gences du devoir. En effet, tous veulent être les meilleurs et tirer le meilleur parti de leur temps de service dans l'armée ; d'ailleurs, leur refus de servir comme « simple troufion dans la biffe » et leur volonté d'endurer les épreuves ainsi que de braver les périls qui les attendent en demeurent la meilleure preuve !

Arrivés dès le 20 juillet 1942, les soldats Carwood Lipton, Herman Hanson, Frank Perconte, et Wayne Sisk sont, en plus de Herbert Sobel et des autres cadres de l'unité, les premiers volontaires affectés à la *Easy Co.* dont l'effectif sera complet quelques jours plus tard.

En s'engageant dans les paras, tous les volontaires de la *Easy Co.* connaissent la règle du jeu : aucune peine, ni aucun danger ne le sera épargné ; on exigera d'eux de la patience, de l'endurance, de la persévérance ainsi qu'un courage sans limite n'ayant d'égal que leur esprit de sacrifice au service de l'effort de guerre déployé par leur nation. De plus, tous acceptent d'être soumis à une autorité hiérarchique intransigeante appliquant une discipline de fer, non exempte de châtiments sévères (y compris des punitions corporelles), et leur imposant le calvaire, lors des séances d'entraînement physique, de supporter de « faire du parcours à en crever la gueule ouverte ». Leur instruction est sur le point de « détruire » leur identité de civil et d'en faire des soldats. Bien entendu, tous en sont, pleinement, conscients, mais, toutefois, se montrent ardemment désireux de relever le défi (*cf. supra*, allusion à la volonté des futurs paras de se démarquer des « biffins ») afin de pouvoir, un jour, arborer, sur leur uniforme, les insignes de fusilier parachutiste et de combattre au sein d'une troupe d'élite !

Une fois la *Easy Co.* formée et après la livraison à chaque homme de son uniforme et de tout son bardât, par le fourrier régimentaire, l'entraînement commence, sans tarder. Pour les jeunes soldats, prétendants au titre convoité de parachutiste, c'est le début d'une période de leur existence qui va, profondément, changer le cours de leur destinée ainsi que des « quatre mois d'enfer », vécus au cœur de l'enceinte de *Camp Toccoa* !

Ci-contre : le *Major* Winters (à gauche), photographié, ici, en 1945, en compagnie du *Captain* Nixon (au centre) et du *1st Lieutenant* Harry Welsh. (*US Army*/Archives du *506th PIR.*)

Booth Camp : l'entraînement (août 1942- juin 1944)

5

Camp Toccoa (août-décembre 1942)

Nous l'avons évoqué, dans le premier chapitre : l'entraînement des paras est conçu pour préparer ces hommes à subir les pires épreuves de la guerre, à devenir une troupe d'élite et de choc, capable de défaire n'importe quel adversaire, sur n'importe quel terrain et dans n'importe quelles conditions. De fait, ledit entraînement s'appuie sur un programme mûrement réfléchi, efficace et draconien, destiné à offrir aux paras la meilleure préparation qui soit, autant sur le plan physique, moral, idéologique que professionnel.

En réalité, le passage par le *Camp Toccoa* est l'étape initiale d'un long processus de préparation au premier déploiement opérationnel (action de guerre) dont l'un des buts avoués est d'assurer un filtrage parmi les volontaires et d'éliminer ceux qui ne se montreraient pas aptes à résister à la dureté de la formation à mériter d'entrer à l'école de parachutisme de *Fort Benning*.

Durant ces chaudes journées de l'été 1942, les soldats de la *Easy Co.* vont donc s'entraîner et s'endurcir, sans relâche, jusqu'à l'épuisement et au-delà de leurs limites personnelles, sous la férule de leur chef de corps et instructeur attitré : le *Captain* Herbert M. Sobel.

En quoi consiste leur entraînement de base ? Quelles sont les principales activités pratiquées ?

- Course quotidienne longue de 11 kilomètres, un aller-retour du centre du camp au sommet de *Mount Currahee*, le tout en moins de 50 minutes.

- Marche d'orientation hebdomadaire, de jour comme de nuit, longue de 20 kilomètres, avec armes et paquetage de campagne.

- Parcours du combattant, éprouvant, accompli à un rythme effréné.

- Séances de gymnastique suédoise (avec flexions, tractions, pompages et abdominaux).

- *Close combat* (le corps à corps ou fameux CAC, comme on l'appelle dans l'armée française, comprenant, bien sûr, la lutte au poignard et à la baïonnette), conçu pour développer leur sens de l'agressivité et leur donner, pour ainsi dire, « l'envie de tuer ».

- Cours généraux et spécialisés, théoriques et pratiques, sur le métier de fantassin (au sens large), lecture de cartes, orientation à la boussole, usage des communications par signaux ou par radio, démolition à l'explosif, camouflage, lancer de grenade, déminage, lutte antichar, survie en milieu hostile, premiers secours, *et caetera*…

- Maniement, utilisation et entretien des armes ainsi que du matériel.

- Tir sur cible.

D'autre part, le séjour au *Camp Toccoa* permet à ces futurs paras, âgés, en moyenne, de la vingtaine, de mûrir. Ils passeront du statut de jeunes recrues à celui de véritables soldats, au fil des épreuves endurées en commun et d'une initiation à la vie militaire, longue de quatre mois, destinée à acquérir des compétences, mais aussi à créer une camaraderie, une véritable fraternité donnant naissance à un fort esprit de corps, devenu, pour eux, synonyme de nouvelle identité.

Dans les derniers jours de novembre 1942, on annonce aux hommes que leur formation de base est en passe de s'achever et que le constat des autorités concernées est plus que satisfaisant. En effet, parmi les hommes sélectionnés (c'est-à-dire non éliminés par la rudesse de l'entraînement), tous sont qualifiés. Ils ont appris à exécuter les ordres sans discuter, agissent comme un seul homme et sont passés maîtres dans l'art d'exercer la spécialité qu'on leur a attribuée (mitrailleur, servant de mortier, opérateur radio,…).

De plus, tous connaissent les prérogatives des autres membres de leur unité respective (supérieurs y compris) et se montrent capables de les remplacer au

Robert Sink (second en partant de la gauche, à la droite du *Lieutenant-colonel* Wolverton), photographié au *Camp Toccoa*. (*US Army*/Archives du *506th PIR*.)

Robert Strayer, chef du *2/506th PIR*. (*US Army*/ Archives du *506th PIR*.)

A gauche : le *506th PIR* est commandé par le *Colonel* Robert F. Sink. (*US Army*/Archives du *506th PIR*.)

Herbert Sobel. (*US Army*/Archives du *506th PIR.*)

pied levé, du moins en ce qui concernent des tâches rudimentaires.

Le 1er décembre, le *2/506th PIR* quitte la région de Toccoa pour Atlanta. Sur ordre du chef de régiment, soucieux de battre au score une unité japonaise ayant réussi à marcher 150 kilomètres en trois jours et, de fait, ayant établi là un record mondial, le bataillon reçoit pour instruction de rejoindre la capitale de la Géorgie, par ses propres moyens, à savoir : à pied, dans le froid, sous la pluie et suivant de mauvaises routes, à travers la campagne subissant les premiers assauts hivernaux.

Après trois jours de calvaire et une marche de près de 200 kilomètres, taraudé par la rudesse du climat, le bataillon ouvre le défilé d'inauguration de la grande parade que l'*US Army* a organisé à Atlanta. Là, acclamés par la foule qui se presse dans les rues et salués par des cohortes de charmantes demoiselles, les soldats de la *Easy Co.* sont récompensés pour leurs efforts et leur endurance, démontrée lors d'un magnifique exploit sportif, soit 192 kilomètres, parcourus en 75h, dont 33h30' de marche effective !

Fort Benning (décembre 1942-mars 1943)

A *Fort Benning*, la *Easy Co.* est cantonnée dans des baraquements en planches, érigés sur un terrain sablonneux et nu. Comme à *Camp Toccoa*, l'inconfort règne dans ces maigres cahutes, mais, cependant, les hommes sont heureux de commencer, enfin,

Ci-dessus : Herbert Sobel, chef de la *E-2/506th PIR*. (*US Army*/Archives du *506th PIR.*)

Ci-dessous : vue aérienne du site de *Camp Toccoa* et de son terrain d'entraînement, en 1942. (*US Army*/Archives du *506th PIR.*)

Page suivante : les hommes du *506th PIR*, photographiés durant leurs exercices quotidiens, sur le parcours du combattant de *Camp Toccoa*. Ereintants, tous ces exercices leur permettent, cependant, de se forger une condition physique exceptionnelle et de repousser, au point de les franchir et de les dépasser, les limites de la résistance humaine ! (*US Army*/Archives du *506th PIR.*)

1 et 2. *Running Currahee* : des *troopers* du *506th PIR*, photographiés lors de leur « jogging matinal » sur le *Mount Curahee* (*Camp Toccoa*, été 1942). (Jim Martin)

3. Deux servants de mortiers du *506th PIR* à *Camp Toccoa* (été 1942). (Jim Martin)

4. Skip Muck (*Easy Co.*), en train de s'exercer à grimper un filet de cordage à *Camp Toccoa* (été 1942). (*US Army*/Archives du *506th PIR*)

5 et 6. Bill Guarnere, à *Camp Toccoa*. (W. Guarnere)

7. La *Easy Co.,* au complet, en vadrouille dans la campagne géorgienne, lors d'une marche (exercice d'endurance et d'orientation). (*US Army*/Archives du *506th PIR*)

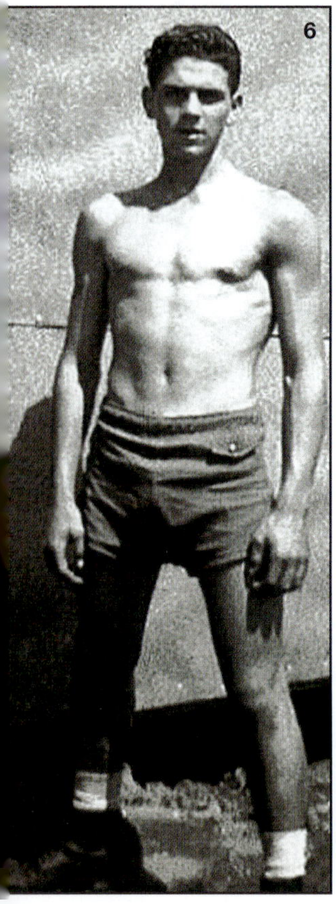

8. Photo représentant des membres du *3rd Platoon, E-2/506st PIR*, au bivouac, lors d'une manœuvre. On reconnaît Floyd Talbert, tenant un pistolet-mitrailleur, et, au centre, avec sa chevelure sombre et épaisse, fixant le photographe, Paul Rogers. (*US Army*/Archives du *506th PIR*)

9. Robert Rader, *1st Platoon, E-2/506st PIR*. (*US Army*/Archives du *506th PIR*.)

10. Don Hoobler, au centre, en train de faire le clown. A sa droite, son voisin et ami d'enfance, Robert Rader. L'homme à droite du cliché est, très certainement, William Howell, lui aussi membre du *1st Platoon, E-2/506st PIR*. (*US Army*/Archives du *506th PIR*.)

11. La *Easy Co.*, en route pour Atlanta, en décembre 1942. (*US Army*/ Archives du *506th PIR*.)

l'entraînement au saut en parachute. Celui-ci se déroule en quatre phases d'une durée d'une semaine chacune :

- Phase A : Préparation physique.

- Phase B : Le matin, entraînement à l'entretien et au pliage des parachutes. L'après-midi, « sauts dans le bac à sciure » (pour apprendre à tomber correctement, le fameux le roulé-boulé) et sauts depuis la « tour des dix mètres », accroché à un harnais (première simulation du saut en parachute).

- Phase C : Sauts en parachute, depuis « la grande tour », haute, cette fois, de quatre-vingt mètres, suspendu à un câble de sécurité qui ralentit la chute.

- Phase D : Cinq « vrais » sauts en parachute, depuis un avion (*C-47*), largué à une hauteur de 500 mètres.

Suite à cela, les prétendants au brevet de paras reçoivent ce précieux document, accompagné d'un badge, les « *Jump Wings* », soit les fameuses « ailes » si convoitées, depuis des mois.

Une fois brevetés et après une permission de dix jours (amplement méritée), les hommes de *Easy Co.* entament un nouveau cursus de préparation militaire. De quoi s'agit-il ? A partir de la fin du mois de jan-

En haut : Salve Matheson et Robert Strayer (premier et deuxième, en partant de la gauche), en compagnie d'autres membres de l'état-major du *2/506th PIR*, lors de la marche de Toccoa à Atlanta. (*US Army*/Archives du *506th PIR*.)

Ci-dessus : photo de groupe de membres de la *Easy Co.* prise en décembre 1942, lors de la marche de Toccoa à Atlanta. On y reconnaît Myron Ranney, tout souriant (dernier rang, septième en partant de la gauche), Clarence Hester (deuxième rang, premier en partant de la droite, la main sur la hanche) avec, à côté de lui, Forrest Guth. Juste devant Hester, assis sur le sol, on distingue Frank Perconte (agitant son casque) et, à sa droite, Carwood Lipton, sourire aux lèvres tenant son fusil dans ses mains gantées. Au centre de la photo, aux pieds de Shifty Powers et de Paul Rogers, se tient « Popeye » Wynn (deuxième rang, cinquième en partant de la droite). Enfin, au premier plan, assis parterre, mitrailleuse en main, on peut voir Walter Gordon, avec, à sa gauche, Floyd Talbert. (F. Guth, via M. De Trez.)

Ci-contre : vue aérienne du site de *Fort Benning*, en 1942. (*US Army.*)

Ci-dessus : Warren H. « Skip » Muck (31 janvier 1922-10 janvier 1945), à *Fort Benning*. (*US Army*/Archives du *506th PIR.*)

Ci-contre : premier saut pour les candidats parachutistes ! Dans le ciel bleu fleurissent des corolles immaculées… (*US Army*/Archives du *506th PIR.*)

Ci-dessus, à droite : atterrissage de paras, à *Fort Benning*. (*US Army*/Archives du *506th PIR.*)

Ci-dessous : membres du *1st Platoon* de la *E-2/506th PIR*, photographiés à *Fort Benning*, au printemps 1943. De gauche à droite, on reconnaît : Johnny W. Martin (12 mai 1922-26 janvier 2005), William H. Dukeman Jr. (né le 3 septembre 1921/tué, en Hollande, le 5 octobre 1944), Albert Blithe (né le 25 juin 1923/grièvement blessé en Normandie/décédé le 17 décembre 1967), Donald B. Hoobler (né le 28 juin 1922/mort, accidentellement, à Bastogne, le 3 janvier 1945), William T. Wingett (né le 3 juillet 1922) et Burton P. Christenson (né le 24 août 1922/décédé le 30 décembre 1998). (*US Army*/Archives du *506th PIR.*)

Ci-dessus : Dick Winters, photographié à *Camp Mackall*, au début de l'été 1943. (R. Winters/ Archives du *506th PIR.*)

Ci-dessous : de gauche à droite : « Oli » Horton (*XO, 2/506th PIR*), « Bob » Strayer (*CO, 2/506th PIR*), Clarence Hester (*S3, 2/506th PIR*) et, enfin, Salve Matheson (*S4, 2/506th PIR*), photographiés à *Camp Mackall*, au printemps 1943. Peu après la prise de ce cliché, Matheson est promu *Captain* et muté à l'état-major régimentaire. (*US Army*/Archives du *506th PIR.*)

vier 1943, on les entraîne au combat urbain, sur un site spécialement dédié à ce type d'exercice qui rencontre un très grand succès auprès de la troupe, presque amusée par la pratique de ce « genre de sport ».

Camp Mackall (avril-juillet 1943)

Camp Mackall, en Caroline du Nord, est une gigantesque base militaire de 25000 hectares de superficie, construite en à peine quatre mois.

Ci-dessus : Forrest Leroy Guth (6 février 1921-9 août 2009), photographié, ici, lors d'une permission, chez lui, tout juste breveté parachutiste. (F. Guth.)

Ci-contre : Philip P. Perugini (*3rd Platoon, Easy Co.*), né le 26 mai 1922, en tenue de saut *M1942*, à *Fort Benning*, en 1943. (F. Guth/Archives du *506th PIR.*)

Page ci-contre : à l'occasion des séjours à *Camp Mackall* et à *Fort Bragg*, le commandement des troupes aéroportées organise des séances de photographies, en groupe, pour chacune des compagnies du *2/506th PIR*. (*US Army*/Archives du *506th PIR.*)

Dès son ouverture, à la fin de février 1943, le site accueille une antenne du siège officiel des troupes aéroportées qui y installent un centre de commandement et d'instruction, annexe du QG principal de *Fort Benning* (*cf. supra*, chapitre 1).

A *Camp Mackall*, l'entraînement des paras devient de plus en plus intensif et élaboré. Par exemple, ils sautent, régulièrement, avec leurs armes et leur équipement complet. A chacun de ces sauts succèdent trois jours de manœuvres sur le terrain, simulant des opérations menées en arrière des lignes de l'ennemi. Une fois encore, les paras acquièrent de nouvelles compétences ainsi que de l'expérience militaires. De plus, on impose aux soldats de nouveaux tests d'aptitude physique, tous réussis haut la main par les hommes du *506th PIR*.

Wargame (5-15 juillet 1943)

Après avoir été officiellement attaché à la nouvelle *101st Airborne Division*, le 10 juin 1943, le *506th PIR*, participe, avec l'ensemble de la division, à un grand « *wargame* », dont les manœuvres se déroulent à travers trois états (Indiana, Kentucky et Tennessee), durant lesquelles, en « conditions de combat » (y compris en ce qui concerne les sauts en parachute), l'armée « bleue » affronte l'armée « rouge ».

D'autres exercices de grandes envergures se dérouleront encore jusqu'à la fin juillet, avec succès, et, désormais, le *506th PIR* est considéré comme opérationnel par les « huiles » de l'état-major divisionnaire. A cet instant, il ne reste plus qu'à le préparer,

Dog Company.

Dog Company.

Easy Company.

Fox Company.

HQ Company.

Groupe de paras, photographiés dans un *C47*, lors d'un saut d'entraînement, en 1943. (*US Army*/Archives du *506th PIR*.)

Le *Sergeant* Clifford C. Lipton (*3rd Platoon, Easy Co.*), à *Fort Bragg*, en 1943. (C. Lipton/Archives du *506th PIR*.)

Le *Sergeant* William J. Guarnere (*2nd Platoon, Easy Co.*), à *Fort Bragg*, en 1943. (W. Guarnere/Archives du *506th PIR*.)

spécifiquement, à sa future première grande mission, le saut du *D-Day*.

Fort Bragg (août 1943)

En août 1943, la *101st Airborne Division* est transférée à *Fort Bragg* (Caroline du Nord), après un bref séjour à *Camp Breckinridge* (Kentucky). Sur place, il devient vite évident pour les paras que le séjour confortable qu'ils vivent alors n'est qu'une courte étape avant un transfert outre-mer, vers une zone de combat. D'ailleurs, cette impression sera vite confirmée par le renouvellement complet de l'équipement et la distribution de nouvelles armes, flambant neuves.

A la mi-août, le commandant de la division, le général Lee, passe son unité en revue et exprime sa satisfaction, tout en annonçant que le jour du départ ne saurait tarder. En effet, à la fin du mois, le 22, précisément, la division est envoyée au *Camp Shanks*, à 50 kilomètres de New York, sur les rives de l'Hudson. Là, on annonce qu'un départ est imminent et on prépare les soldats à une expédition outre-mer (notamment grâce à nouvelle batterie de tests et d'inspections, mais aussi au moyen d'une campagne de vaccination générale).

Afin de rejoindre le « Vieux Continent », la *Easy Co.* embarque à bord d'un vieux paquebot poussif, transformé en transport de troupes, le *Samaria*. Après dix jours de traversée, dans de pénibles conditions (le navire est inconfortable et surpeuplé), la compagnie est débarquée dans le port de Liverpool, dans l'après-midi du 15 septembre. De là, elle est transférée, en train cette fois, jusqu'au camp prévu pour elle (un complexe élaboré de baraques en bois et tôle ondulée, somme toute, relativement confortables), situé à côté de la bourgade rurale de Aldbourne (Wiltshire), à 130 kilomètres au sud-ouest de Londres, entre Swindon et Hungerford.

A droite : belles séries de photographies représentant le centre de la bourgade de Aldbourne, prise par un *trooper* du *506th PIR*, le soldat Donald B. Straith, à l'automne 1943. (D. Straith/Archives du *506th PIR*)

Aldbourne (16 septembre 1943 – 30 mai 1944)

La vie et le service à Aldbourne deviennent vite agréables, pour les hommes de la *Easy Co.*, séduits par le charme du décor verdoyant de la campagne entourant leur nouveau cantonnement.

L'histoire « officielle » a toujours tenté de nous faire croire (en vain, nous allons le voir) que, parfaitement informés des coutumes locales et disciplinés, les jeunes paras se sont vite pliés aux règles strictes du mode de vie des Anglais, dès lors que, au lendemain de leur arrivé à Aldbourne, ils ont entamé un nouveau *cursus* d'entraînement, destiné à les préparer, au mieux, à l'action, à la mission qui devait être la leur le *D-Day*. Certes, d'un côté, c'est, en partie, vrai. D'autre part, rien n'est plus faux ! En effet, comme l'ont démontré des historiens, tel que, par exemple, Mark Bando (1), il est établi, aujourd'hui, que les paras ont, il faut bien l'admettre à la lueur des preuves, « foutu une sacrée merde », partout où ils sont passés (2) ! Leur indiscipline de baroudeurs turbulents ainsi que l'abus d'alcool, lors de leurs « sorties en ville », tout comme leur nette propension à provoquer des bagarres dégénérant, souvent, en drames sanglants, causent bien trop de dégâts ! Enfin, leur habitude à « exagérer » avec les femmes, qu'il s'agisse de viles prostituées de bas étage ou de jouvencelles de bonne famille, leur attire, également, bien des ennuis, au premier rang desquels figurent maladies vénériennes et plaintes pour outrage aux bonnes mœurs, voire pour agression sexuelle !

Durant le séjour à Aldbourne, le rythme de l'entraînement est intense : pendant huit à dix heures par jour, excepté le dimanche, les paras se retrouvent à suer sur les terrains d'exercice. Une fois par semaine, tous participent à des *wargames* d'une durée de deux à trois jours, au cours desquels, en « conditions de combat » (certains exercices se font « à balles réelles » ce qui ne manque pas de provoquer des incidents assez sérieux), ils doivent mettre en pratique la théorie apprise précédemment. De plus, outre les heures passées, de jour comme de nuit, à crapahuter dans la campagne anglaise, les hommes de la *Easy Co.* enchaînent sauts diurnes et nocturnes, avec tout leur paquetage de combat. A ce moment, pressentant l'imminence de leur baptême du feu qui viendrait avec leur entrée en guerre, tous les paras sont sous tension…

En haut : Robert B. Smith (1924-1983), du *1st Platoon* de la *Easy Co.*, photographié au camp de Aldbourne. Outre l'allure générale du personnage, ses armes et uniformes, nous remarquerons que ces photos nous montrent, en arrière-plan, les baraquements dans lesquels logent les soldats. (R. Smith, via Susan Finn.)

Ci-dessus : Edward J. Tipper (1921), du *3rd Platoon* de la *Easy Co.*, à Aldbourne. (E. Tipper/ Archives du *506th PIR.*)

Le *S/Sgt.* Terrence C. « Salty » Harris (1920-1944) est le *Platoon Sergeant* du *3rd Platoon* de la *Easy Co* et l'un des meneurs de la mutinerie dirigée contre Herbert Sobel. Mis aux arrêts et rétrogradé au rang de simple soldat, il est muté à la *Able Co.* du *1/506th PIR*. Harris trouve la mort, en Normandie, le 18 juin 1944, victime du tir d'un sniper allemand, lors de la Bataille de Carentan. (*US Army*/ Archives du *506th PIR.*)

Ci-dessus et ci-dessous : le *1st Lieutenant* Thomas Meehan (1921-1944). (*US Army*/ Archives du *506th PIR*.)

Ci-dessus et à droite : Myron N. « Mike » Ranney (1922-1988), *Platoon Sergeant* du *1st Platoon* de la *Easy Co.*, au côté de Bill Guarnere et, en famille, une dizaine d'années après la guerre. Rétrogradé et muté à la *Item Co.* du *3/506th PIR*, Ranney retrouve la *Easy Co.*, quelques jours avant le *D-Day*. Après la campagne de Normandie, décoré de la *Bronze Star*, Ranney est « amnistié » et promu *S/Sgt.*, par Dick Winters qui l'affecte à la *Company HQ Section*. Blessé, accidentellement, durant la Campagne de Hollande, le 2 octobre 1944, Ranney est évacué en Angleterre et rentre, ensuite, aux USA, en décembre. Démobilisé, il quitte l'armée, en avril 1945. (M. Ranney/ Archives du *506th PIR*.)

Thomas Meehan, debout au second rang, premier en partant de la droite. L'homme revêtu d'une veste d'aviateur, en mouton retourné, n'est autre que le *Captain* Sobel. (*US Army*/ Archives du *506th PIR*.)

A ladite tension ambiante (*cf.* paragraphe précédent), s'ajoute celle provoquée par la haine qu'éprouvent les hommes de la *Easy Co.* envers leur commandant de compagnie, le *Captain* Sobel, jugé tyrannique et incompétent. En effet, au sein de l'unité, la plupart des hommes, en général, et, en particulier, deux sous-officiers, les sergents-chefs Harris (*3rd Platoon*) et Ranney (*1st Platoon*), se montrent bien déterminés à obtenir de la part du chef de régiment la mutation de Sobel, en qui les soldats n'ont aucune confiance et avec qui ils redoutent tous de « faire le grand saut ». Cependant, malheureusement pour eux, la *Easy Co.* étant l'une des, si pas la meilleure compagnie du régiment, il est fort peu probable que le *Colonel* Sink désavoue, publiquement, Sobel, en butte à la fronde de ses subordonnés...

Le 30 octobre, un banal incident, à propos de la question de l'inspection d'une corvée de latrine, survient ; cristallisant le conflit latent existant entre les deux officiers, cet incident déclenche une querelle ouverte entre Dick Winters et Herbert Sobel. Une confrontation directe risquant d'éclater, le chef de bataillon, le *Lieutenant-colonel* Strayer, décide de calmer le jeu en mutant Winters au poste de responsable du mess du *2/506th PIR*. Furieux, tous les sous-officiers de la compagnie, menés par Harris et Ranney, se mutinent et rendent leurs galons, refusant, désormais, de servir sous les ordres de Sobel.

Face à l'ampleur désastreuse que prend la situation, le *Colonel* Sink décide de mettre à terme au débat en mutant Sobel à la direction de l'école de parachutisme de Chilton Foliat (un centre d'entraînement et de formation pour les médecins, aumôniers, spécialistes des transmissions et autres observateurs d'artillerie volontaires pour sauter sur la France, le *D-Day*) et de réintégrer Winters à la *Easy Co.*, désormais commandée par le *1st Lieutenant* Thomas Meehan, secondé, temporairement, par le *1st Lieutenant* Patrick Sweeney. Outragé de ne pas retrouver son rang de *XO*, mais seulement le poste de chef du *1st Platoon*, Winters proteste, énergiquement, auprès du *Colonel* Sink, mais, hélas pour lui, en vain. Enfin, de leur côté, Harris et Ranney, mis aux arrêts, sont durement sanctionnés : tous deux sont rétrogradés au rang de simple soldat et le premier, banni des rangs du *2/506th PIR*, est muté dans une autre unité, la *Able Co.* du *1/506th PIR*. Ainsi se clôture « l'ère Sobel » pour la *Easy Co.*, au sein de laquelle le calme est revenu...

Au mois de décembre, en prévision des pertes que ne manquerait pas de subir la compagnie au niveau des officiers subalternes, un groupe de « nouveaux lieutenants » rejoint l'unité : parmi eux, se trouve Lynn D. « Buck » Compton, un universitaire californien, diplômé d'une *OCS*, sportif de haut niveau et champion de base-ball, affecté comme *XO* au *2nd Platoon* ainsi que Robert L. Mathews qui, quant à lui, devient le *XO* du *3rd Platoon*.

Dès le début de l'année 1944, le programme d'entraînement de la *Easy Co.* s'oriente, de plus en plus, vers des scénarios reproduisant le déroulement de leur mission du *D-Day*. En quoi consiste alors ledit programme ? C'est très simple. En parfaite coordination avec les autres compagnies du bataillon, au cours de divers *wargames* d'un nouveau genre, différents de ceux auxquels ils ont précédemment pris part, les paras sont amenés à :

- réduire au silence la garnison d'un bourg ;

- s'emparer, par surprise, d'un pont et, ensuite, à le défendre, en le conservant intact, face à une contre-attaque ennemie, ou, au contraire, à le faire sauter ;

- « dégager » des routes ou, à l'inverse, à barrer toute avance adverse en installant des « bouchons » sur les voies d'accès par lesquelles devaient progresser les unités amies ;

- à contrer un assaut blindé ;

- à s'habituer à vivre et à combattre, encerclés en territoire ennemi, en exploitant, au mieux, tant au niveau du camouflage que de l'usage des positions de combat, les avantages offerts par la configuration du terrain ;

- à prendre d'assaut des positions d'artillerie fortifiées et/ou des réseaux de tranchées ;

- à miner/déminer une zone déterminée.

- lire des ouvrages de propagande anti-allemande et à suivre des cours d'éducation politique et idéologique (il s'agit, là, d'un processus de diabolisation de l'ennemi, attisant la « haine du boche » que chaque para est censé éprouver).

Bien entendu, il est prévu que la parfaite maîtrise de théories appliquées, avec succès, sur le terrain, lors de l'Invasion de la France, garantisse le succès de la mission d'importance stratégique, somme toute, fort risquée, confiée aux paras, fer de lance de l'assaut que les troupes alliées libératrices s'apprêtent à déclencher contre le Mur de l'Atlantique !

A partir de février, l'état-major allié ordonne d'organiser des manœuvres à l'échelle régimentaire, puis divisionnaire. Ensuite, ce sera au tour du corps d'armée complet de démontrer leurs compétences, notamment, entre autres exercices de grande envergure, lors de « répétitions générales » de l'action du *D-Day*, prévues pour se dérouler au mois d'avril, sur des sites soigneusement choisis pour leur ressemblance avec le lieu du « vrai » Débarquement.

Entre-temps, le 23 mars, les *2/* et *3/506th PIR* effectuent un saut diurne de démonstration devant un public de marque, à savoir : Winston Churchill, Premier Ministre britannique, flanqué des membres de son cabinet, et Dwight D. Eisenhower, accompagné de son état-major. Sont, également, présents à cette réunion : les généraux Omar N. Bradley et Maxwell D. Taylor, nouvellement nommé commandant en chef de la *101st Airborne Division*.

La démonstration est un succès, le saut et l'atterrissage s'effectuant sans encombre. D'ailleurs, les paras reçoivent tous les félicitations et les encouragements des « huiles » qui ne manquent pas de passer les troupes en revue, en serrant quelques mains chanceuses...

Du 22 au 30 avril, toutes les troupes du *VIIth US Army Corps* (*1st US Army*), soit 6 divisions d'infanterie, dont deux aéroportées, participent à l'Opération *Tiger*, c'est-à-dire la grande manœuvre de simulation du débarquement sur *Utah Beach* qui se déroule à Slapton Sands, dans le Devonshire. Bien évidemment, les hommes de la *Easy Co.* sont de la partie et en profitent, encore une fois, pour parfaire leur formation préparatoire à l'action du *D-Day*.

Le 9 mai c'est au tour de l'Opération *Eagle* d'être déclenchée : ici, il s'agit d'une série d'exercices de saut, à grande échelle, répétant le largage nocturne qui sera d'application lors du Débarquement. Interrompue le 12, cette manœuvre, même réussie, démontre, une fois de plus, à quel point la mission des paras se révèle risquée. Toutefois, en dépit du danger encouru, les soldats savent, pertinemment bien, que leur mission est d'ordre stratégique et que, quoi qu'il arrive, ils doivent « tomber sur le paletot » de l'ennemi, par surprise, le désorganiser et le priver de sa capacité de réaction, en lui infligeant un maximum de dégâts !

Upottery (31 mai-5 juin 1944)

Transfert à Upottery

Le mercredi 31 mai, la *Easy Co.*, au complet, quitte Aldbourne, en camion, à destination de l'aérodrome

Le *2nd Lieutenant* Robert L. Mathews, tué le 6 juin 1944. (*US Army*/ Archives du *506th PIR*.)

Le *2nd Lieutenant* Lynn D. « Buck » Compton (1921-2012). (L. Compton.)

Paras, photographiés dans la carlingue d'un *C47*, lors d'un saut d'entraînement, en Angleterre, au printemps 1944. (*US Army*.)

d'Upottery, situé à une quinzaine de kilomètres de la côte sud-ouest de l'Angleterre. Sans nul doute, l'entraînement des hommes, long de vingt-deux mois, vient de prendre fin ; les hommes sont fins prêts pour la « grand saut » !

Sur place, les paras logent dans de grandes tentes carrées et se voient tous « consignés » sur la base, tenus au secret, interdits de sortie et de contact avec les civils, le périmètre de sécurité entourant les lieux étant gardé, nuit et jour, par des *MP's* en armes. En outre, les hommes de la *Easy Co.* se rendent vite compte que leur cantonnement est animé par un curieux manège : des dizaines de soldats britanniques y déambulent, en permanence, revêtus d'uniformes allemands afin que les paras puissent « se familiariser avec la silhouette de l'ennemi ».

Le vendredi 2 juin, tous les officiers sont convoqués à un briefing ; on leur dévoile l'objectif et tous les paramètres de la mission de leur unité pour le *D-Day*, fixé au 5 juin (au départ, le saut devait avoir lieu dans la nuit du 4 au 5 juin). Dans une grande tente, tenue sous bonne garde, on a disposé des cartes et des maquettes d'une stupéfiante précision, confectionnées sur base des renseignements provenant de la Résistance française ainsi que des photos prises par les unités de reconnaissance aérienne. En résumé :

- L'objectif initial de la *101st Airborne Division* est de faciliter le débarquement censé se tenir sur *Utah Beach*. Une fois au sol, les paras devront, à tout prix, dégager de la présence et de la menace allemande chacune des quatre chaussées permettant de quitter les plages et d'avancer vers l'intérieur des terres. En effet, en arrière des dunes jouxtant les plages, se situe une large zone marécageuse, inondée par l'ennemi, constituant un barrage infranchissable En outre, une série d'objectifs stratégiques tels que des

Ci-dessus et ci-contre : le 23 mars 1944, les *2/* et *3/506th PIR* effectuent un saut diurne de démonstration devant Winston Churchill. L'opération est un succès ! (*US Army*/ Archives du *506th PIR* – R. Smith, via Susan Finn)

Ci-dessous : fin avril 1944, les troupes du *VIIth US Army Corps* (*1st US Army*) participent à l'Opération *Tiger*, c'est-à-dire la grande manœuvre de simulation du débarquement sur *Utah Beach* qui se déroule à Slapton Sands, dans le Devonshire. (*US Army.*)

A gauche : les soldats Alton More, sosie de John Wayne, et Don Moone (à droite), du *2nd Platoon* de la *Easy Co.*, photographiés durant le séjour de leur compagnie à Aldbourne. (*US Army*/ Archives du *506th PIR*.)

Au centre : Joseph J. « Joe » Toye (1919-1995), du *2nd Platoon* de la *Easy Co.*, à Aldbourne. (J. Toye/ Archives du *506th PIR*.)

A droite : Edward J. Joint (1923-2012), du *1st Platoon* de la *Easy Co.*, à Aldbourne. (E. Joint/ Archives du *506th PIR*.)

ponts ou des carrefours importants devront être pris intacts alors que d'autres cibles (ponts ou batteries d'artillerie allemande) devront, quant à eux, être, impérativement, détruits. Enfin bref, quoi qu'il en soit, la mission principale des paras est d'éliminer toute troupe allemande rencontrée dans sa zone de saut et de se « sacrifier » pour permettre que le débarquement sur *Utah Beach* réussisse. Une fois cette première mission accomplie, toute la division se regroupera pour prendre la ville de Carentan...

- L'objectif du *2/506th PIR* est de sauter et de se regrouper dans le secteur du bourg de Sainte-Marie-du-Mont. Une fois la garnison du village réduite au silence (comprenons, ici : éliminée, sans pitié), tout le bataillon veillera à détruire les positions d'artillerie ennemies, connues et/ou découvertes, dans son secteur, et, enfin, à « libérer » la « route n°2 », menant de *Utah Beach* à Sainte-Marie-du-Mont, en établissant la jonction avec les unités d'infanterie amies, débarquées sur les plages, dès l'aube. Si possible, le bataillon devra, aussi, aider le *1/506th PIR* à dégager la « sortie de plage n°1 » à Pouppeville...

Le lendemain, les officiers de la *Easy Co.* amènent leurs hommes sous la tente du QG et les informent du contenu, détaillé, des débats de la veille. Une fois briefés par les cadres, on somme les troupiers d'apprendre, par cœur, le résumé des paramètres des missions de leur régiment, bataillon, compagnie et section ainsi que de mémoriser les infos contenues dans les cartes et les maquettes de leur secteur de saut.

La grande question que les paras se posent, dès lors, est la suivante : « Serons-nous aptes à remplir notre mission ? Atteindre les objectifs qu'on nous a assignés représente-il une chimère ou un projet réalisable ? » Certes, ce ne sera pas « de la tarte », mais, en théorie, ce plan brillant, aussi risqué soit-il, se devait de réussir ; du moins, c'est ce que clament les stratèges de l'état-major allié, sûrs d'eux...

Hormis la difficulté du terrain bocager et des pièges qui les attendent (marais, pâtures plantées de pieux et champs de mines), à quelle opposition les paras vont-ils devoir faire face ? Dans le secteur de *Utah Beach*, outre le réseau des défenses côtières, incomplet et discontinu, mais, cependant, redoutable, les Allemands ont massé, derrière les plages, aussi bien en rase campagne que dans les villages, de nombreuses unités de valeur et de combativité bien inégales. Néanmoins, on ne « ment pas » aux paras : affronter l'ennemi, qu'il s'agisse d'une unité médiocre, de seconde ligne, ou d'une unité d'élite, représente, toujours, un grand danger ! De fait, il leur faudra se méfier de tout le monde et se battre avec toute la hargne nécessaire afin de s'assurer de remporter une victoire totale !

La principale opposition à laquelle la *101st Airborne Division* sera confrontée est représentée par les unités suivantes :

- *91. Luftlande-Division* (notamment l'un de ses régiments, le *Grenadier-Regiment 1058*) ;
- *Fallschirmjäger-Regiment 6* ;
- *Grenadier-Regiment 919* ;
- *Ost (Georgien) Bataillon 795* ;
- *Panzer-Abteilung 100*.

La ***91. Luftlande-Division*** est une division de création récente et de valeur moyenne, mise sur pied en janvier 1944. Elle compte deux régiments d'infanterie, un bataillon de reconnaissance cycliste, un bataillon du génie, un régiment d'artillerie, un groupe anti-char, un bataillon de service et une unité de transmissions. Effectifs: 10555 hommes. Considérée comme « seulement apte à la défensive » (en encore dans de « bonnes conditions »), elle occupe le centre de la péninsule du Cotentin, dès le 14 mai.

Le *Fallschirmjäger-Regiment 6* est une unité d'élite (le mot « élite » est, bien entendu, à resituer dans son contexte historico-militaire et donc à comprendre, ici, dans le sens qu'on lui donne suivant les « standards de 1944 »), rattachée à la *91. Luftlande-Divi-*

Forrest L. Guth (1921-2009), du *3rd Platoon* de la *Easy Co.*, à Aldbourne. (F. Guth.)

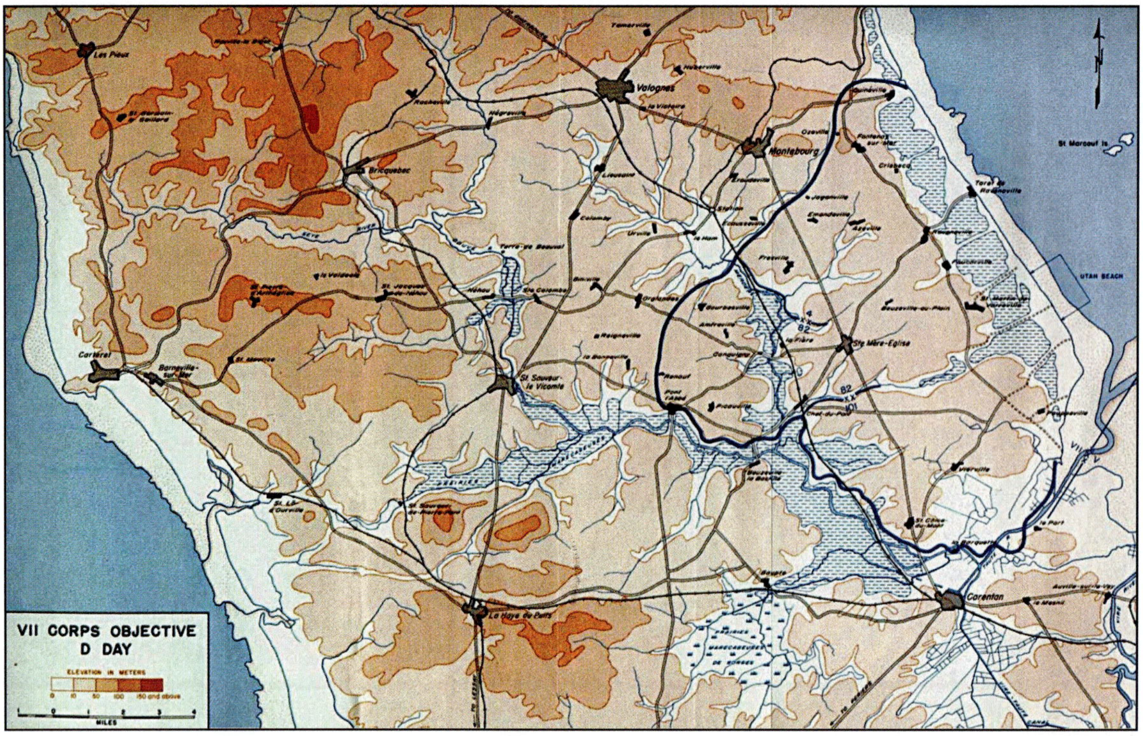

Le samedi 3 juin 1944, sous-officiers et hommes de troupe sont informés, par leurs supérieurs hiérarchiques directs, à savoir les chefs de section et de compagnie (officiers subalternes), des plans du Débarquement, des objectifs à atteindre et des paramètres de leur mission, notamment à l'aide de cartes d'état-major. Sur ces cartes, on découvre les objectifs du *VIIth Army Corps*, de la *4th Infantry Division* et, bien entendu, ceux des unités *Airborne*. (*US Army*)

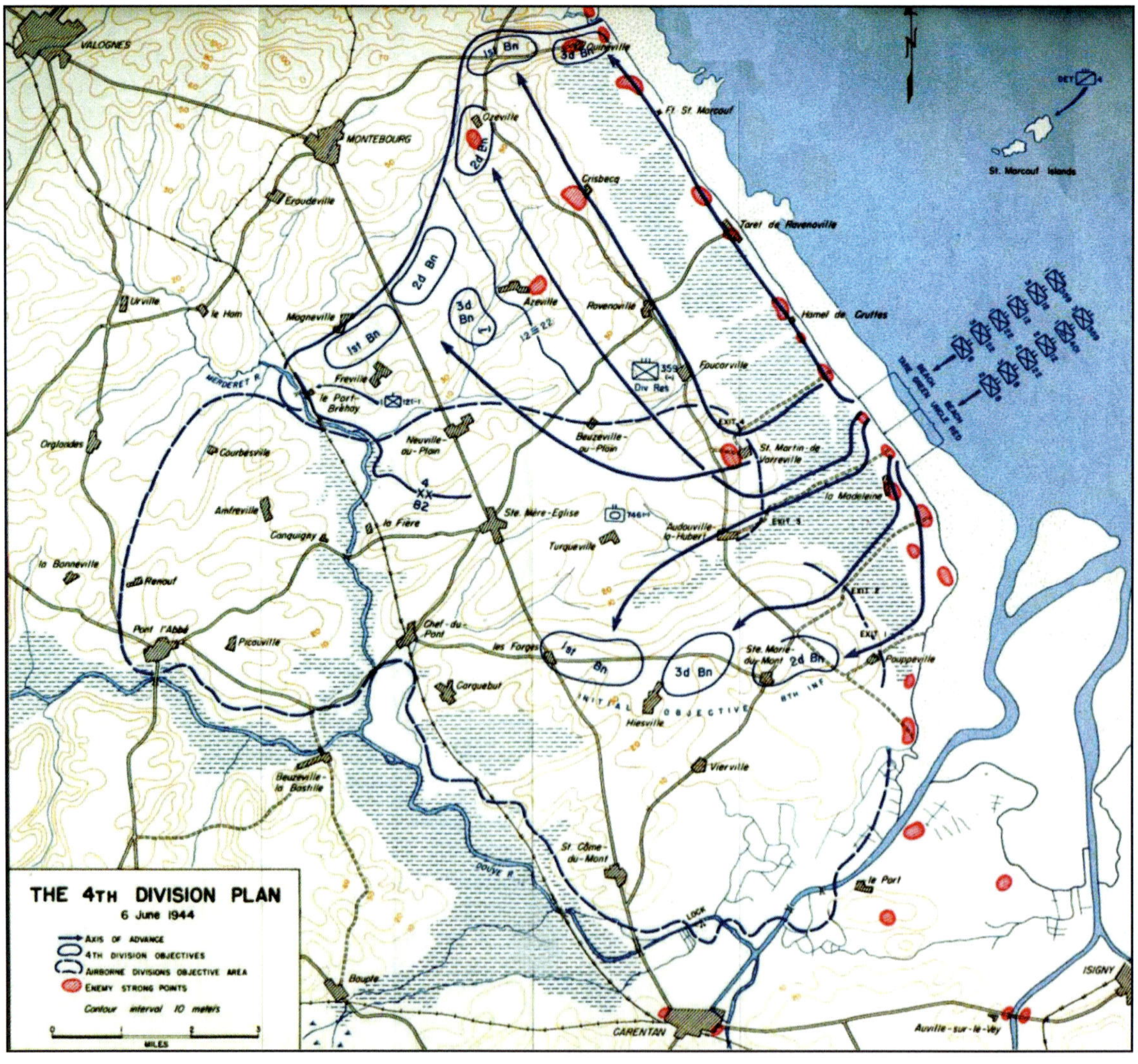

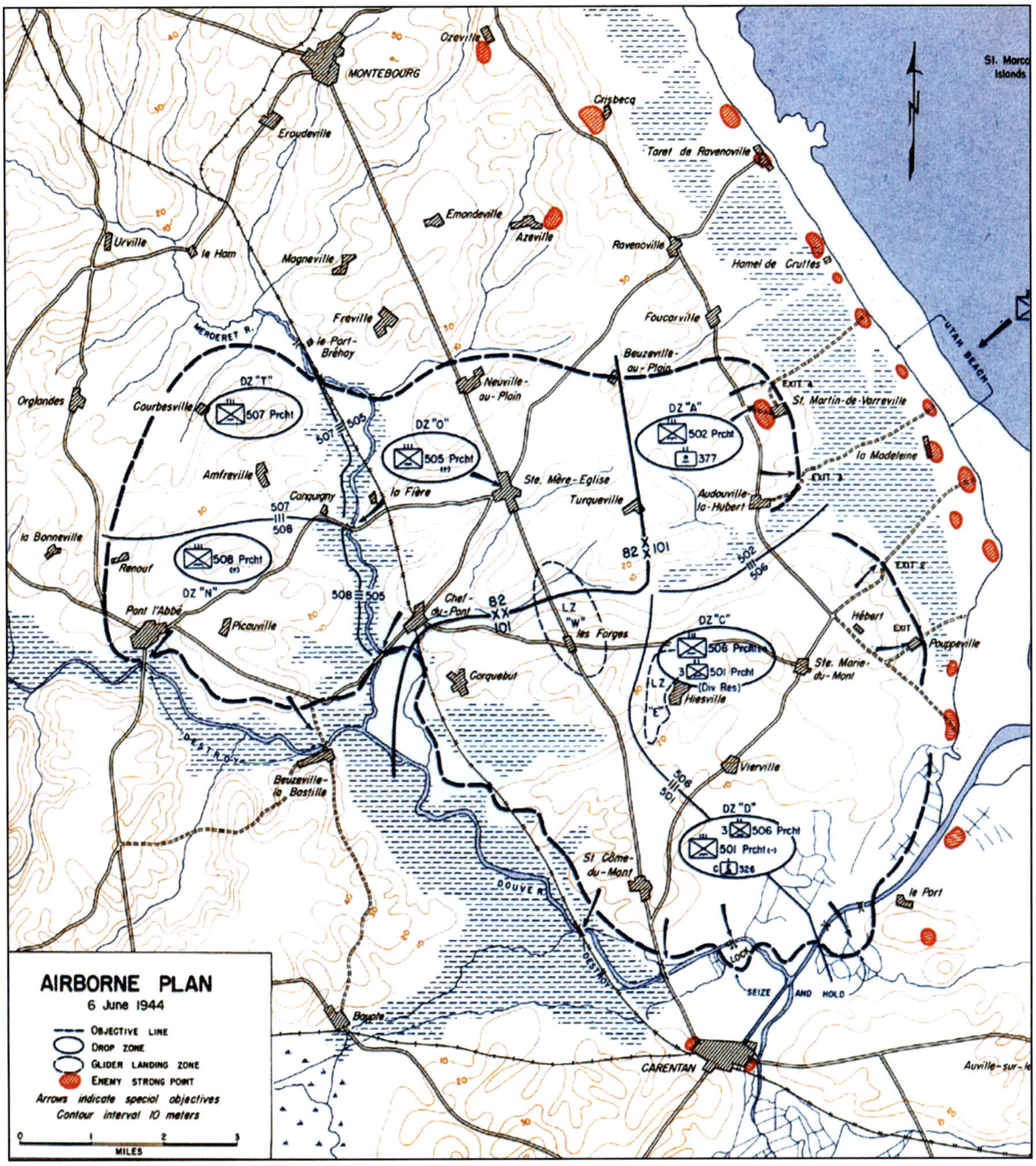

sion, présente, en Normandie, dans le secteur de Carentan, depuis la mi-mai 1944.

Le ***Ost (Georgische) Bataillon 795*** est une unité d'infanterie, *a priori* de piètre valeur, formée avec des « volontaires de l'Est », originaires de Géorgie. Commandé par le *Hauptmann* Stiller et basé à Turqueville, ce bataillon, dans la défensive, témoignera, contre toute attente, d'un mordant et d'une combativité tout à fait remarquables, donnant ainsi du fil à retordre aux paras.

Le ***Grenadier-Regiment 919*** *(709. Infanterie-Division)* est un régiment d'infanterie, peu mobile, destiné à occuper les fortifications du réseau défensif côtier sur le littoral de la Manche. De fait, il est qualifié, par l'état-major allemand, de « statique » et considéré comme « peu réactif » dans le cas d'une guerre de mouvement. Enfin, notons encore ici que, en dépit de la présence de quelques dizaines de vétérans du Front de l'Est, ce régiment est de médiocre valeur car composé, en majorité, de très jeunes soldats de 18-19 ans, des conscrits sans expérience, dont une forte proportion de *Volksdeutschen*, n'ayant suivi qu'une courte instruction militaire (4-6 semaines) ainsi que d'hommes plus âgés, des pères de famille, réservistes de leur état, dont la plupart sont proches d'atteindre la quarantaine. Toutefois, dans bien des cas, les soldats du *GR 919* se battront courageusement et résisteront, autant que faire se peu, à la furie de l'attaque des paras, subissant de lourdes pertes.

La ***Panzer-Abteilung 100*** *(Panzer-Ersatz-und-Ausbildungs-Abteilung 100)* est une unité blindée de dépôt, remplacement et instruction. Bien que considérée comme « non opérationnelle » puisque dotée de matériel français de capture obsolète, elle se retrouve, néanmoins, rattachée comme « renfort » à la *91. Luftlande-Division*. Composition du bataillon : *Stab* (état-major, motorisé), *Stabskompanie* (5x *Renault R35* dans son *Panzerzug* plus une section de transmissions et une section de maintenance/atelier de réparation de blindés, intégrant l'équipe de mécaniciens/techniciens du bataillon), *1. Kompanie* (une section de 5x *Renault R35* et deux sections d'infanterie), *2. Kompanie* (2x *Panzer III* dans le groupe de commandement, une section avec 1x *Somua S35* et 4x *Renault R35*, une section avec *1x Panzer*

Ci-dessus : veste de saut de la tenue de para *M1942*. (Hermann Historica.)

Ci-dessus, à droite : veste de saut *M1942* avec poches additionnelles, cousues sur les manches, et renforcements, en forte toile, au niveau des poches et des coudes. (Collection privée.)

Ci-dessous : inventaire d'une partie de l'équipement du para. (*US Army.*)

III et *4x Hotchkiss H39* et une section avec 1x *Renault B1 bis* et 4x *Hotchkiss H39*) et *3. Kompanie* (une section de 5x *Renault R35* et deux sections d'infanterie). En dépit de son aspect de « canard boiteux », cette unité représente, cependant, une menace réelle pour les paras, en partie, dépourvus d'armes lourdes.

A quelle menace directe la *Easy Co.* sera-t-elle confrontée ? A Sainte-Marie-du-Mont, la compagnie devra affronter et défaire, en combat singulier, la *1. Kompanie* du *Grenadier-Regiment 919*, aux ordres de l'*Oberleutnant* Gluba, se trouvant entre sa zone de rassemblement et son objectif prioritaire : le hameau de Houdienville et la « sortie de plage n°2 », à *Utah Beach*.

A la suite des briefings, on annonce aussi aux hommes que la date fatidique du « lancement des festivités », à savoir, le *D-Day*, est fixée au 4 juin ou plus exactement durant la nuit du 4 au 5 juin.

En outre, on intime aux paras l'ordre de se tenir prêts au départ, de s'équiper et de procéder aux derniers préparatifs de l'opération et de se rendre aux points de distribution des munitions et autres fournitures (vivres et matériel) nécessaires à l'accomplissement de leur mission…

Au soir du 4 juin, alors que les paras se sont rassemblés, prêts à partir, on leur annonce que le départ est retardé pour cause de conditions météorologiques défavorables et que, sauf contre-ordre, celui-ci est reporté au lendemain…

Le Fallschirmjäger-Regiment 6

***Stab (Major* Friedrich-August von der Heydte):** QG régimentaire.

***Stabskompanie* :** compagnie d'état-major et de service, avec une section de transmissions, une section d'estafettes motocyclistes, une section de protection de QG et un groupe médical.

***Fahrradzug (Aufklärungszug)* :** section (ou peloton) de reconnaissance cycliste.

***I. Bataillon (Hauptmann* Emil Preikschat):** bataillon d'infanterie (fusiliers voltigeurs/chasseurs parachutistes) à 4 compagnies de combat (3 compagnies de fantassins, avec 18 mitrailleuses et 3 mortiers moyens de 8 cm, et une compagnie d'appui, avec 12 mitrailleuses lourdes, 4 mortiers moyens de 8 cm et deux obusiers d'infanterie *SIG 33* de 15 cm). En outre, en dehors de son état-major, le bataillon compte aussi une section de transmissions et une section de ravitaillement.

***II. Bataillon (Hauptmann* Rolf Mager):** bataillon d'infanterie (à 4 compagnies, *cf. supra*).

***III. Bataillon (Hauptmann* Horst Trebes):** bataillon d'infanterie (composition identique à celle des deux autres bataillons du régiment).

***13. (schw.-Granatwerfer)Kompanie*:** compagnie de mortiers avec 12 mortiers lourds de 12 cm et deux lance-fusées *Nebelwerfer* de 10,5 cm.

***14.(Panzerjäger)Kompanie* :** compagnie anti-chars, avec 4 canons *Pak40* de 7,5 cm tractés et 36 *Panzerschrecks* (3x6 équipes de destruction de blindés).

***15.(Pionier)Kompanie* :** compagnie du génie (sapeurs d'assaut), avec 6 mitrailleuses, 2 mortiers moyens de 8 cm, des mines, du matériel de démolition et 2 lance-flammes.

Considéré, à juste titre (son comportement dans la bataille le démontrera), comme une unité d'élite, le *FJR 6* est formé en janvier1944, au camp de Köln-Wahn. Le 11 mai, son instruction et son entraînement terminés, il est transféré en France, en Normandie, et, rattaché à la *91. Luftlande-Division*, cantonné dans le Cotentin, aux alentours de la ville de Carentan. Fort de 3457 hommes (au 15 mai 1944) et partiellement motorisé (seuls 70 voitures et camions, souvent d'origine civiles et « militarisés », sont disponibles), le régiment se voit, en revanche, fort largement pourvu en armes automatiques (mitrailleuses *MG34* et *42*, fusils d'assaut *FG42* et pistolets-mitrailleurs *MP38* et *40*), *Panzerfaüste*, mortiers et autres armes lourdes. Bâti autour d'un noyau de vétérans expérimentés et aguerris (1/3 des officiers, 1/5 des sous-officiers et quelques centaines d'hommes de troupe), le *FJR 6* est composé de jeunes recrues allemandes (17 ans et demi, en moyenne), fanatisées (donc, motivées et ardentes de combattre les Alliés), toutes volontaires et en bonne santé. Bien encadrés par les vétérans, commandés par des officiers nationaux-socialistes convaincus et correctement formés (y compris et surtout par des instructeurs détachés du *Heer* et/ou de la *Waffen-SS*), les jeunes paras allemands se présentent donc comme des adversaires redoutables pour les paras américains. Comme on peut s'y attendre, le « choc des paras », soit leur affrontement lors de la Bataille de Carentan, s'inscrira dans les mémoires tel un combat épique !

5 juin 1944 : les paras prêts pour le « grand saut ».

Le lundi 5 juin, en fin d'après-midi, le signal du départ pour « la grande aventure » est, enfin, donné. Revêtus de leur tenue de saut en popeline de coton beige *M1942*, renforcée de forte toile verte kaki aux endroits les plus fragiles, les paras se regroupent dans les hangars jouxtant le tarmac de l'aérodrome pour s'équiper. Commence alors là une tâche ardue : parvenir à s'harnacher avec l'équipement complet, en n'oubliant rien et en demeurant, tout de même, capable de bouger, arsenal fait homme et chargé comme une mule (voir ci-dessous) !

Une fois équipés, vers 20h45, les paras se traînent jusque sous les ailes des avions. Se mouvoir, ainsi chargés (en moyenne, tout leur harnachement pèse près de 50 kilos, parfois plus !), se révèlera une tâche épuisante et laborieuse pour chaque homme, en général, mais, encore plus, pour ceux qui doivent porter, par exemple, une arme lourde (bazooka, mortier ou mitrailleuse), une radio, voire, tout simplement, un supplément de munitions (environ 50 hommes par compagnie sont contraints de sauter avec une caissette de munitions pour les mitrailleuses). Heureusement, pour les paras, l'allié britannique vient tout juste de leur fournir un nouvel équipement, aussi pratique qu'encombrant : le *Leg Bag*.

Le *Leg Bag*, utilisé par les paras de Sa Très Gracieuse Majesté, est un gros sac de toile permettant d'emporter 35 à 40 kilos de matériel. Le principe d'utilisation est simple et ingénieux : on peut y fourrer tout ce qu'on souhaite et, une fois rempli et fermé, ce dernier est arrimé à la jambe du paras au moyen d'une sangle permettant, lors du saut, de laisser pendre celui-ci, dans le vide. Ainsi, une fois au sol,

Ci-contre : tenue de saut complète d'un para de la *101st Airborne* (présentée, ici, avec un casque portant l'insigne du *502nd PIR*). (Collection privée, photo « La Gazette des uniformes », via Laurent Berrafato.)

Liste du paquetage de combat d'un fusilier parachutiste

(5 juin 1944)

Armement :

- Fusil *Garand* qui, s'il n'est pas transporté démonté, dans sa housse de protection, est porté, chargé, armé et verrouillé (prêt à l'emploi).
- Au minimum, 20 chargeurs pour le fusil *Garand*, soit 160 coups (répartis en clips de 8 cartouches), logés dans les cartouchières du ceinturon ainsi que dans des sacoches d'allègement consommables (*Bandoolers*).
- Arme de poing personnelle, dans son étui. Par exemple : un pistolet *Colt M1911* calibre *.45*, chargé (un chargeur de 7 coups), armé et verrouillé (prêt à l'emploi).
- Deux chargeurs de 7 coups pour le pistolet, stockés dans leur étui.
- Baïonnette *M1*, pour le fusil *Garand*, dans son fourreau.
- Poignard (*Trench Knife M1918* ou *M3*), dans son fourreau.
- Trois grenades *Mark II A1*.
- Grenade incendiaire au phosphore.
- Grenade fumigène (fumée rouge pour signaler sa présence aux troupes amies).
- TNT (charges de démolition et détonateurs).
- Mine *Hawkins* (mine antichar légère de fabrication britannique).

Equipement :

- Casque.
- Parachute principal.
- Gilet de sauvetage.
- Parachute ventral de secours.
- Harnais (ceinturon et bretelles de suspension).
- Musette/havresac (*Bag, canvas, field M1936*)
- Pelle pliante.
- Pince coupante.
- Masque à gaz.
- Gourde.
- Lampe torche.
- Boussole et cartes.
- Criquet (pour s'identifier auprès des/reconnaître les troupes amies, dans l'obscurité)
- Couteau à lame pliante pour se dégager, rapidement, du harnais du parachute, à l'arrivée au sol.
- Corde roulée (en « boudin »), très utile pour se dégager d'une mauvaise posture en cas d'atterrissage dans un arbre ou sur un toit.
- Nécessaire d'entretien du fusil.
- Gants de cavalerie en cuir, très utiles pour se protéger les mains, surtout en cas d'atterrissage dans des ronces.
- Trousse de premier secours. Elle contient : un paquet de pansements, une syrette de morphine, un garrot, des comprimés de sulfadiazine anti-infectieux et un sachet de sulfanilamides (poudre désinfectante antibactérienne).
- Nécessaire de couture.
- Nécessaire de toilette (savon, gant de toilette, serviette, rasoir, dentifrice, brosse à dents, peigne et miroir de poche)
- Gamelle, quart et couverts (y compris et surtout une cuillère) en fer blanc inoxydable.
- Flacons de pastilles d'halazone (désinfectant destiné à purifier l'eau).
- Enveloppe de papier goudronné contenant des feuilles de papier hygiénique.
- Plaques d'identification (*Dog Tags*).
- Bible et autres effets personnels (cigarettes, briquet, journal intime, photos de familles…).

Vêtements :

- Deux caleçons et deux paires de chaussettes de rechange.
- Calot (bonnet de police) et/ou le bonnet/casquette en laine tricotée (*Skull Cap/Cap, wool, knit M1941*).
- Cape imperméable (vêtement de pluie), roulée ou pliée.
- Pull en laine.
- Chemisette (maillot de corps) kaki de rechange (l'homme en porte déjà une, sur lui, sous sa chemise, pardessus laquelle est enfilée la veste de saut).

Nourriture :

- Trois jours de rations K (neuf boîtes, au total).
- Friandises (bonbons, chewing-gums et/ou barres chocolatées).

le para tire sur la sangle et ramène le *Leg Bag* auprès de lui, retrouvant là son équipement. A première vue, l'usage du *Leg Bag* apparaît comme simple et avantageux, mais, hélas, les paras américains n'ont pas été entraînés à l'utiliser correctement.

Suite à cette lacune de leur préparation, tout comme au fait que les *Leg Bags* « surchargés » se sont, pour la plupart, décrochés de leur sangle de rappel et donc perdus, lors du saut, leur utilisation s'apparentera

Magnifiques photos en couleur d'un « *Bazooka Man* » de la *101st Airborne*. Certes, il s'agit de clichés de propagande, mais, néanmoins, ils présentent le mérite et l'intérêt de bien nous montrer chaque aspect de la tenue et du lourd équipement de ce soldat. (*US Army*)

Ci-dessus : le 4 juin 1944, un stick du *506th PIR* (ici, la section de transmission de l'état-major du *3/506th PIR*), pose pour les photos de presse, avec armes et équipement complet. (*US Army.*)

Ci-dessous, à droite : le soir du 5 juin 1944, « Ike » (le général Eisenhower) rend visite aux paras (ici, des hommes du *502nd PIR*) afin de les encourager. Son ordre : « Courage les gars ! Souvenez-vous que votre mission de cette nuit est stratégique ! Je veux la victoire totale ! ». (*US Army.*)

Ci-dessous, à gauche : des hommes du *506th PIR*, photographiés, en fin de journée, le 5 juin 1944. Au milieu de la nuit, ils sauteront sur la Normandie ! (*US Army*/Archives du *506th PIR.*)

Ci-dessus et ci-contre : avant d'embarquer dans les *C47*, des dizaines d'hommes du *506th PIR* se font tondre le crâne ou coiffer « à l'iroquoise ». Pour impressionner l'ennemi, certains poussent le vice jusqu'à se maquiller le visage avec des « peintures de guerre indiennes ». Cette pratique est, particulièrement, répandue dans la section de démolition du *506th PIR*, tout comme chez les hommes du *326th Airborne Engineer Battalion*. (*US Army*/Archives du *506th PIR*.)

plus à un réel inconvénient. En outre, trop de paras, faisant confiance au *Leg Bag*, se délestent de leurs armes, les y rangeant et donc, de fait, perdront ces dernières lors du saut !

Entre 22h00 et 23h00, les paras embarquent, péniblement car surchargés, dans les *C47*, en même temps que les pilotes et autres membres d'équipage des appareils procèdent aux ultimes préparatifs précédant l'imminence du décollage, à l'aide de leur *check list*.

A 23h15, les premiers avions décollent et survolent, en décrivant de larges cercles, l'aérodrome, en attendant que les autres appareils les rejoignent dans le ciel d'encre. Une fois en formation, les *C47*, vrombissant, prennent la direction de la Normandie, suivant, scrupuleusement, le tracé du chemin qu'on leur a assigné...

Le *Colonel* Sink, chef du *506th PIR*, photographié au soir du 5 juin 1944, en pleine conversation avec un officier de l'*US Air Force*, pilote de *C47*. (*US Army*/Archives du *506th PIR*)

Ci-dessus : au crépuscule du 5 juin 1944, les paras rejoignent les pistes où les attendent les avions de transport (ici, des hommes du *3/506th PIR*, sur l'aérodrome d'Exeter). (*US Army.*)

Ci-dessous : aérodrome d'Exeter, 5 juin 1944 : les paras du stick du *Lieutenant-Colonel* Wolverton (*HQ, 3/506th PIR*) sont en train de s'équiper, alors que le crépuscule tombe, lentement, et que l'obscurité envahit l'horizon. (*US Army.*)

Upottery, 5 juin 1944, 22h : deux paras du *2/506th PIR* vérifient leur équipement. L'homme de gauche porte son fusil, démonté, rangé dans la housse de protection (*Griswold Bag*). En revanche, celui de droite, dont on aperçoit bien le parachute dorsal à sangle à ouverture automatique *T5*, a choisi de porter son arme prête à l'emploi. (*US Army.)*

Upottery, 5 juin 1944, 22h : au pied des *C47*, les paras du *506th PIR* se préparent à embarquer dans les avions. Destination : la Normandie, prêts pour le « grand saut » ! (*US Army.*)

Upottery, 5 juin 1944, 22h : à la porte d'un *C47*, un para du *2/506th PIR*, porteur d'un *Leg Bag*, pose pour le photographe et la postérité ! (*US Army*.)

Ci-contre : Robert J. « Bob » Noody. Engagé volontaire dans les paras, en février 1943, âgé d'à peine 18 ans, Bob Noody est affecté à la *Fox Co.* du *2/506th PIR*. Durant la Bataille de Carentan, il n'hésite pas à prendre des risques en s'exposant au feu de l'ennemi pour gagner une bonne position de tir lui permettant de détruire un *Panzer* menaçant son unité. Pour cette action d'éclat et son « courage au combat », Noody est décoré de la *Bronze Star*. Blessé à la jambe, dans les jours qui suivent, il est évacué vers l'Angleterre. Revenu dans son unité, après sa convalescence, il participe à l'Opération *Market-Garden* et, ensuite, à la Bataille de Bastogne. La seconde blessure qu'il reçoit à Foy (éclats de grenade), en janvier 1945, ne l'empêche pourtant pas d'être présent, en février, à Haguenau, en Alsace, et de prendre part aux combats ainsi qu'à des patrouilles risquées, sur la rive nord de la Moder, en terrain ennemi. Vétéran de la Campagne d'Allemagne, Noody est démobilisé, en novembre 1945, et renvoyé à la vie civile. (R. Noody/Archives du *506th PIR.*)

Ci-dessous et page suivante : Upottery, 5 juin 1944 : un reporter de guerre se faufile dans plusieurs des C47 transportant les hommes de la *Fox Co.* du *2/506th PIR* et prend une série de clichés restés célèbres. Le porteur d'un *Bazooka* visible sur l'une des photos n'est autre que Robert J. Noody. (*US Army.*)

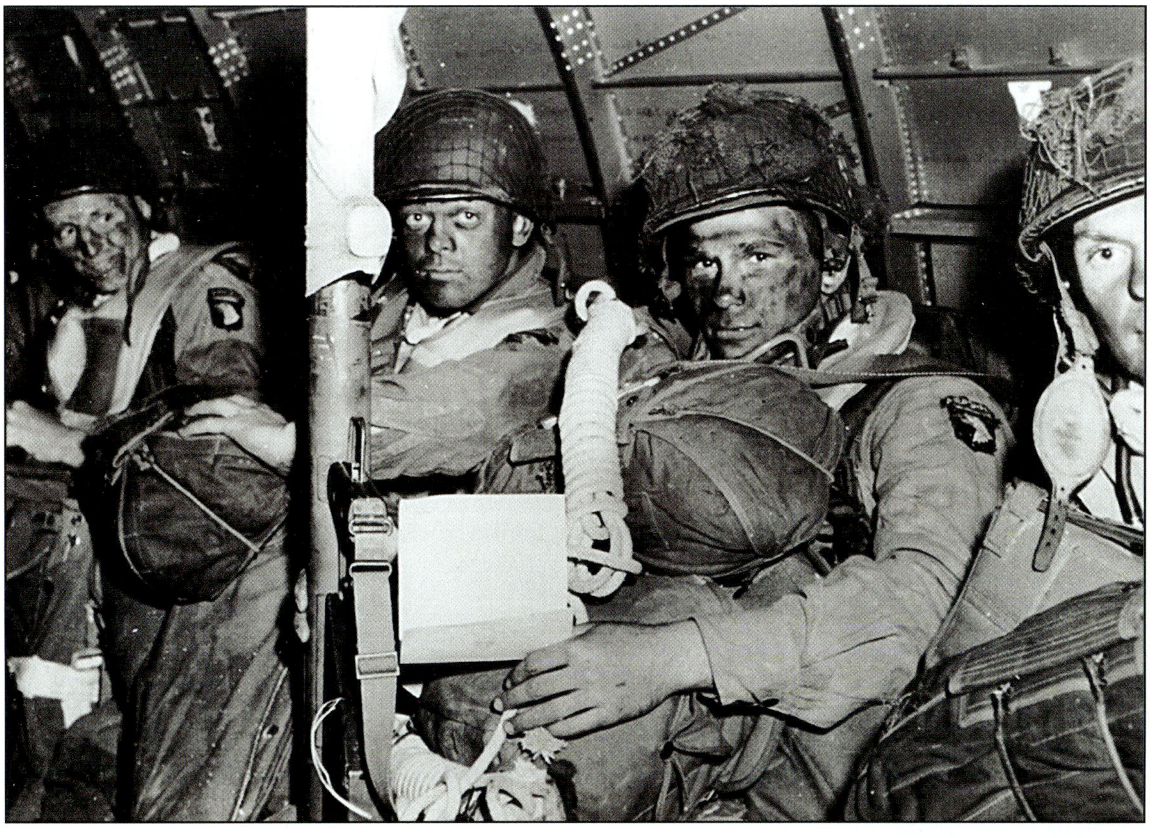

Notes :

(1) Lire : Mark Bando, *Avenging Eagles. L'histoire secrète de la 101st Airborne Division*, Editions Heimdal, 2014.

(2) Hélas, bagarres et chahuts d'ivrognes ainsi que tapage nocturne, ne furent pas les seuls « méfaits » commis par les *GI's*, y compris les paras, durant leur séjour en Angleterre. Certes, les cas les plus graves demeurent l'exception, mais, toutefois, notons ici que, à maintes reprises, les sujets de sa Très Gracieuse Majesté, furent victimes d'exactions tels que des agressions verbales et physiques, des pillages, des viols et des meurtres ! En retour, la justice militaire américaine se montra « impitoyable » envers les auteurs de ces délits et crimes qui passèrent en cour martiale ; plusieurs d'entre eux furent condamnés à une lourde peine d'emprisonnement où exécutés par pendaison.

6

A l'assaut de la batterie du Manoir de Brécourt

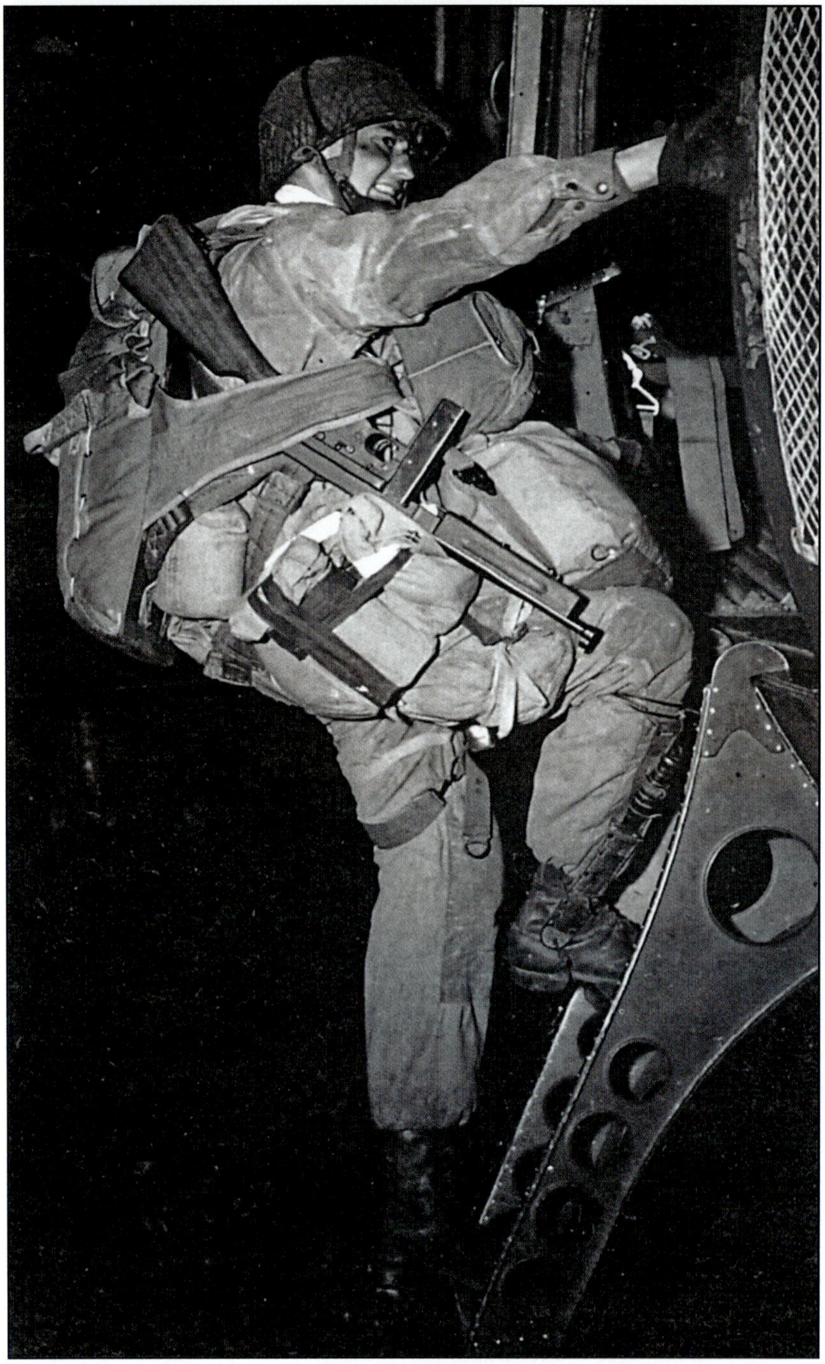

Arsenal fait homme, chargé comme une mule et ployant sous le poids de son équipement, Joe Gorenc, *3/506th PIR*, grimpe dans la carlingue d'un *C-47*, au prix d'un effort surhumain (*US Army*.)

Le « grand saut » (D-Day, nuit du 5 au 6 juin 1944)

Lundi 5 juin 1944, le crépuscule tombe lentement sur l'aérodrome d'Upottery. Lourdement chargés, le visage noirci au charbon, bardés d'armes et de munitions, les hommes de la *Easy Company* du *506th Parachute Infantry Regiment*, fin prêts au combat et impatients d'en découdre avec les *Jerries* (1), gagnent la carlingue des *C-47* qui doivent les convoyer jusqu'en Normandie. Une fois l'embarquement des paras terminé, les avions décollent en vrombissant et disparaissent dans la nuit, en direction de la côte française.

La mission des deux mille hommes du *506th PIR*, auquel on a assigné la *Drop Zone C* (entre Hiesville et Sainte-Marie-du-Mont) consiste à sécuriser les sorties de plages n°1 et 2 de la zone de débarquement de *Utah Beach* et ainsi à ouvrir la route à la *4th Infantry Division*. Quant à la *Easy Co.*, sous le commandement du *1st Lieutenant* Meehan, elle se voit chargée de détruire la garnison allemande du village de Sainte-Marie-du-Mont avant de se joindre à l'effort du régiment et de tenir le débouché de la route venant de La Madeleine et menant à la grève, au nord

Lewis Nixon, né en 1918 et décédé en 1995 *(2nd Platoon XO, 2nd Btn. S2, Reg. S2, Reg. S3, 2nd Btn. S3).* Ami intime de Dick Winters, personnalité haute en couleurs au tempérament bourgeois, diplômé de Yale et héritier d'une famille richissime à la tête d'un empire financier et industriel. Officier compétent, courageux et plein de bon sens, mais extravagant, affublé, à juste titre, d'une réputation assez sulfureuse ; ce qui, d'ailleurs, poussera certains à médire à son sujet. Membre de l'effectif d'origine de la *Easy Co.*, il gravit les échelons de la hiérarchie jusqu'au niveau de l'état-major régimentaire. Hélas pour lui, ses nombreuses frasques ainsi que son alcoolisme notoire et récurrent lui vaudront de se voir rétrogradé et empêcheront, malheureusement, sa promotion au grade de *Major*, à la fin de la guerre. (*US Army*/Archives du *506th PIR*.)

de la localité de Poupeville. De plus, lors du briefing du 2 juin, les officiers de renseignement et des opérations du *2/506th PIR*, soit les *1st Lieutenant* Nixon (*Btn S2*) et *Captain* Hester (*Btn S3*), avaient également insisté auprès des officiers de la compagnie pour que, quoi qu'il arrive, ceux-ci et leurs hommes empêchent, par n'importe quel moyen, les troupes ennemies d'approcher des chaussées qui permettraient aux troupes débarquées de progresser vers l'intérieur des terres.

Malheureusement pour les paras, une fois que les *C-47* arrivent au-dessus de la Normandie, vers 1h00 du matin, surgit un imprévu que les stratèges alliés avaient peut-être bien envisagé, mais dont ils négligèrent les conséquences désastreuses, à savoir : le tir nourri et serré de la *Flak* qui mitraille brutalement les formations de *C-47*, dont beaucoup se dispersent. Plusieurs appareils sont abattus ; avant même de sauter et de combattre, de nombreux paras sont tués ou blessés. De plus, à cause des nuages bas et du brouillard, certains pilotes se perdent et larguent leur *stick* loin de leur objectif. A cela, ajoutons encore que la plupart des sauts se font trop bas et à une vitesse trop élevée. De fait, comme s'en souviendront les vétérans, l'atterrissage se montre fort rude pour les paras, désormais seuls en territoire ennemi, souvent isolés, séparés de leurs camarades. En effet, le parachutage du *2/506th PIR* se révélera, dans l'ensemble, tout à fait dispersé, entre Sainte-Marie-du-Mont et Sainte-Mère-Eglise, beaucoup de *sticks* atterrissant trop au nord.

Clarence Hester, né en 1918 et décédé en 2000 (*Company XO, 2nd Btn. S3, Reg. S3, 1st Btn CO*). Excellent officier, formé dans une *Officer Candidate School*. Membre de l'effectif d'origine de la *Easy Co.*, il gravit les échelons de la hiérarchie jusqu'au niveau de l'état-major régimentaire. Ensuite, on lui confia un poste de commandant d'une unité de combat, le *1/506th PIR*. Il termina la guerre avec le grade de *Lieutenant-Colonel*. (*US Army*/ Archives du *506th PIR*, via Jake Powers)

Dick Winters atterrit sur le sol normand

Dès que l'appareil emportant la vingtaine de paras du *stick* du *1st Lt.* Richard D. « Dick » Winters (chef du *1st Platoon* de la *Easy Co.*) survole le Cotentin, l'un des membres de l'équipage demande aux hommes de se tenir prêts au largage et ouvre la porte ; un tourbillon d'air frais ainsi que le grondement sourd des moteurs envahissent alors la carlingue vibrante de l'avion de transport. En même temps, la lumière rouge s'allume, annonçant l'approche imminente de la *DZ*. Sans tarder, sur ordre de Winters (le « largueur », soit le premier à sauter), tous se lèvent, s'accrochent au câble destiné à actionner la sangle du système d'ouverture automatique de leur parachute *T5* et vérifient leur harnais.

Au sortir des nuages, l'avion de Winters s'est égaré ; bien entendu, l'officier ne s'en doute nullement. Convaincu de l'importance stratégique de sa mission, il demeure perdu dans ses pensées et se demande s'il sera à la hauteur de sa tâche le moment venu. Soudain, une lueur orange, scintillant au loin dans la nuit, attire son attention. L'espace d'un instant, Winters s'imagine qu'il s'agit des lumières balisant la *DZ*, mais d'autres éclairs montant du sol ainsi que les détonations du tir de la *Flak* lui révèlent son erreur d'appréciation.

Perdu et paniqué, le pilote du *C-47* zigzague tant bien que mal entre les tirs ennemis et les paras sont fortement « secoués ». Tout à coup, l'appareil est atteint par la *Flak* et tremble sous les impacts des projectiles ennemis. Effrayé par ce brutal soubresaut et croyant son avion irrémédiablement perdu (alors que les dégâts sont minimes), le pilote, redoutant que le *C-47* ne s'écrase, décide de sauver la vie des paras et allume la lumière verte loin de la *DZ*. Winters ordonne alors à ses hommes de sauter et, après avoir inspiré une grande bouffée d'air frais, se jette dans le vide, suivi du soldat Burton « Pat » Christenson. Lorsqu'il touche terre, non loin de Sainte-Mère-Eglise (en plein dans le secteur de la *82nd Airborne*), il se retrouve seul et s'aperçoit qu'il a perdu son *Leg bag*, contenant son fusil ainsi qu'une bonne partie de son équipement, durant sa descente vers le sol !

La longue marche

Une fois délesté de son harnais et de son parachute, Winters se met à couvert et fait le point sur sa situation : seul, probablement perdu loin de la *DZ* et sans arme, il se montre bien impuissant à remplir sa

(1) L'entraînement et l'instruction des paras durèrent vingt-deux mois et, nonobstant le fait qu'il leur restait à affronter l'épreuve du baptême du feu, ceux-ci étaient parfaitement préparés à accomplir leur délicate mission. « *Nous étions anxieux, mais confiants et exaltés à l'idée d'affronter l'ennemi* », se souvinrent les vétérans de la *Easy Co.* que nous avons interrogés.

Le *1st Lieutenant* Richard Davis « Dick » Winters, né en 1918 et décédé en 2011. Elevé au rang de héros national américain, voire de mythe, Winters demeure « LE » leader charismatique de la *Easy Co.* Cet excellent officier fut promu chef de bataillon, en 1945. (D. Winters/ Archives du *506th PIR*)

A droite : Lynn D. « Buck » Compton, né en 1921 et décédé en 2012. Formé au sein d'une *OCS* suite à son *cursus* universitaire à l'*UCLA* (Université de Californie), il rejoint la *Easy Co.*, en décembre 1943, après être passé par les stages de l'école de parachutisme de *Fort Benning*. Considéré comme un bon chef de section et très, voire trop « amical » envers ses subordonnés, il jouit du respect et de l'affection de ses hommes desquels il est considéré comme « trop proche » par ses supérieurs. Décoré de la *Silver Star* pour acte de bravoure lors de sa participation à la destruction de la batterie du Manoir de Brécourt, le 6 juin 1944. Blessé deux fois, en Normandie et en Hollande. Evacué de la ligne de front à la fin de la Bataille de Bastogne en raison d'une « dépression nerveuse » (névrose de guerre) et de graves gelures de tranchées aux pieds. (L. Compton.)

mission. De fait, il décide de tenter de retrouver son *Leg bag* qui, selon lui, n'a peut-être pas échoué si loin que ça de son propre point de chute. Il le cherchera en vain, risquant même de se faire tuer par le tir d'une patrouille allemande, à laquelle il échappe de justesse.

Ci-dessus : « Debout ! Accrochez ! » - Prêts pour le saut, ces paras se dirigent vers la porte de l'appareil qui les transporte, avant de se jeter dans le vide. Nous voyons ici Don C. Ross, clairon du *3/506th*. Cette photo posée, prise dans l'avion, mais au sol, le 4 juin 1944, sert les besoins de la propagande. Toutefois, elle illustre bien comment les hommes étaient habillés et équipés et comment ils « accrochaient » la sangle d'ouverture du parachute au câble d'acier avant de sauter ! (*US Army*.)

S'enfuyant dans la direction opposée à celle d'où venait la patrouille, Winters ne tarde pas à rencontrer un autre para isolé, un sergent de la *Fox Co.* du *2/506th PIR*. Ensemble, ils tentent de retrouver d'autres camarades et tombent, par hasard, sur le sergent Carwood Litpon, membre de la *Easy Co.*, accompagné d'une dizaine d'autres paras dont deux appartiennent à la *82nd Airborne*. Immédiatement, Lipton, qui a lu un panneau d'indication routière, informe Winters qu'ils se trouvent quelque part au sud du village de Sainte-Mère-Eglise. A partir de là, en consultant sa carte et à l'aide d'une boussole, Winters est désormais en mesure de s'orienter. Ensuite, il annonce aux autres paras que tout le groupe va maintenant se diriger, à pied, vers Sainte-Marie-du-Mont ; ce qui représente une longue marche de plusieurs kilomètres.

Vers 2h30, durant son périple nocturne, le groupe mené par Winters tombe nez à nez avec une poignée d'hommes de la *Easy Co.*, dont le *2nd Lt.* « Buck » Compton (adjoint du chef du *2nd Platoon* de la *Easy Co.*), Joe Toye, Don Malarkey et Bill Guarnere. Winters « renforce » ainsi son effectif et continue sa route

Ci-contre : Clifford Carwood Lipton (1920-2001). (C. Lipton/ Archives du *506th PIR*.)

avant de rencontrer, une demi-heure plus tard, le *Lieutenant-colonel* Cole, chef du *3/502nd PIR*, à la tête d'une cinquantaine de paras.

Après un rapide échange de saluts, Winters fait son rapport à Cole qui lui ordonne de se joindre à lui et de le suivre vers l'objectif du *3/502nd PIR*, soit la sortie n°3 de *Utah Beach* et la batterie allemande de Saint-Martin-de-Varreville. En cours de route, par deux fois, les paras menés par Cole tendent des embuscades à des patrouilles et convois ennemis. Non sans subir des pertes, ils remportent à chaque fois la victoire et les soldats allemands sont impitoyablement massacrés (2).

Alors que la colonne de paras atteint la route D-14, proche de l'objectif de la *Easy Co.*, Winters, qui, entretemps, a récupéré un pistolet et un fusil avec une provision de munitions, parvient à convaincre Cole de le laisser rejoindre le point de rassemblement de son bataillon et les deux officiers se quittent sur une chaleureuse poignée de mains en se souhaitant mutuellement bonne chance. Quelques minutes plus tard, Winters et ses hommes rencontrent une trentaine d'hommes de la *Dog Co.* du *2/506th PIR*, menés par le *Captain* Gross, également à la recherche du PC de leur bataillon qu'ils ne tarderont pas à retrouver.

(2) Voir encadré suivant : « Le sort des prisonniers ».

Le sort des prisonniers

Indubitablement, la nature des combats du *D-Day* ne favorisait guère les réactions de guerre honorable. Les paras savaient leur mission stratégique et, en plus du fait qu'ils se battaient isolés en territoire ennemi, avaient pour instruction d'anéantir l'adversaire. Pris dans l'engrenage des combats au corps à corps, souvent perdus et très émotionnés par leurs dangereux sauts et atterrissages nocturnes, ils ne furent guère enclins à faire quartier aux Allemands capturés. Parmi eux, beaucoup furent tués à coups de poignard, de machette ou de mitraillette. En contrepartie, de nombreux paras embourbés dans les marais ou suspendus à la cime des grands arbres finirent comme « cible », tirés comme au stand à coups de *Mauser* ou de *MP 40*. Lors des premières heures de l'invasion, l'usage fut donc de se séparer de tout soldat ennemi pris dans une zone de combats isolée en terrain adverse afin de ne pas prendre de risques en agissant selon l'adage *Vae Victis* (Malheur aux vaincus). A *Omaha Beach*, cette pratique fut exacerbée par les lourdes pertes subies par les soldats débarqués. Sur cette plage, les Américains capturèrent cent quarante soldats allemands, or seuls soixante-six captifs furent effectivement remis à la police militaire, le soir. Les principaux témoins allemands de cette journée n'ont survécu que parce qu'ils ont tenu toute la matinée et le début de l'après-midi sans se rendre. Quant aux hommes du *506th PIR*, ils tuèrent également des prisonniers de guerre allemands. Apparemment, le *Major-General* Maxwell Taylor, commandant la *101th Airborne* aurait ordonné de se battre à la baïonnette et de ne pas faire de prisonniers. Le lieutenant Thomas Meehan, chef de la compagnie E du *506th PIR*, aurait aussi dit à ses hommes : *« Notre mission de cette nuit est stratégique. Pas de pitié pour l'ennemi ! Foutez-le en l'air ! Rappelez-vous bien, on ne fait pas de prisonniers ! »*.

Témoignage du caporal Forrest Guth (*3rd Platoon* de la *Easy Co.* du *2/506th PIR*) : *Au matin du* D-Day, *nous avons surpris un groupe d'Allemands derrière une haie. C'étaient les premiers Allemands sur lesquels je tirais. D'une certaine manière, c'était drôle de leur tirer dessus et de les tuer. Nous savions que nous n'étions pas censés faire des prisonniers. Primo : nous n'avions pas d'endroit où les mettre. Secundo : quand ces salauds nous tiraient dessus, nous étions comme fous et la vue des corps des camarades tués nous rendait furieux… Nos instructeurs nous avaient inculqué que les Allemands étaient des gens mauvais qu'il nous fallait combattre. On nous avait raconté comment ils traitaient les peuples des pays envahis par eux. Nous ne les aimions pas. Je regrette qu'aujourd'hui encore, certains d'entre nous éprouvent toujours les mêmes sentiments qu'en 1944-1945. Certes, nous connaissions les lois de la guerre et nos chefs nous avaient donné pour ordre permanent de les respecter le plus possible. Cependant, dans le feu de l'action, il nous arrivait de commettre, de notre propre chef, des infractions au Droit International Humanitaire. Nos officiers avaient stipulé clairement que nous devions respecter les conventions, mais aussi que si la situation l'exigeait, nous étions autorisés à ne pas faire quartier à l'ennemi. Nous savions que nous ne serions pas punis pour de tels actes. Ce fut le cas pour le saut du* D-Day. *Sincèrement, je ne me rappelle pas avoir entendu de la bouche du lieutenant Meehan un ordre de tuer les prisonniers. Il est mort dans la nuit du 5 au 6 juin et il avait pris le commandement peu de temps avant le départ pour la Normandie. Nous n'avons pas reçu beaucoup d'ordres de sa part. Par contre, durant les vingt-deux mois qu'a duré l'instruction de la compagnie, le capitaine Sobel fut très clair à ce sujet. D'ailleurs, contrairement à ce que montre la série TV et malgré le fait que nous le détestions, Sobel fut un excellent instructeur. Ceci dit, c'est possible que le Lieutenant Meehan ait tenu de tels propos…*

Nous noterons encore que, durant la nuit du 5 au 6 juin, Bill Guarnere exécuta des soldats allemands capturés et que, lors du combat du Manoir de Brécourt, au matin du 6 juin, Dick Winters acheva de sa main et permit à ses hommes d'achever des blessés adverses.

Bien entendu, il ne s'agit nullement de cas isolés. Autre exemple frappant : au petit matin du 6 juin, un habitant de Hiesville (*Drop Zone C*, secteur d'atterrissage théorique des *506th PIR* et *3rd Btn.* du *501th PIR*) croisa un groupe de paras qui l'entraînèrent vers un pré bordé de haies où gisaient vingt-huit cadavres de soldats allemands, massacrés à coup de machettes et de baïonnettes. Un peu plus loin, dans un chemin creux, les paras avaient anéanti un convoi hippomobile à la grenade et à la mitraillette. Le Français découvrit des cadavres d'hommes et de chevaux entremêlés dans une mare de sang ; les paras avaient tiré à bout portant sur leurs adversaires et, dans la furie d'un assaut que l'on devine brutal, ils n'avaient pas épargné leurs montures. L'incertitude du sort des armes, le fait d'être isolé en terrain ennemi, le manque d'effectifs et la tension conséquente à la violence des affrontements semblent bien être la cause de ce type de tuerie. En outre, de nombreux civils normands furent également victimes de bavures ou de méprises de la part de paras ouvrant le feu sur tout ce qui bougeait, au milieu de la fièvre d'accrochages avec l'ennemi aussi soudains que brutaux. Sans aucun doute, durant les premières heures du *D-Day*, les paras isolés en terrain hostile tuèrent sans répit.

William J. « Wild Bill » Guarnere (1923-2014). Dans la nuit du 5 au 6 juin, Bill Guarnere a exécuté, sommairement, un groupe de prisonniers allemands, à coup de pistolet. (W. Guarnere/ Archives du *506th PIR*.)

Robert G. Cole (1915-1944). (*US Army*.)

Donald G. Malarkey (1921). (D. Malarkey/Archives du *506th PIR.*)

Au PC du bataillon

Peu après l'aube, vers 6h00, Winters et son groupe atteignent le hameau du Grand-Chemin où le commandant du *2/506th PIR*, le *Lt.-Col.* Strayer, a établi son PC. Durant la nuit, ce dernier, accompagné de son état-major, était parvenu à rassembler une centaine de paras appartenant à son bataillon. Après avoir envoyé des patrouilles en reconnaissance afin de glaner le plus d'informations possible quant aux positions et mouvements de l'ennemi, il s'affaire maintenant à organiser la défense du hameau.

Sur place, après un court temps de repos, Winters tente d'en savoir plus car il semble évident que la confusion règne. On lui répond d'attendre les ordres, de rassembler ses hommes avec leurs armes et munitions, de faire l'inventaire du matériel disponible et, enfin, de se tenir prêt à l'action, à disposition du chef de bataillon.

Vers 7h30, le *1st Lt.* Lavenson, ancien de la *Easy Co.* devenu adjudant de Strayer et officier du personnel du *2/506th PIR* (*Btn S1*), se porte au devant de Win-

Le *1st Lieutenant* Georges Lavenson, *Btn. S1* du *2/506th PIR.* (*US Army*/Archives du *506th PIR.*)

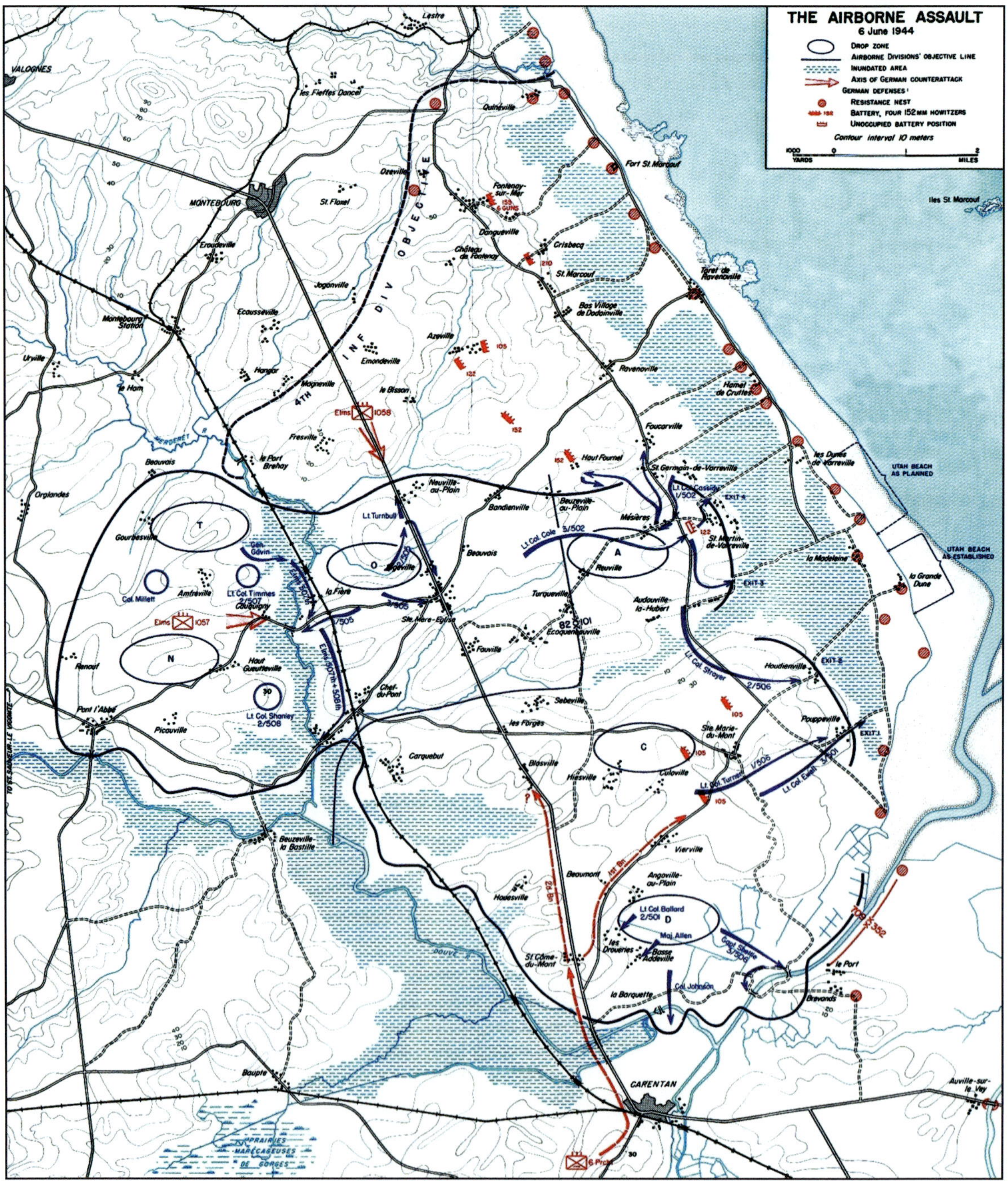

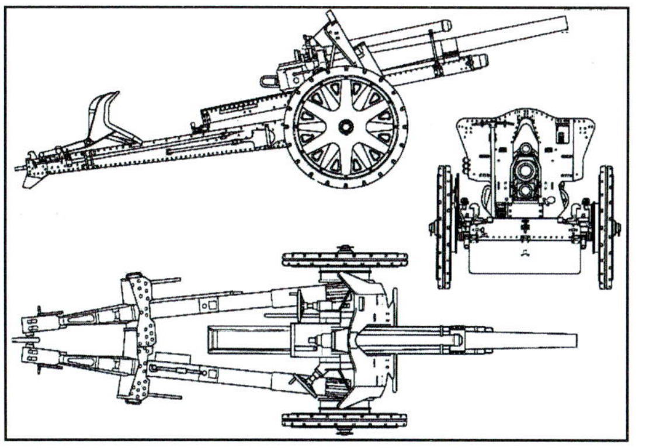

Les quatre obusiers allemands (cf. profil ci-dessus) placés à Brécourt sont dissimulés dans une rangée d'arbres, au nord-ouest du Manoir (présent au centre du cercle rouge, sur la photo aérienne). Le plan **ci-dessous**, schématisant la position de la Batterie de Brécourt, est l'œuvre de Mark Bando, sur base des indications de Dick Winters.

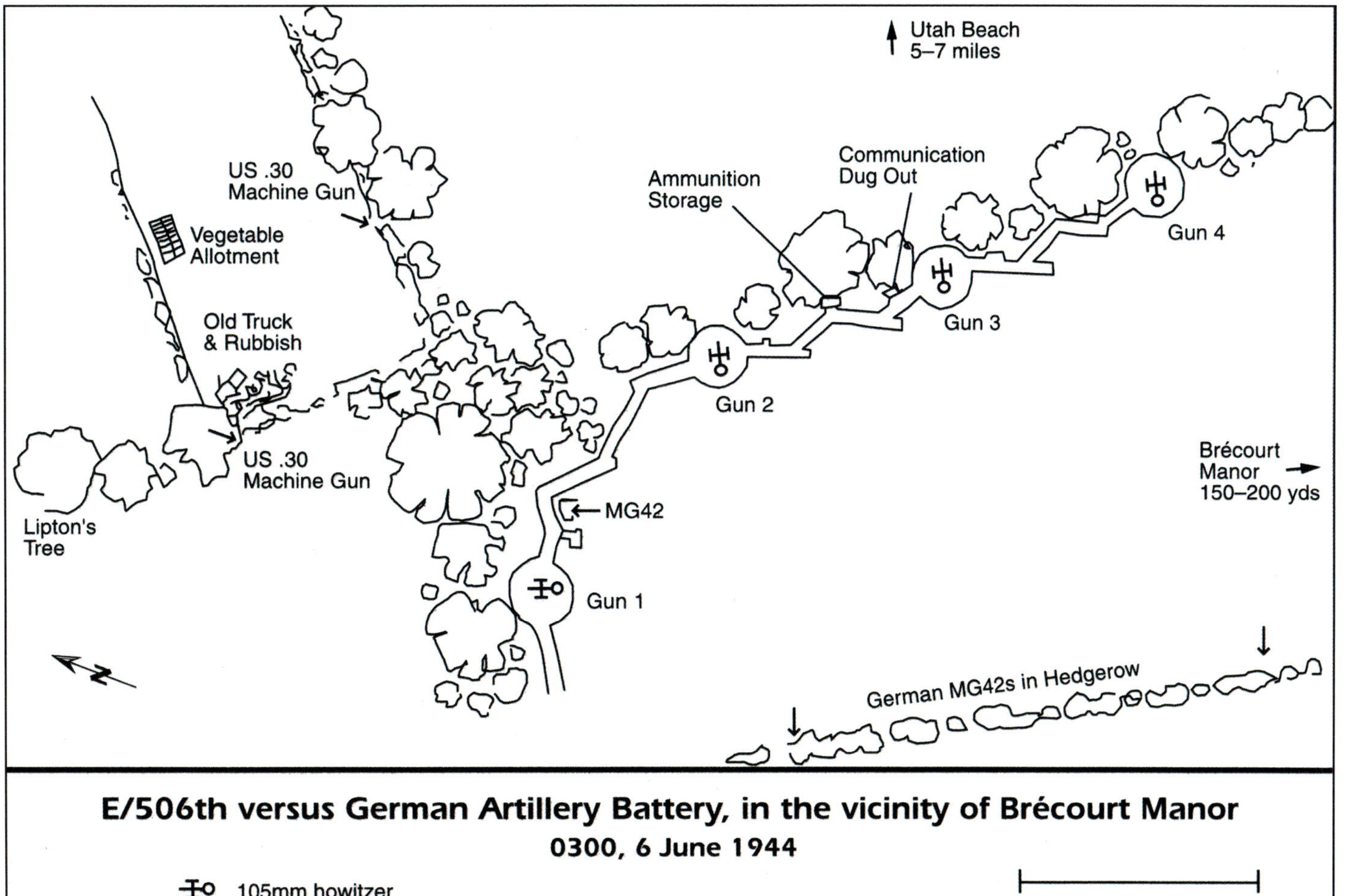

E/506th versus German Artillery Battery, in the vicinity of Brécourt Manor
0300, 6 June 1944

Des obusiers allemands de *10,5 cm le-FH18*, dissimulés dans le bocage normand. Ces photos ont été prises, non pas à Brécourt, comme certains l'affirment, mais bien à la batterie du hameau dit « Le Holdy », le matin du 6 juin 1944. Cette batterie, hormis le fait que, ici, les pièces d'artillerie n'étaient pas enterrées dans des encuvements, couverts par un filet de camouflage et reliés par des tranchées, nous apparaît, de toute évidence, comme assez similaire au site de Brécourt. (*US Army.*)

ters et l'informe que Strayer le réclame au PC du bataillon pour un briefing. Winters y rencontre son ami Lewis Nixon (*Btn S2*) accompagné du *Captain* Hester (*Btn S3*) et du *Major* Horton, adjoint de Strayer (*Btn S5*). Ce dernier lui annonce que le chef de la *Easy Co.*, le *1st Lt.* Meehan, est porté disparu. En conséquence de quoi, Winters le remplacera à la tête de la compagnie, jusqu'à ce qu'on le retrouve (3).

Horton laisse ensuite Winters seul avec Nixon et Hester ; ce dernier lui ordonne alors de détruire une position d'artillerie ennemie repérée à quelques centaines de mètres au sud-est du Grand-Chemin, dans un pré, à côté d'une grosse ferme-château appelée Manoir de Brécourt. En effet, à l'heure où les débarquements viennent de commencer, il est indispensable de réduire au silence ces canons qui tirent sur *Utah Beach*. Winters acquiesce et se tourne vers Nixon qui demeure bien silencieux. Curieux de connaître les renseignements utiles quant à la force réelle de l'ennemi, sa capacité de réaction ainsi que la configuration du terrain, Winters interroge Nixon. Fortement embarrassé, ce dernier lui répond qu'il est actuellement impossible de s'en faire une quelconque idée précise et que ce sera à lui de le découvrir sur place ! Toutefois, il lui conseille de se montrer prudent car une première tentative d'assaut sur la batterie, couverte par une unité d'infanterie équipée de mitrailleuses, s'est déjà soldée par un échec...

La batterie du Manoir de Brécourt

Inconnue des services de renseignement alliés, la batterie du Manoir de Brécourt se compose de quatre canons *le-FH18* de 10,5 cm servis par des artilleurs de la *Wehrmacht*. La batterie est installée dans un pré entouré de haies, d'arbres et de taillis (un paysage typiquement bocager). Quant aux pièces d'artillerie, celles-ci sont enterrées dans des encuvements, dissimulés au regard des reconnaissances

Au premier rang : Carwood Lipton (troisième en partant de la gauche). Au quatrième rang : John Plesha (deuxième en partant de la droite, derrière Wayne Sisk) Au dernier rang : Joe Toye (deuxième en partant de la droite). (F. Guth, via M. De Trez.)

A gauche : le Manoir de Brécourt, une grosse ferme/manoir, typiquement normande. (M. Longue.)

Ci-contre : le pré attenant au domaine du Manoir de Brécourt, vu vers l'angle nord-ouest, par où arrivèrent les paras américains ; les canons allemands étaient dissimulés dans les haies au pied de la rangée d'arbres visible à droite de la photo. (M. Longue.)

aériennes par des filets de camouflage. En outre, chacun des canons se voit relié entre eux par des tranchées renforcées de madriers. D'autre part, la batterie possède également une casemate de commandement équipée d'une radio, d'un téléphone de campagne et de télémètres de visées, opérant en liaison directe avec les postes d'observation du réseau de défense allemand du secteur d'*Utah Beach*. Enfin, notons encore que les artilleurs, au nombre d'une bonne vingtaine d'hommes, disposent de leurs propres stocks de munitions ainsi que de la protection d'une section d'infanterie occupant le manoir et la ferme adjacents au pré.

La position établie par les Allemands sur le site de Brécourt représente un môle de résistance, un dispositif assez élaboré et parfaitement adapté à la doctrine défensive que ces derniers entendent adopter, dans le bocage normand, afin de contrer l'assaillant. Suivant une théorie cohérente, que, d'ailleurs, ils mettent en application, les Allemands accordent les préceptes de leur tactique de défense aux impératifs de leur situation ainsi que du terrain. Leur grande idée est de faire de chaque pré, bordé de haies, qu'ils doivent défendre un espace impénétrable, hérissé d'armes automatiques et antichars. De plus, en cas d'intrusion de l'adversaire au sein du périmètre, il est prévu que les mitrailleuses puissent aussi se retourner, rapidement, et fournir un feu croisé meurtrier à l'intérieur de celui-ci qui sera, alors, pilonné par des mortiers dont le tir est préréglé, transformant ainsi la pâture en un « *killing ground* » dans lequel l'ennemi sera piégé et anéanti. Enfin, la présence des bâtiments du manoir et de ses dépendances offre, également, l'opportunité de s'y replier, si nécessaire, de transformer ceux-ci en bastion, pratiquement inexpugnable par des fantassins dépourvus d'armes lourdes.

Bien entendu, la technique de défense évoquée, cidessus, au précédent paragraphe, est d'application, concernant le Manoir de Brécourt. Pour les Américains, il s'agit donc de bien préparer leur plan d'attaque et de ne pas s'exposer au feu adverse, d'autant que, à une douzaine d'hommes, au départ, ils entreprennent ici l'assaut d'une solide position, probablement défendue par, au minimum, cinquante à soixante soldats ennemis, y compris les artilleurs.

Winters prépare son plan d'attaque

De retour auprès de ses hommes, vers 8h00, Winters leur répercute les ordres et leur explique l'objectif de la mission. Après ce rapide briefing, il leur annonce sa décision d'opter pour une attaque frontale, couverte par des tirs de suppression (ou tirs de couverture, moins destinés à atteindre l'ennemi qu'à l'obliger à se protéger, provoquant, de sa part, un arrêt de feu temporaire qui permet de se déplacer, *cf.* encadré à ce sujet). L'assaut principal sera également soutenu par un enveloppement par les flancs. Certes, l'opération apparaît bien hardie, mais les paras savent que c'est pourtant la solution la moins risquée, au vu de la situation et de la nature de leur objectif (*cf. supra*).

(3) En réalité, l'avion transportant Meehan et les seize autres hommes du groupe de commandement de la *Easy Co.* a été abattu par la *Flak*. Aucun des dix-sept paras et des quatre membres de l'équipage n'a survécu au crash. Bien entendu, au matin du 6 juin, le *Major* Horton ignorait encore tout de leur sort tragique.

Au dernier rang : on reconnaît Cleveland Petty (premier en partant de la gauche et Joe Liebgott (troisième en partant de la droite) ; ensemble, ils servent l'une des deux mitrailleuses calibre .30 lors du combat de Brécourt. Au premier rang : Myron Ranney (premier en partant de la gauche). (F. Guth, via M. De Trez.)

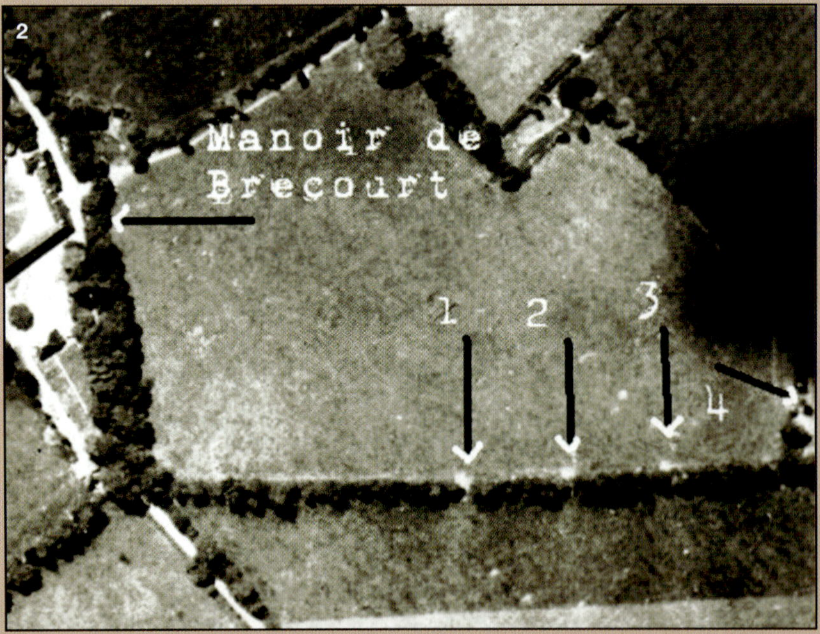

1. Vue aérienne du secteur de Sainte-Marie-du-Mont, au printemps 1944. Au nord du village (1), on discerne, parfaitement, le site de Brécourt (2). *(US Army)*

2. Vue aérienne du site de Brécourt, en 1944. *(US Army.)*

3. Le « Memorial Dick Winters », erigé le long de la chaussée menant de Sainte-Marie-du-Mont à *Utah Beach*. (M. Longue)

4. Dick Winters. Décrit par ses subordonnés comme un excellent officier, plus apprécié que craint, ce jeune homme réservé et courtois, d'allure athlétique, n'en demeurait pas moins un vrai meneur d'hommes, « très agressif » au combat. D'ailleurs, son comportement héroïque, durant la Bataille de Normandie, lui vaudra d'être décoré de la *Distinguished Service Cross* et d'être promu au grade de *Captain* (*cf.* portrait en médaillon), début juillet 1944. (D. Winters/Archives du *506th PIR*.)

5. Joseph D. « Joe » Toye (1919-1995). (J. Toye/Archives du *506th PIR*)

6. Gerald J. Lorraine (1913-1976). (G. Lorraine/Archives du *506th PIR*.)

7. Lynn D. « Buck » Compton. (L. Compton)

8. Veste de saut M42 ayant appartenu à Dick Winters, une pièce rare de la collection du *Dead Man's Corner Museum*.

9. Walter L. « Blackjack » Hendrix (1924-2000). (F. Guth, via M. De Trez/Centre Historique des Paras du Jour-J/*Dead Man's Corner Museum*)

10. Joseph D. « Joe » Liebgott (1915-1992). (J. Liebgott/Archives du *506th PIR*)

11. Buck Compton et l'auteur, Matthieu Longue, à Bastogne, le 16/12/2004. (Matthieu Longue)

12. Bill Guarnere. (W. Guarnere/Archives du *506th PIR*)

13. Bill Guarnere et l'auteur, Matthieu Longue, à Bastogne, le 16/12/2004. (Matthieu Longue)

6

5

7

8

9

11

12

10

Un groupe de paras de la *Easy Co.*, photographié au printemps 1944, en Angleterre. Premier rang, de gauche à droite : Dewitt Lowrey, Charles « Chuck » Grant, Bernard Cunningham, Rod Bain et Joe Toye. Second rang, de gauche à droite : Robert « Burr » Smith, Warren «Skip» Muck, Don Malarkey, Denver « Bull » Randleman, John Serila, John Sheehy et Tom Burgess. (D. Malarkey/Archives du *506th PIR*.)

De quelle force Winters dispose-t-il ? En tout : hormis lui-même, onze hommes équipés de deux mitrailleuses calibre *.30*, de grenades et de charges de démolition (TNT), en plus de leurs armes personnelles, soit, au total, lui compris, douze soldats. A cela, vient, volontairement, s'y ajouter un treizième larron, temporairement sans affectation, Gerald Lorraine, le chauffeur de la jeep du *Colonel* Sink. Bien peu, en somme, mais il s'agit là d'hommes parfaitement prêts et entraînés, solidaires et bien décidés à remporter la victoire.

Dès que tous sont prêts à l'action, Winters ordonne à ses hommes de se mettre en route. Silencieusement, s'orientant au « son du canon », le groupe de paras se faufile à couvert à travers les jardins potagers menant à la pâture où se trouve la batterie à détruire. Une fois sur place, Winters et ses hommes, dont les Allemands ne soupçonnent pas la présence, prennent le temps de découvrir et d'observer attentivement les positions ennemies : comme annoncé par Nixon, les canons sont bel et bien reliés entre eux par une tranchée et fort bien camouflés ; le premier canon, orienté vers le nord et flanqué d'un nid de mitrailleuse abritant un *MG 42*, demeure inactif tandis que les trois autres tirent sur *Utah Beach.* Une fois la phase d'observation terminée, Winters installe ses hommes suivant son plan initial incluant le schéma d'attaque décrit ci-dessus et scinde son effectif en cinq groupes qui se déploieront chacun en coordination avec les autres lors d'une série de manœuvres rapides d'assauts, de tirs et de replis.

Don Malarkey, à gauche, au côté de Burr Smith, photographié, ici, durant l'été 1945, en Autriche, à Kaprun. (R Smith/Archives du *506th PIR*)

Le tir de suppression

Le tir de suppression ou tir de couverture se définit, en tactique militaire, comme une série de tirs intenses cherchant moins à atteindre l'ennemi qu'à l'obliger à se protéger et, par là même, à limiter sa propre capacité de tirs. Profitant de cette neutralisation temporaire du feu ennemi, une autre unité alliée peut, alors, procéder à un mouvement en terrain découvert.

Le tir de suppression peut être ciblé (soldat, groupe de soldats, véhicule) ou non ciblé (bâtiment, zone) dès lors qu'on connaît ou suspecte la présence de l'ennemi. Pour être effectif, il doit être relativement continu et important. Une telle technique est vitale pendant un mouvement tactique de troupes comme l'assaut.

Dans l'armée française, on parle plutôt de tir de neutralisation, dont le but, comme son nom l'indique, est de neutraliser l'ennemi et donc, de fait, de l'empêcher d'utiliser ses armes ou de se déplacer. Il est pratiqué de « manière préventive » ou contre un ennemi repéré. Le tir de neutralisation permet de fixer un ennemi et l'empêcher de manœuvrer, pendant qu'on manœuvre soi-même, ou bien de riposter.

Il convient aussi de définir ici différents termes qui sont souvent mal employés :

Appuyer : Apporter une aide à une autre unité, spontanément ou sur ordre, par le mouvement ou par le feu d'une autre unité.

Couvrir : Prendre l'ensemble des mesures actives ou passives pour s'opposer à une action éventuelle de l'ennemi pouvant menacer le déroulement de l'action principale amie.

Fixer : Exercer sur l'ennemi une pression suffisante pour lui interdire toute riposte ; tout mouvement ou tout redéploiement de son dispositif.

Un assaut réussi, victorieux nécessite la présence de trois éléments : couverture, appui, assaut.

La couverture empêche que des renforts ne viennent perturber l'assaut (elle est donc sur une autre direction, voire au-delà de la zone d'action).

L'appui fixe l'ennemi dans la zone d'assaut en appliquant un tir de neutralisation, qui sera renforcé juste avant l'assaut, puis suspendu, ou reporté sur un autre secteur lors de l'assaut.

L'assaut profite de la neutralisation pour s'approcher autant que possible, avant de lancer son attaque sur un ennemi rendu inefficace.

Groupe 1 : premier groupe d'assaut, soit Winters, Joe Toye, « Popeye » Wynn et Gerald Lorraine qui mèneront l'attaque frontale au moment opportun.

Groupe 2 : premier groupe d'appui feu, soit Joe Liebgott et Cleveland Petty avec une mitrailleuse calibre *.30*.

Groupe 3 : second groupe d'appui feu, soit Walter Hendrickx et John Plesha servant également une mitrailleuse calibre *.30*.

Groupe 4 : deuxième groupe d'assaut, soit « Buck » Compton, Bill Guarnere et Don Malarkey qui attaqueront le *MG 42* et le premier canon sur leur flanc droit.

Groupe 5 : troisième groupe d'assaut, soit Carwood Lipton et « Mike » Ranney qui harcèleront la position adverse du premier canon également de face avant

Ci-contre : photo de membres du *2nd Platoon* de la *Easy Co*, prise fin mai 1944. Parmi les hommes accroupis au premier rang, on reconnaît Don Malarkey et Joe Toye, respectivement les premier et second en partant de la droite. (D. Malarkey/Archives du *506th PIR*)

de la prendre à revers par son flanc gauche et y amènera l'explosif TNT, destiné à détruire les pièces d'artillerie, dès que le groupe d'assaut mené par Winters l'aura conquise.

A l'assaut du premier canon

Vers 8h45, Winters donne le signal de départ de l'attaque en ouvrant le feu avec son fusil *M1 Garand*. Pris par surprise, sous le feu des mitrailleuses, les Allemands, dont certains sont à découvert, répliquent en tirant sur les paras du groupe de Winters, le plus exposé au danger.

Obéissant aux ordres, Lipton et Ranney, postés légèrement en retrait, tentent en vain d'apercevoir leur objectif. En effet, à cause des replis du terrain, des haies et des taillis, ils ne peuvent ni voir, ni atteindre le premier canon. C'est à ce moment que Lipton a la bonne idée de grimper dans un arbre, non sans se mettre dans une situation périlleuse. Ainsi, du haut de son perchoir, en équilibre précaire sur les branches, il est en mesure de tirer sur le premier canon sur lequel il dispose maintenant d'une bonne vue offrant un champ de tir parfaitement dégagé. Heureusement pour lui, les Allemands, trop occupés à mitrailler le groupe de Winters ne l'ont pas repéré, à l'instar des autres paras qui, en rampant, les approchent dangereusement par leur flanc droit.

Une fois à portée de jet de grenade, Compton, Malarkey et Guarnere en balancent chacun une dans la tranchée. A peine ont-elles explosé que tous les trois, déchaînés, se ruent à l'assaut en franchissant la haie les séparant de l'ennemi (4). Au terme d'un furieux corps à corps, ils déciment le groupe d'Allemands servant le *MG 42* et, emportés par leur élan, s'en prennent ensuite aux fantassins et artilleurs rassemblés autour du premier canon. C'est alors que Winters, voyant la menace de la mitrailleuse éliminée, se met à courir en direction du premier canon, entraînant Toye, Wynn et Lorraine derrière lui.

Attaqués de toute part, pris sous le feu d'un violent tir croisé, les Allemands, persuadés, à tort, d'être assaillis par un ennemi largement supérieur en nombre, cèdent à la panique, abandonnent le premier canon et s'enfuient en courant, à travers le pré, en direction du Manoir de Brécourt. Immédiatement, ils sont pris pour cible par les paras qui abattent plusieurs d'entre eux, fauchés en pleine course. Du côté américain, on ne déplore aucune perte, excepté Wynn qui, blessé au postérieur, repart en rampant vers le hameau du Grand-Chemin.

Une fois dans la tranchée, Winters regroupe autour de lui ses forces et dispose ses deux groupes de mitrailleurs de façon à ce qu'ils puissent assurer une couverture efficace et harceler les autres positions adverses. Il vient de s'écouler un bon quart d'heure depuis le début de l'attaque et les paras, reprenant leur souffle, se préparent à l'assaut du deuxième canon.

Après avoir effectué une courte reconnaissance, en solitaire, vers le deuxième canon, Winters revient auprès de ses hommes et leur témoigne de son inquiétude au sujet d'une possible contre-attaque de la part des Allemands et ce, à juste titre, car, déjà, des tirs d'armes légères et de mitrailleuses, provenant des haies situées de l'autre côté du champ, se mettent à crépiter. De fait, les balles ennemies ricochent tout autour des paras.

Entre-temps, Lipton, descendu de son perchoir, ainsi que Ranney s'étaient dirigés vers le premier canon, ne faisant halte que pour saupoudrer de sulfamides la blessure de Wynn, revenu en arrière de la ligne de feu. Lorsque Lipton se présente au rapport, Winters lui réclame la musette contenant les charges de TNT afin de faire sauter le premier canon. C'est alors que Lipton lui avoue avoir « oublié » le TNT en arrière, laissé à la garde de Wynn. Sur ce, Winters ordonne à Lipton de retourner le chercher et de revenir au triple galop. Ensuite, il juge bon de s'occuper du deuxième canon sur lequel Compton et Toye faisaient feu depuis quelques minutes.

Une fois de plus, Winters décide de progresser sous couvert du tir de ses mitrailleurs, via la tranchée, relativement à l'abri de la vue et du feu adverses.

Chargeant à la tête de cinq hommes (les autres gardant le premier canon), Winters réussit à mettre en fuite les servants du deuxième canon, tout juste avant que six fantassins ennemis, postés dans la tranchée, ne décident d'offrir, « spontanément », leur reddition aux paras.

Peu après, Winters, manquant d'hommes et de munitions, envoie un courrier transmettre aux mitrailleurs l'ordre de le rejoindre au plus vite avec un ou deux hommes supplémentaires ainsi que des munitions, mais, malheureusement, aucune réserve ne se révèlera disponible. En outre, la présence de fantassins ennemis derrière la haie située de l'autre côté du champ représente toujours une dangereuse menace dont Winters soupçonne l'existence, notamment sur base de l'indice fourni par le feu nourri provenant de ladite haie.

(4) Certes, les hommes de la *Easy Co.* découvraient le combat, mais tous avaient été correctement entraînés. Ils avaient appris à maîtriser leur peur et à réagir de manière irrationnelle, c'est-à-dire à aller au devant du danger et non pas à chercher à le fuir. Il est évident qu'aucune préparation ne peut véritablement recréer des conditions de stress identiques à celles ressenties sous la terreur du combat mortel. Cependant, une préparation adéquate permet d'acquérir une sorte de « pré-expérience du feu » ainsi que des réflexes se révélant salutaires au combat. Notons aussi que la juste discipline imposée par des officiers tels que Dick Winters – de plus, ses hommes avaient en lui une confiance aveugle – sauva de nombreuses vies. Soulignons encore que l'état d'excitation engendré par le combat nous amène souvent à des actes d'héroïsme non prémédités. D'après Paul Fussell, un soldat qui subit le baptême du feu, s'il dompte sa peur, se sent invulnérable. A l'opposé, le soldat expérimenté demeure efficace mais tout en minimisant le danger, en restant vigilant. D'ailleurs, la prise des canons allemands au Manoir de Brécourt illustre bien ce cas de figure : Dick Winters et la plupart des autres hommes présents lors de ce haut fait d'armes confièrent, *a posteriori* et à maintes reprises, qu'ils avaient pris des risques inconsidérés qu'ils ne reprirent, pour la plupart, plus jamais par la suite. Il y avait une bonne partie d'inconscience dans leur comportement ce jour-là, tous l'ont reconnu. Ce qu'ils ont fait le matin du *D-Day*, ils ne le firent plus, sauf à de rares exceptions, ce qui, toutefois, ne les exclut pas du statut de brave combattant.

Clifford Carwood Lipton (dit « Carwood » ou « Lip »). Cet excellent sous-officier, courageux et compétent, se vit récompensé, pour son mérite et sa bravoure, par une promotion au rang d'officier, début 1945. (C. Lipton/Archives du *506th PIR*)

Myron N. « Mike » Ranney (1922-1988). (M. Ranney/Archives du *506th PIR*, via Jake Powers)

Ronald C. Speirs (1920-2007). (R. Speirs/Archives du *506th PIR*)

Au printemps 1944, Ronald Speirs épouse une anglaise. Cette photo fut prise le jour de ses noces. Speirs se trouve au premier rang, à gauche ; accroupi, nue tête, il arbore un large sourire. L'homme qui se tient debout à l'extrême droite du second rang n'est autre que Buck Compton. (R. Speirs, via J. Genot)

Rejoint par le soldat John Hall de la *Able Co.* du *1/506th PIR* et par ses mitrailleurs, Winters mène alors l'attaque sur le troisième canon, décimant ses servants ainsi que les autres soldats ennemis rencontrés. Malheureusement, Hall, qui charge en tête, est tué lors de l'assaut.

Laissant trois hommes à la garde de sa nouvelle prise, Winters se replie alors sur le deuxième canon. En chemin, il fouille la casemate de commandement de la batterie s'emparant de cartes et de documents secrets renseignant les positions allemandes dans la péninsule du Cotentin. De plus, à l'aide de grenades, il détruit le reste du matériel trouvé sur place (radio, télémètres,...).

Ronald Speirs arrive à la rescousse

De retour auprès de ses hommes, Winters expédie les prisonniers à l'arrière et envoie une demande de renfort en hommes et munitions au PC du bataillon. Peu de temps après, arrive le *Captain* Hester (*Btn S3, 2/506th PIR*) porteur de charges de TNT et de grenades au phosphore. Immédiatement, Winters entreprend de détruire les trois premiers canons à l'aide du matériel de démolition apporté par Hester et, lorsqu'il revient avec sa musette remplie de TNT, Lipton se montre très déçu qu'on n'en ait plus besoin ainsi que d'avoir risqué sa peau pour rien en repartant chercher les explosifs sous le feu ennemi !

Quelques instants plus tard, surgit le *2nd Lt.* Speirs, chef du *2nd Platoon* de la *Dog Co.*, accompagné de cinq soldats. Il propose son aide à Winters qui l'invite à se saisir du quatrième et dernier canon. Speirs et ses hommes le réduisent au silence au prix de deux tués, lors d'un assaut aussi brutal que sanglant.

Mission accomplie

Une fois le quatrième et dernier canon détruit, Winters ordonne à ses hommes de battre en retraite vers le PC du bataillon. En effet, face à la résistance adverse et au surnombre de soldats allemands par rapport à son effectif, il était inutile de tenir les positions conquises de haute lutte ni de tenter de s'emparer du manoir, toujours aux mains de l'ennemi. De toute manière, les ordres du *Lt.-Col.* Strayer sont clairs : la mission consis-

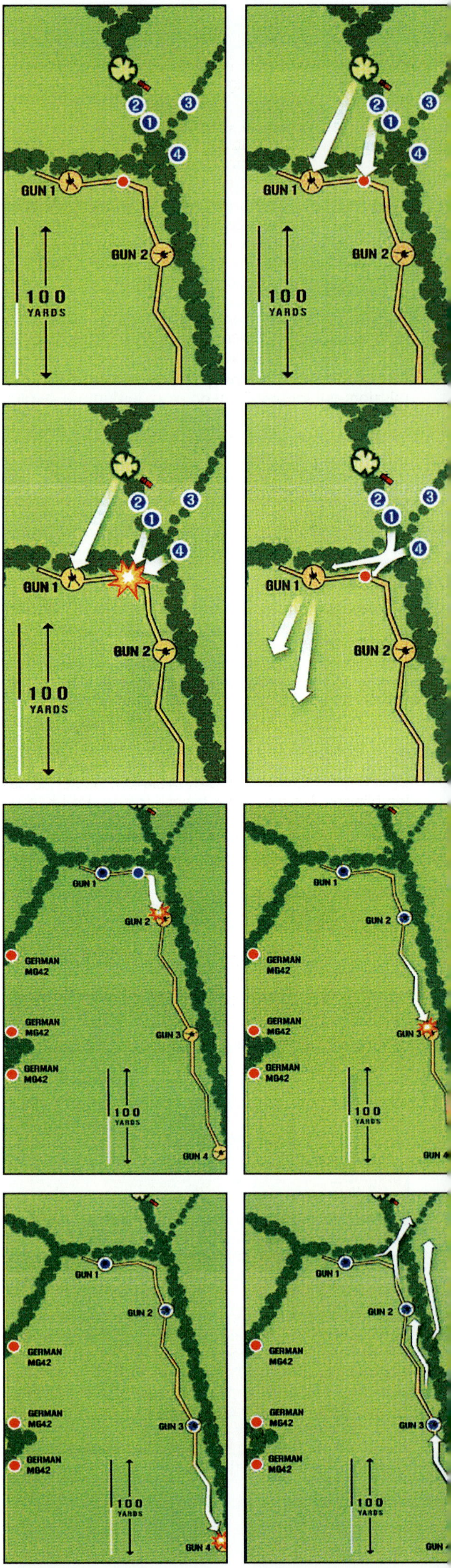

A droite : schéma de l'assaut ayant abouti à la destruction de la batterie du Manoir de Brécourt, phase par phase. 1 = groupe 1 (dirigé par Winters), 2 et 3 = groupes 2 et 3 (appui feu/mitrailleuses calibre .30), 4 = groupe 4 (dirigé par Compton) et « l'arbre en vert clair » = position de départ du groupe 5 (Lipton et Ranney).

te à réduire au silence la batterie de Brécourt et, une fois celle-ci hors d'usage, à se replier vers le hameau du Grand-Chemin.

De retour au PC du *2/506th PIR*, peu après 11h30, Winters se présente au rapport et informe ses supérieurs de la situation : mission accomplie, la batterie de Brécourt est hors d'état de nuire !

Bilan de l'attaque : quatre canons détruits, une quinzaine d'Allemands morts, au moins autant de blessés, une douzaine de prisonniers livrés à l'interrogatoire (5) et, enfin, plusieurs cartes et documents saisis, immédiatement transmis au service de renseignement. Les pertes américaines s'élèvent, quant à elles, à quatre soldats tués et deux blessés. Sans aucun doute, l'opération se solde donc bien par un succès qui ravit le *Lt.-Col.* Strayer, commandant du bataillon.

Le plan de Winters s'est parfaitement déroulé et sa mission est accomplie avec un minimum de pertes. D'autre part, il faut aussi reconnaître que la rapidité et l'audace de l'attaque des paras ont démoralisé l'ennemi et que la qualité de leur entraînement venait de prouver son efficacité appliquée à une périlleuse mission dans une opération de guerre.

La prise du Manoir de Brécourt

Vers 12h15, les Allemands contre-attaquent à partir de leurs positions établies autour du Manoir de Brécourt ; Winters et ses hommes ainsi que la plupart des soldats présents autour du PC du *2/506th PIR* se défendent sur place et les repoussent sans grande difficulté à l'aide de tirs de mitrailleuses et de mortiers.

En milieu d'après-midi, la *Easy Co.*, qui compte désormais une cinquantaine de soldats, reçoit l'ordre de s'emparer du Manoir de Brécourt. Au même moment, elle bénéficie du soutien de quatre chars *Sherman* amenés par le *1st Lt.* Nixon, suivi des premiers éléments de la *4th Inf. Div.*, venant d'*Utah Beach*. Soutenus par les blindés, les paras chassent rapidement les Allemands du manoir et les rares survivants se replient vers Sainte-Marie-du-Mont où ils sont « cueillis » par les *GI's* occupant la localité.

La destruction de la batterie de Brécourt : analyse du combat

En dépit des risques, l'attaque menée par Dick Winters se solde finalement par une éclatante victoire. La fougue et la témérité des hommes de la *Easy Co.* ont permis de réduire au silence quatre pièces d'artillerie susceptibles d'engendrer de lourdes pertes parmi les troupes débarquant sur *Utah Beach* et il est indéniable que la destruction de la batterie du Manoir de Brécourt sauva de nombreuses vies. Toutefois, comme l'a toujours souligné Winters, et ce avec insistance (notamment lorsqu'il fut interviewé par le célèbre *Colonel* Marshall, historien officiel sur l'*US Army* en Europe), le succès de l'opération, bien que spectaculaire, réside principalement dans le fait qu'il appliqua à la lettre la procédure à suivre pour un assaut d'infanterie contre une position fixe et n'a fait que répéter au combat une tactique sans cesse pratiquée à l'entraînement, tout « simplement ». Certes, nous partageons l'avis de Winters, mais nous pensons sincèrement que sans l'audace et la bravoure dont firent preuve les paras impliqués dans ce combat épique, il n'est pas absolument certain que les événements auraient connu un heureux dénouement.

Remise de décorations (juillet 1944)

Suite à la destruction des canons allemands de la batterie de Brécourt au matin du *D-Day* ainsi qu'à leur conduite durant l'accomplissement de leur devoir dans le cadre de la campagne de Normandie :

- *« Pour avoir témoigné d'une exceptionnelle bravoure face à un exceptionnel danger, au péril de sa vie, donc, autrement dit, pour son héroïsme face au feu ennemi et son immense mérite personnel »*, **Richard Winters** se voit décerner la *Distinguished Service Cross*.

- *« Pour acte de bravoure face au feu ennemi et mérite personnel »*, **Lynn Compton, William Guarnere, Gerald Lorraine** et **Joseph Toye** sont chacun décorés de la *Silver Star*.

- *« Pour bons et loyaux services, acte de courage face au feu ennemi et mérite personnel »*, **Walter Hendrickx, Joseph Liebgott, Carwood Lipton, Donald Malarkey, Cleveland Petty, John Plesha, Myron Ranney** et **Robert Wynn,** se voient chacun attribuer la *Bronze Star*.

Le *Colonel* Sink a pourtant recommandé le *1st Lieutenant* Winters pour la *Medal Of Honor* et ce dernier préconise, quant à lui, que le *Sgt*. Guarnere reçoive la *Distinguished Service Cross*. Malheureusement, ces deux distinctions seront refusées à Winters et à Guarnere, et ce en dépit des citations accordées.

La *Distinguished Service Cross* (*DSC*), remise pour « héroïsme sous le feu ennemi ».

Ci-dessous : cliché pris, en 1946, lors de la première réunion des anciens de la *Easy Company*. Autour de la table ronde, au centre de la photo, on reconnaît, à partir du milieu et dans le sens des aiguilles d'une montre : Bill Guarnere et sa femme, Franie, Helen Taylor et son époux, Amos Taylor, Ronald Speirs, Herbert Suerth Jr., Ed Shames, Wayne Sisk, Shifty Powers, Don Moone, Robert Wynn, à moitié caché par son voisin de tablée (cf. portrait en médaillon) et, enfin, Carwood Lipton. Guarnere, Speirs, Wynn et Lipton étaient à Brécourt, au matin du 6 juin 1944. (Archives du *506th PIR.*)

(5) Le sort réel des Allemands capturés à Brécourt demeure sujet à polémique. En effet, il n'est pas impossible que ceux-ci aient subi des violences voire une exécution sommaire (*cf.* encadré : « Le sort des prisonniers »). Cependant, il est tout à fait envisageable que les captifs furent traités décemment et remis au service de renseignement pour interrogatoire, avant de rejoindre leur « enclos », soit un camp de prisonniers en Angleterre.

La triste mésaventure de Michel de Vallavieille, innocente victime civile d'une bavure due à la « brutalité » des paras américains

En juin 1944, le Manoir de Brécourt, une ferme château typiquement normande, est occupée par la famille de Vallavieille, propriétaire et exploitante du domaine. Celle-ci compte quatre membres : le colonel de Vallavieille (71 ans), militaire à la retraite et vétéran de la Première Guerre mondiale, son épouse ainsi que deux de ses fils : Michel (24 ans) et Louis (19 ans). Hélas, les fils aînés de la famille, Jean et Noël, servant dans l'Armée Française, sont, tous deux, tombés au champ d'honneur, au printemps 1940.

Dès le passage des premiers avions alliés dont le vrombissement assourdissant déchire le silence de la nuit de 5 au 6 juin, les de Vallavieille ont sursauté et quitté la tiédeur douillette de leur lit pour sortir dans la cour du manoir et observer le ciel, constellé de corolles de soie (des parachutes). *« Achtung ! Fallschirmjäger ! »*, tel est le mot d'ordre clamé par l'officier allemand commandant les troupes occupant les dépendances de la ferme adjacente au corps de logis du château. A ce cri d'alarme, tous les « Teutons » présents dans le secteur, y compris les artilleurs de la batterie toute proche, s'éveillent et s'agitent, gesticulant en tous sens en gagnant leur poste de combat, visiblement, fort nerveux. Intrigué, M. de Vallavieille (le père) interroge un des Allemands. « *Qu'est-ce qui vous arrive, soudain ? Que signifie tout ce maudit raffut ?* », demande-t-il ? On lui répond : « *Sie kommen !* C'est l'Invasion ; les *Tommies* arrivent ! ». Suite à cet aveu, le châtelain normand intime à ses proches l'ordre de s'habiller et de se réfugier à l'abri de l'une des plus solides pièces du manoir dont les murs en pierre, larges de plusieurs dizaines de centimètres, offrent un épais rempart protégeant tout le monde des balles et autres éclats d'obus. A partir de 5 heures, alors que des bruits de bataille résonnent à l'extérieur, toute la famille de Vallavieille se terre dans son refuge, dissimulée sous des matelas, priant pour que Dieu et la guerre les épargnent…

A 11h, alors que le son de la canonnade cesse de retentir (comprenons ici : le bruit des salves tirées par la batterie du Manoir de Brécourt), M. de Vallavieille prend le risque de s'aventurer jusqu'à une fenêtre et observe les alentours, stupéfait : incroyable, les Allemands fuient ! La plupart d'entre eux semblent épuisés et pris de panique ; cela signifie-t-il que les Alliés ont remporté la victoire ? Peut-être, mais, pour l'instant, rien n'est certain…

A midi, les Allemands sont de retour : des officiers rassemblent tous les hommes valides pour une contre attaque. A nouveau, en direction du nord-ouest, vers le hameau du Grand Chemin, on entend crépiter les mitrailleuses…

Une heure plus tard, c'est une pluie d'obus de mortier qui s'abat sur le Manoir de Brécourt. Plusieurs d'entre eux endommagent la toiture de la bâtisse tandis que d'autres dévastent les jardins potagers. Ensuite, le silence retombe, aussi pesant qu'angoissant. Ne sachant que faire, ni penser, les civils français demeurent à l'abri, tremblants et silencieux…

En milieu d'après-midi, des rugissements de moteurs de chars, accompagnés du fracas du tir de canons et d'armes automatiques, résonnent, tout proches du manoir. A nouveau, les Allemands se débandent et quittent les lieux. Dans leur retraite précipitée, ils en oublient même leurs blessés et les abandonnent à leur sort !

Peu après, M. de Vallavieille perçoit la présence de soldats parlant anglais au sein du domaine ; ces derniers brisent les vitres des fenêtres, mitraillant et grenadant l'intérieur des bâtiments ! *« French men ! We are civilians ! »*, crie, en vain, le châtelain.

Poussé par la curiosité, au mépris du danger, Michel de Vallavieille gagne l'extérieur et rejoint la cour du Manoir. Il est accompagné de deux soldats allemands blessés, désireux d'offrir leur reddition et qui avancent, péniblement, titubant, les mains en l'air. C'est ainsi que, arborant un mouchoir blanc qu'il agite, ostensiblement, Michel s'approche d'un groupe de parachutistes américains comptant une vingtaine d'hommes. Ceux-ci affichent, immédiatement, une attitude méfiante et hostile à l'égard du jeune homme et des deux Allemands. Poussé à l'écart, le jeune Français est contraint de s'éloigner, sous la menace d'une arme tandis que les Allemands sont jetés au sol à coups de crosse. Rebroussant chemin pour retourner auprès des siens, Michel est, subitement, mis en joue et truffé de plomb par l'un des paras, apparemment « heureux et fier » d'avoir « réalisé ce carton ». Grièvement blessé, il s'écroule sur le sol, inconscient. Or, c'est au même instant que le reste de la famille de Vallavieille arrive dans la cour du manoir. Ignorant tout de l'incident qui vient de se produire et du malheur de son fils, le colonel de Vallavieille se porte à la rencontre des Américains et se présente. Perplexes, ceux-ci ignorent sa démarche et lui enjoignent, assez brutalement d'ailleurs, de se retirer sans tarder. Soucieux de savoir où est son fils, le Français se rebiffe et, avec insistance, interroge les paras, dans un anglais approximatif, au sujet de la conduite à adopter, en pareilles circonstances, et du sort de Michel. Hélas pour lui, tous les Américains font la sourde oreille, indifférents à ses supplications. Désespéré, le septuagénaire commence à prendre peur. C'est alors que l'un des paras lui fait signe de s'approcher et l'écoute, attentivement. Comprenant que l'homme est bien un civil français cherchant son fils, il lui indique l'endroit où gît le corps de Michel. Arrivé sur place, M. de Vallavieille tombe à genoux, en état de choc. Il appelle les siens ; tous accourent et fondent en larmes, découvrant la scène surréaliste et, par là même, l'atroce vérité !

Louis et sa mère appellent au secours, pendant que, avec l'aide de M. de Vallavieille, ils tentent d'arrêter l'hémorragie dont est victime Michel, agonisant. Alerté par les cris des civils français, les paras s'approchent des lieux du drame et un attroupement se forme. C'est à ce moment que les Américains se rendent compte de leur erreur et de la gravité de la bavure commise ! Un infirmier, présent parmi les soldats, prodigue les premiers soins à Michel avant de le faire évacuer sur un brancard…

Conduit dans un poste de secours, à *Utah Beach*, Michel est, ensuite, expédié, en Angleterre, dans un hôpital militaire, le 10 juin. Bien que sa vie ne tienne plus qu'à un fil, il est, miraculeusement, sauvé par des médecins anglais…

Remis de ses blessures, après une longue période de convalescence, Outre Manche, il retrouve, finalement, son foyer, au Manoir de Brécourt, en février 1945. En 1962, l'homme, alors élu Maire de la Commune de Sainte-Marie-du-Mont, crée le Musée du Débarquement de *Utah Beach* dont il devient le premier directeur/conservateur, œuvrant ainsi au renforcement de l'amitié franco-américaine.

Quelle tragédie que l'abominable mésaventure arrivée à Michel de Vallavieille ! Nous savons, aujourd'hui, que ce type d'incident n'est pas un cas isolé. De fait, la « brutalité coutumière », pour ne pas dire la « sauvagerie », dont se rendent coupables les paras nous impose de nous interroger sur le pourquoi de tels agissements.

Une chose est sûre : outre le fait que, au combat, les paras ont tendance à se méfier de tout et de tout le monde, en ayant, de surcroît, la « gâchette facile » (ils tirent sur tout ce qui bouge), les principes, soit la « culture de guerre », qu'on leur a inculqués, au cours de leur instruction, les ont « brutalisés », c'est-à-dire « transformés en machines de guerre ». En effet, le but final de leur entraînement est de former des « tueurs » et, tout au long de ce dernier, forgeron de leurs nouveaux physique et mentalité, on les a dépouillés de leur identité de civils pour en faire des soldats dotés d'un tempérament résolument « agressif », s'exprimant par des accès de violence exacerbée.

D'après les études menées par Mark Bando (historien de la *101st Airborne Division*) sur le sujet (*cf.*, entre autres écrits de sa plume, son ouvrage de référence : *Avenging Eagles*), l'intensité de l'entraînement et de l'endoctrinement subis par les paras, sans cesse poussés au-delà de leurs limites personnelles, a contribué à, tout d'abord, créer puis, ensuite, établir entre eux un « lien physique et spirituel », inspirant des actes de sacrifice, voire de sauvagerie, y compris et surtout quand, de manière réelle ou supposée, leur existence et/ou celle de leurs frères d'armes apparaît comme mise en danger.

Au moment d'être « tiré comme un lapin », Michel de Vallavieille a-t-il été confondu avec un soldat allemand déguisé en civil ou pris pour un collaborateur, traître à sa patrie ? Impossible de préciser ! Quoi qu'il en soit, victime d'une méprise ou d'un crime gratuit et crapuleux, au moment où le métal pénètre sa chair, le pauvre homme ne mérite pas le funeste sort que lui réserve son bourreau, demeuré anonyme !!!

Dick Winters nous raconte la prise du Manoir du Brécourt

Dick Winters, photographié, ici, en 1945, avec le grade de *Major*. A cette époque, l'officier, décoré de la *DSC*, commande le *2/506th PIR*. Quoi qu'on en dise, Winters restera, dans la mémoire collective, « LE » héros de la Bataille de Brécourt, même si la liste de ses hauts faits d'armes ne se limite, bien sûr pas, à ce seul affrontement victorieux. (R. Winters/Archives du *506th PIR*.)

La première phase de notre assaut sur le Manoir de Brécourt est la destruction de la batterie d'artillerie, installée là, dans un pré, par les Allemands. Cette dernière, se soldant par une victoire, se termine vers 11h30, le mardi 6 juin 1944.

De retour au PC du bataillon, après avoir transmis, oralement, mon rapport au *Lieutenant-colonel* Strayer, j'éprouve le besoin de m'asseoir, un instant ; fort nerveux, j'ai les jambes en coton et me sens défaillir. C'est une curieuse et bien désagréable sensation !

Assis à l'ombre du feuillage d'un pommier, je tente, en vain, de me calmer. A côté de moi, se trouve un groupe de soldats se partageant le contenu d'un cruchon de cidre, auquel ils ont, selon toute vraisemblance, ajouté une bonne lampée de calvados. Curieusement, alors que je n'ai jamais bu d'alcool de toute ma vie, veillant à respecter mon serment chrétien de rester sobre, je ressens l'envie pressante de « boire un coup » et réclame ma part de ce breuvage odorant et sucré, flairant la pomme mûre.

Saisissant le pot de terre cuite, je le porte à ma bouche et boit, goulûment, plusieurs gorgées de cette étrange mixture pétillante et fruitée. Contre toute attente, à l'inverse de m'apaiser, la boisson me donne le vertige ; ce qui me rend encore plus agité ! Je l'admets : à ce moment, j'ai eu tort de « picoler » !!!

Vers 12h15, les Allemands lancent une contre attaque, contre le hameau du Grand Chemin que nous repoussons, sans difficulté, à l'aide de tirs de mortiers et de mitrailleuses.

Durant cette action, je ne commande toujours que les dix hommes de ma compagnie présents à mes côtés.

A 14h, mes hommes et moi-même sommes rejoints par les lieutenants Harry Welsh et Warren Roush, accompagnés d'une quarantaine de paras de ma compagnie. Immédiatement, je forme deux sections, chacune forte d'une vingtaine de fusiliers (à cet instant, avec les hommes ayant participé à la destruction de la batterie du Manoir de Brécourt et les nouveaux arrivés, je dispose d'environ cinquante soldats), et informe Strayer de l'état des forces de ma compagnie, désormais, si on peut dire, prête à reprendre le combat. Strayer, quant à lui, m'annonce que, avec les deux cents hommes rassemblés dans le hameau du Grand Chemin, il a l'intention de prendre le Manoir de Brécourt et d'avancer sur Sainte-Marie-du-Mont, une fois établie la jonction avec les troupes amies débarquées sur les plages dont l'arrivée ne saurait tarder.

En sortant du PC du bataillon, je tombe nez à nez avec mon ami « Nix » (le *1st Lt.* Lewis Nixon) qui vient de nous amener la « cavalerie », soit toute une section de chars *Sherman*, appartenant au *70th Tank Battalion*, en provenance directe de *Utah Beach*. En outre, ce dernier m'annonce que les fantassins du *8th Infantry Regiment* (*4th Infantry Division*) suivent, dans la foulée ; ce qui est une excellente nouvelle ! Visiblement, le débarquement a réussi !!!

Sur ordre de mon chef de bataillon, je réunis ma compagnie et ordonne aux chars de nous suivre en direction du Manoir de Brécourt. Montant sur la plage arrière de la caisse du blindé de tête dont j'empoigne la mitrailleuse *.50* de tourelle, je guide le groupe de combat vers son objectif, tandis que les tanks avancent, au pas, en hors piste, à travers jardins et pâtures, alignés dans une formation en V, avec des fantassins « juchés en grappe » sur les véhicules et d'autres marchant dans leur sillage.

Le grondement sourd des moteurs des *Sherman* et le cliquetis de leurs chenilles, broyant la végétation, est terrifiant. Toutefois, tout ce vacarme m'encourage. Il me donne des frissons induits par un sentiment rassurant de « toute puissance » ; cette fois, nous arrivons en force !

Progressant vers les positions allemandes, nous ne tardons pas à rencontrer l'ennemi. Bien entendu, le feu des canons et des mitrailleuses des blindés provoque, rapidement, sa déroute ; en quelques minutes, nous « nettoyons » le secteur qui est donc « sécurisé ». Restant en arrière, j'arpente et inspecte les lieux, champ de bataille jonché de cadavres et de débris guerriers, ayant, au préalable, envoyé une patrouille fouiller le Manoir de Brécourt.

A la vue du carnage et des quatre canons détruits, je me repasse dans ma tête le film des événements de notre action de la matinée et je devine la raison de notre victoire. Certes, nous avons pris des risques et eu beaucoup de chance, mais, cependant, la clé de notre succès réside, surtout, dans le fait que nous avons agi et combattu, méthodiquement, en équipe, comme les rouages d'une mécanique bien huilée, adoptant la tactique adéquate en enchaînant manœuvres de tir, d'assaut et de repli (une technique apprise à l'entraînement). Nous avons assailli les Allemands là où ils se montrés les plus vulnérables et privilégié la rapidité d'exécution de nos manœuvres, tout en profitant de l'effet de surprise. Bien entendu, cela a déstabilisé l'ennemi et compensé, avantageusement, notre infériorité numérique.

Au moment de la destruction de la batterie du Manoir de Brécourt, je me bats avec d'excellents soldats, parmi les meilleurs éléments de ma compagnie. Tous ont parfaitement cerné la situation dans laquelle nous nous trouvons et obéi à mes ordres, sans discuter.

Notre audace et notre furie ont payé ; nous n'avons pas hésité à tailler en pièces l'adversaire, à tuer beaucoup d'Allemands. D'ailleurs, moi-même, j'ai bien fait couler le sang, ôtant la vie à nombre d'hommes revêtus de l'uniforme *feldgrau*. Je ne regrette pas de l'avoir fait. Je me dis que c'est la guerre et que c'était « eux ou moi ». Je n'en tire pas de fierté ni aucun plaisir. J'ai juste rempli ma mission et accompli mon devoir d'officier et de soldat. Non, en réalité, ma seule satisfaction vient du fait de m'en être sorti vivant, grâce à Dieu, que je remercie et prie de me ramener, sain et sauf, à la maison car, à ce moment, la guerre est loin d'être terminée ! Tiré de ma réflexion par des bruits de pas, se rapprochant, derrière moi, je me retourne et aperçois le *S/Sgt.* Carwood Lipton qui me regarde en souriant, affichant, sur son visage, le reflet d'une joie à peine dissimulée…

Arrivé au Manoir de Brécourt, j'entends parler de ce qui vient d'arriver à Michel de Vallavieille. J'enrage et déplore ce tragique incident. Confus et honteux, je présente mes excuses et mes regrets à ses parents éplorés. Je constate encore, avec stupéfaction, que les civils français semblent heureux, certes, d'être, enfin, libérés du joug de l'Occupant, mais, également terrorisés par notre présence…

Ce jour-là, j'ignore encore de quoi sera fait mon avenir qui, en temps de guerre, m'apparaît comme bien incertain, mais, plus tard, ayant survécu, j'aurai la chance et l'honneur de rencontrer Michel et de devenir son ami. Nous sommes, d'ailleurs, restés proches, jusqu'à son décès, survenu en 1991.

(R. D. Winters, souvenirs de guerre, confiés à l'auteur, en 2004)

Ci-contre et ci-dessous : débarquement à *Utah Beach* : quittant les plages, escortés par quelques tanks Sherman du *70th Tank Battalion*, les fantassins du *8th Infantry Regiment (4th Infantry Division)* empruntent la route, en partie inondée, menant vers Sainte-Marie-du-Mont où les attendent les paras. *(US Army.)*

Ce M4 Sherman, semblable à ceux qui ont débarqué à *Utah Beach* et apporté leur soutien à l'action de la *Easy Co.*, lors de la prise de Manoir de Brécourt, trône, aujourd'hui, devant l'entrée du Musée du Débarquement/Mémorial de la Bataille de Normandie de Bayeux. (M. Longue.)

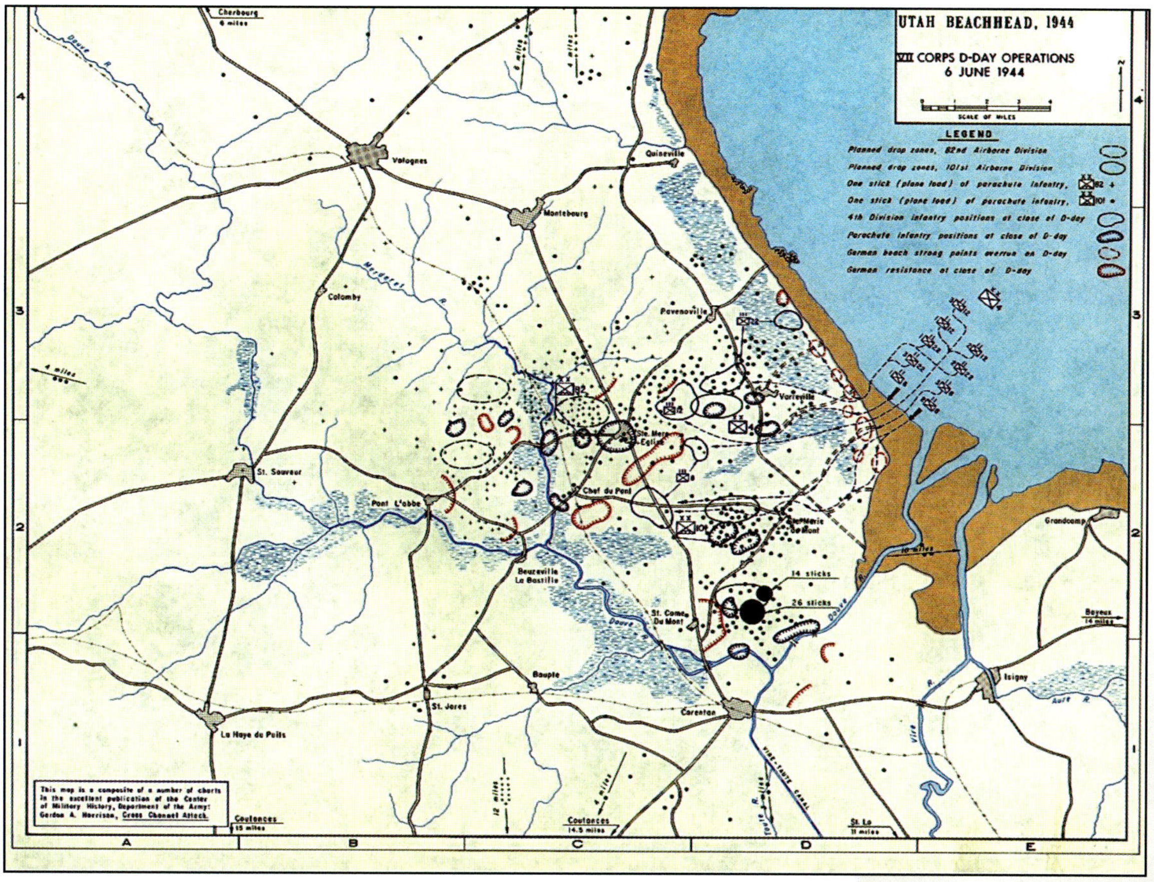

Les clichés présents sur cette page nous montrent des *GI's* à Sainte-Marie-du-Mont, le 6 juin 1944. *(US Army.)*

La tête de pont américaine dans le secteur de *Utah Beach* au soir du *D-Day* :

La réussite du Débarquement à *Utah Beach*, favorisée, entre autres, par la destruction de la batterie du Manoir de Brécourt, ainsi que par la prise de Hiesville, du hameau du Grand Chemin, de Brécourt, Pouppeville et, enfin, de **Sainte-Marie-du-Mont** signifie bien que, au soir du *D-Day*, les Américains sont parvenus à prendre pied en France, dans un secteur où, certes, leur tête de pont demeure « fragile », mais d'où, cependant, pour les Allemands, il sera difficile de les déloger ! Enfin, notons que, au moment où le bourg de **Sainte-Marie-du-Mont**, dont la prise représente l'un des objectifs prioritaires du *D-Day* pour la *Easy Co.*, tombe aux mains des Américains l'endroit devient un piège mortel sur la route des Allemands fuyant des plages et de Brécourt, en direction de Vierville et de Saint-Côme-du-Mont (*cf. infra*, chapitre 7).

7 La bataille de Carentan

Vue aérienne de la ville de Carentan, en juin 1944. (*US Army*.)

Objectif : Cherbourg

L'objectif prioritaire des Alliés, en Normandie, est, tout d'abord, que le plan *Overlord* réussisse. De fait, ces derniers pourront ainsi établir une solide tête de pont sur le continent, prélude à la libération de la France. D'autre part, concernant les Américains, ceux-ci ont prévu de conquérir toute la péninsule du Cotentin, dans les plus brefs délais, et de s'emparer de Cherbourg, un port en eau profonde, d'importance stratégique. En effet, les ports artificiels *Mulberry*, les plages du Débarquement ainsi que d'autres cités portuaires normandes de moindre importance permettront de décharger les armes, vivres, munitions et autres fournitures destinées aux troupes, mais, toutefois, il s'agissait là d'une solution temporaire et/ou d'appoint, en attendant que le port de Cherbourg soit opérationnel, au profit des Alliés.

Avant de foncer vers Cherbourg, les Américains doivent isoler et détruire les forces allemandes défendant le Cotentin et contrôler l'axe routier reliant Sainte-Mère-Eglise à Montebourg, Valognes et Cherbourg. De plus, il faut aussi qu'ils se saisissent de Carentan et d'Isigny car le fait d'occuper ces deux localités leur permettra de relier, entre elles, les têtes de pont établies à partir des débarquements sur *Utah Beach* et *Omaha Beach*, en même temps qu'il sera possible d'ouvrir un accès vers le sud, en direction de Périers et de Saint-Lô.

Carentan

La ville de Carentan (4000 habitants, en juin 1944), commune du département de la Manche, Région de Basse-Normandie, se situe au cœur d'une zone marécageuse (naturelle ladite zone a, de surcroît, été inondée par les Allemands), au confluent de la Douve et de la Taute, sur un nœud routier et ferroviaire de première importance et donc, de fait, occupe là une position stratégique.

Le plan américain prévoit que, à partir du 7 juin (*D-Day +1*), la *101st Airborne Division*, une fois qu'elle aura, avec succès, facilité le débarquement de la *4th Infantry Division* à *Utah Beach*, devra entreprendre de sécuriser Saint-Côme-du-

Ci-dessus : vue aérienne de la ville de Carentan, en juin 1944. (*US Army*.)
Ci-dessous : la Bataille de Carentan, 8-12 juin 1944. (*US Army*.)

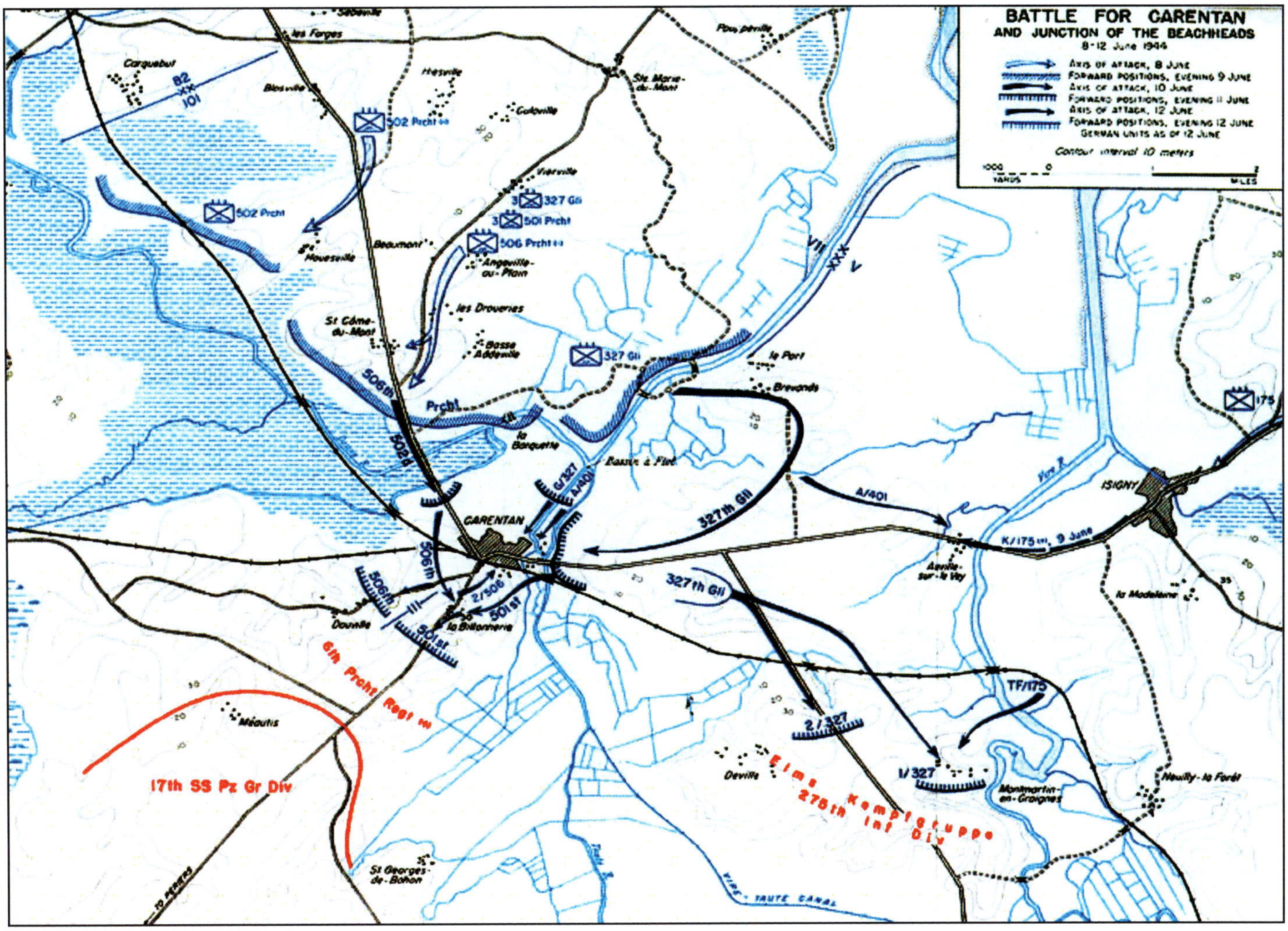

Le *Lieutenant-Colonel* Julian J. Ewell (1915-2009). (*US Army.*)

Mont et, ensuite, mener une opération d'encerclement de Carentan, prélude à l'attaque de la ville elle-même.

Le récit, à la fois précis et global, des combats du 7 au 11 juin ayant été dépeint, avec brio, par Georges Bernage dans un précédent ouvrage (1), nous ne nous y attarderons pas ici, afin de plus nous concentrer sur le secteur du *2/506th Parachute Infantry Regiment* (y compris et surtout le parcours de la *Easy Company*) et sur la suite de l'histoire de la bataille, soit les événements du 12 au 29 juin. Cependant, retenons, tout de même, avant de poursuivre, ce qui suit, à savoir que :

- Du 9 au 11 juin, après la prise de Saint-Côme-du Mont par le *506th PIR*, le *502nd PIR* (qui, quant à lui, vient de libérer Houesville), son *3rd Btn.* en tête, a dégagé de l'emprise des troupes ennemies la chaussée (RN13), les ponts et leurs abords, menant à la lisière ouest de Carentan (2).

Une fois cette lourde tâche accomplie, au prix de sanglants combats, le régiment a contourné Carentan par le sud-ouest et s'est emparé de la *Hill 30* (3), afin de couper la retraite aux Allemands . Relevé par le *506th PIR*, le *502nd PIR*, tant malmené par la rudesse de la bataille, retourne alors à Saint-Côme-du-Mont où il est maintenu en réserve.

- En même temps que la pince ouest de la tenaille destinée à enserrer Carentan dans une poche hermétique progresse au sud de la ville (*cf.* l'attaque du *502nd PIR* sur la *Hill 30*), l'autre pince, se forme à l'est. En effet, ayant franchi le Canal de Carentan, à Brévands, deux bataillons du *501st PIR* ainsi que le *327th Glider Infantry Regiment*, ont investi le terrain à l'est de la cité. Contournant l'agglomération par le sud-est, les troupes du *501st PIR* viennent alors se positionner, en défensive, dans le secteur de la *Hill 30*, flanquant le *506th PIR*, sur sa gauche.

Carentan est encerclée, dans la soirée du 11 juin, et les unités de la *101st Airborne Division* ont établi la jonction avec les troupes de la *29th Infantry Division*, venant d'*Omaha Beach*, à hauteur du village de Auville-sur-le-Vey, à l'ouest d'Isigny, dès le 9 du même mois ; c'est un fait. Toutefois, qu'en est-il du parcours de la *Easy Co.*, entre le 6 et le 12 juin, date de l'attaque directe contre les positions allemandes situées dans Carentan même ? Bien entendu, toute la compagnie participe aux actions menées par son régiment...

La *Easy Co.* marche vers Carentan (7-11 juin 1944)

Au sortir de la Bataille de Brécourt, en fin d'après-midi, le 6 juin, le *1st Lieutenant* Richard « Dick » Winters et tous les hommes de la *Easy Company*, présents à l'appel, se regroupent dans le village de Sainte-Marie-du-Mont, leur objectif du *D-Day*. Les habitants du bourg, tout juste libéré (*cf.* encadré ci-dessous), laissent éclater leur joie, à l'arrivée des paras, chaleureusement accueillis par les

Paras *US*, photographiés dans le bourg de Sainte-Marie-du-Mont, le 7 juin 1944. (*US Army.*)

Civils français et *GI's*, photographiés dans le centre de Sainte-Marie-du-Mont, le 12 juin 1944. (*US Army*.)

La libération du village de Sainte-Marie-du-Mont (6 juin 1944)

Dans la nuit du 5 au 6 juin, entre 00h50 et 1h30, un gros lâché de paras a lieu dans le secteur de Sainte-Marie-Du-Mont/Hiesville. En effet, les stratèges américains ont situé, dans un espace rectangulaire de 1000x500 mètres, entre Sainte-Marie-du-Mont et Hiesville, la *Drop Zone C*, choisie comme zone de largage des *1/* et *2/506th PIR* ainsi que du *3/501st PIR* (bataillon de réserve de la *101st Airborne*, aux ordres du *Lt.-col.* Julian J. Ewell).

En réalité, à cause de la dispersion de la formation des avions de transport, seuls 15 *sticks* atterrissent sur la *DZ* et 38 en dehors, mais, tout de même à proximité. De fait, entre 950 et 1000 paras viennent de sauter dans une zone triangulaire délimitée par les communes de Hiesville, Sainte-Marie-du-Mont et Vierville. D'autre part, quelques dizaines de paras du *1/506th PIR* se posent à l'est et au nord-est de Sainte-Marie-du-Mont ainsi que dans le village même où ils engagent le combat avec les Allemands, stupéfaits de les voir arriver du ciel !

Une fois Hiesville aux mains des paras, le général Maxwell Taylor, chef de la*101st Airborne*, y installe le PC de la division. Il décide aussi que 150 hommes seront laissés, sur place, pour tenir le village, en attendant l'arrivée des troupes de renfort, amenées par planeurs et débarquées sur les plages, dès l'aube. D'autre part, Taylor envoie un détachement investir Sainte-Marie-du-Mont (où les combats font déjà rage), un autre attaquer Vierville et, enfin, se risque à accompagner la colonne forte de 60 hommes que dirige le *Lt.-col.* Ewell (en cours de route, en « ramassant » les égarés rencontrés sur son chemin, Ewell rassemblera, au final, 150 soldats, autour de lui) ; celle-ci doit gagner la côte et établir le contact avec les troupes débarquées sur *Utah Beach*. Une fois rassemblés, Taylor, 25 hommes du PC de la division avec Ewell et son groupe, prennent la route de Pouppeville, là où débouche une chaussée (l'*Exit n°1*), menant à la grève. Une fois leur objectif atteint, Taylor et Ewell sont rejoints par le *Lt.-col.* William L. Turner, chef du *1/506th PIR*, à la tête de 50 paras. Bien entendu, les Américains se heurtent à la résistance des défenseurs de Pouppeville ; la bataille, sanglante et longtemps indécise, mais à l'issue victorieuse pour les paras, durera six heures...

Dans Sainte-Marie-du-Mont, les combats débutent dès l'atterrissage des premiers paras, au centre même du village, en plein milieu de la nuit. Il ne reste que très peu d'Allemands dans la localité, mais ceux-ci se défendent comme des lions ; entre belligérants adverses, durant cette lutte nocturne, on s'empoigne férocement et on s'étripe sans pitié ! D'ailleurs, la place du village, l'église (dont le clocher représente un excellent poste d'observation) et les bâtiments adjacents au lieu saint changeront de main à plusieurs reprises et seront le théâtre de multiples scènes d'horreur dont les civils sont témoins.

Après les affrontements sauvages et la tuerie de la nuit, les paras tiennent Sainte-Marie-du-Mont, aux premières lueurs de l'aube. Cependant, tous s'attendent à une violente contre-attaque ennemie susceptible de les déloger de leurs positions et attendent, avec impatience, l'arrivée des renforts.

En fin de matinée, une colonne allemande, se repliant, depuis la côte, tente de pénétrer dans le village. Les paras l'accueillent à coups de fusils et jets de grenades ; au moins un Allemand est tué net tandis qu'un autre est grièvement blessé (capturé, ce soldat est, hélas, mortellement atteint ; soigné par un docteur américain, il décède, après une longue agonie).

Une bonne heure plus tard, le canon tonne et une dizaine d'obus s'abattent sur le centre de Sainte-Marie-du-Mont ; l'église est endommagée et l'horloge du clocher s'arrête, marquant 13h10. Peu après, une interminable colonne de camions, de jeeps et de chars, suivie de fantassins à pied arrive, en provenance directe de *Utah Beach*. Enfin, la jonction entre les paras et les troupes débarquées est établie ! Le Débarquement a réussi et le village est libéré !

Fils d'un officier de carrière, Robert G. Cole est né, le 19 mars 1915, à Fort Sam Houston (San Antonio, Texas). En 1939, il est diplômé de West Point et choisit de rejoindre l'infanterie. Volontaire pour intégrer les troupes aéroportées, le *2nd Lt.* Cole décroche ses « ailes », en obtenant son brevet de parachutiste, à Fort Benning, en mars 1941. Par la même occasion, il est promu au grade supérieur *(1st Lt.)* et entame un cursus d'instruction militaire, théorique et pratique, assez poussé, destiné à parfaire sa formation d'officier des paras. A l'été 1942, le *Major* Cole, qui a rapidement gravit les échelons de la hiérarchie militaire, obtient une nouvelle promotion : on l'affecte au nouveau *502th PIR*, comme chef de bataillon...

Grand et bien bâti, Cole est ce qu'on appelle une « gueule » et « un personnage haut en couleurs ». Sa stature imposante, son cou de taureau et son visage carré, lui procurent une mine de baroudeur intrépide et une prestance qui rassurent ses hommes autant qu'ils les effrayent. Sans nul doute, Cole est un brave et un meneur d'homme, mais, cependant, une fois au feu, la nature de ses actes trahit son inexpérience et son manque de confiance en lui faisant que, craignant toujours de « ne pas être à la hauteur et de passer pour un lâche », il expose, prématurément et inutilement, sa vie ainsi que celle de ses hommes, lors d'actions téméraires, suicidaires même, sous le feu adverse. D'ailleurs, un bel exemple de cette « furie » reste l'épisode de la charge à la baïonnette qu'il ordonne de lancer, à découvert, lors de l'avance de son bataillon, en direction de Carentan.

Assurément, sans l'action du *3/502th PIR*, notamment durant les combats des 10-11 juin 1944, la voie d'accès vers Carentan, soit la route menant reliant cette ville au bourg de Saint-Côme-du-Mont, chemin par lequel transite, ensuite, le *506th PIR*, n'aurait pu être dégagée et donc, de fait, sécurisé et pleinement ouverte. Néanmoins, en dépit de l'indéniable bravoure dont témoignent les paras, nous sommes en droit de nous interroger sur le fait que cette action de guerre, aussi remarquable soit elle, n'en est pas moins génératrice de très lourdes pertes. En effet, dans son acharnement à percer les lignes ennemies, le *LTC* Cole s'obstine à user de la force brute, plutôt que de la finesse, en optant pour des assauts frontaux, aussi sauvages que sanglants, négligeant là de préserver la vie de ses hommes et de « limiter les dégâts », en ne profitant pas de l'avantage offert par les qualités manœuvrières de son bataillon. Résultat : certes, Cole remporte une brillante victoire et une prestigieuse décoration (la *Medal of Honor)*, mais il laisse aussi sur le terrain la moitié des hommes de son unité, mis hors de combat ! (1)

2

3

(1) Le 10 juin 1944, Cole réussit à rassembler environ 400 hommes, autour de lui, sur les 600 que compte, normalement, son bataillon. Le 11 juin, lors de la Cole's charge, menée en direction de la Ferme Ingouf, 130 des 265 hommes engagés dans l'action sont tués ou blessés !

1

7

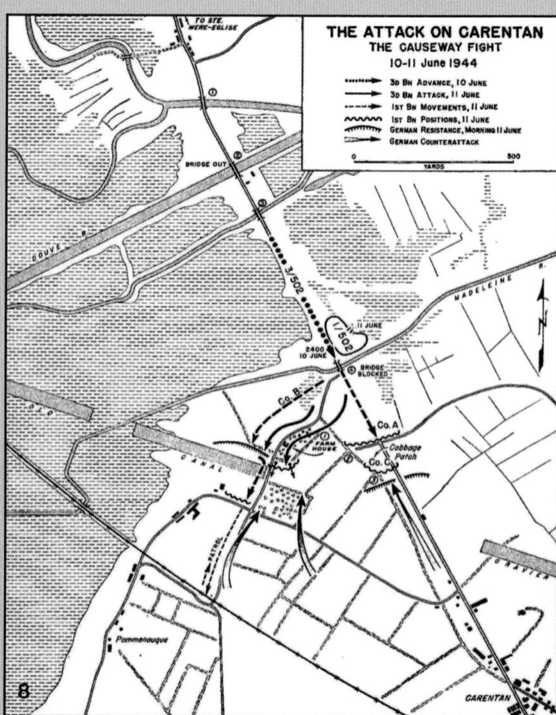

8

1. Le *Lieutenant-Colonel* Robert G. Cole (US Army)
2 et 3. Au soir du 5 juin 1944, « Ike » (le général Eisenhower) s'entretient avec le *LTC* Cole, chef du *3/502th PIR*, peut avant que celui n'embarque dans un avion, à destination de la Normandie. (US Army)
4. Victoire ! Le *LTC* Cole (premier sur la gauche) et son adjoint, le *Major* John P. Stopka (à l'extrême droite), exhibent leur « prise de guerre » : un drapeau nazi, capturé dans la ferme dont leurs hommes et eux viennent de s'emparer, de haute lutte. (US Army)
5. La sépulture du *LTC* Cole, tué au combat, par le tir d'un sniper, le 18 septembre 1944, à Best, en Hollande.
6. Le mémorial érigé en l'honneur du *LTC* Cole et de ses hommes qui ouvrirent l'une des principales voies d'accès à la ville de Carentan, au prix du sang (cf., entre autres actions d'éclat, leur épique charge à la baïonnette du 11 juin 1944, prélude à la prise de la Ferme Ingouf). (M. Longue)

7. La Bataille de Saint-Côme-du-Mont (8-9 juin 1944) : avant de progresser vers le sud-est, en direction de Carentan, les Américains doivent prendre le village de Saint-Côme-du-Mont, farouchement défendu par l'ennemi… (US Army)
8. L'avance du bataillon du *LTC* Cole et du *1/502th PIR*, les 10 et 11 juin 1944. L'action du *502th PIR* permet d'ouvrir la voie à la progression du *506th PIR* qui, quant à lui, contourne la ville de Carentan, par le sud-ouest, en marchant à travers la campagne (bocage) et en traversant les rails du chemin de fer à l'est de Pommenauque, jusqu'à atteindre *Hill 30*… (US Army)

civils normands. Le crépuscule arrivant, Dick Winters ordonne à ses soldats de prendre un peu de repos, mais, en même temps, de rester en alerte et prêts à faire mouvement « rapidement », si nécessaire, car le jeune officier s'est laissé dire, par ses supérieurs, que des éléments du régiment se sont déjà aventurés, précédemment, jusqu'au hameau voisin de Culoville.

Culoville, dont la principale bâtisse est une grosse ferme en carré, se situe à 2,5 kilomètres au sud/sud-ouest de Sainte-Marie-du-Mont, à mi-chemin entre cette localité et celle de Hiesville. De fait, le hameau se trouve donc bien, également, entre le lieu-dit du Holdy (au nord), où se trouve une batterie d'artillerie allemande établie sur un site dont la configuration se rapproche de celui de Brécourt, et le village de Vierville (au sud).

A droite : le *Colonel* Robert F. Sink (1905-1965), légendaire commandant du *506th PIR*. (*US Army*, archives du *506th PIR*.)

Ci-contre : parmi les supérieurs du *Colonel* Sink qui entrèrent dans une colère noire en apprenant sa mésaventure de Culoville/Vierville, figurait le *Colonel* Gerald J. Higgins (1909-1996). Brillant officier, servant au QG divisionnaire, Higgins était le chef d'état-major du général Taylor et donc, de fait, l'un de ses plus proches adjoints. Dès le 6 juin, Higgins remplaça le général Pratt, tué dans le crash de son planeur, devenant ainsi le commandant en second de la *101st Airborne*. Promu *Brigadier-General*, à l'issue de la Bataille de Normandie, Higgins occupa ce poste jusqu'à la fin de la guerre, avant de continuer à gravir les échelons de la hiérarchie militaire. (*US Army*.)

L'ordre de quitter Sainte-Marie-du-Mont pour rejoindre Culoville et y passer la nuit ne tarde pas à parvenir à la *Easy Co.* et, tout en maugréant, les hommes se mettent en route pour retrouver le *Colonel* Sink à son PC. En effet, Sink s'est déjà rendu là-bas, en jeep, accompagné de quelques soldats et du *Major* Henry W. Hannah (*Reg. S3*).

D'ailleurs, mal lui en prit, car, au cours d'une brève escarmouche succédant à une rencontre surprise avec une patrouille allemande, Sink manque de peu d'être abattu, se voyant sauvé, *in extre-*

Ci-dessous : des sapeurs d'assaut du Génie du *326th AIB*, photographiés au matin du 6 juin 1944. (*US Army*.)

Paras *US*, en marche, le long d'une route normande, le 7 juin 1944. (*US Army*.)

mis, par la prompte et judicieuse intervention de Hannah qui, apercevant l'ennemi, ouvre le feu sur lui, tuant l'un des Allemands ; ce qui incite les camarades du défunt *Landser* à fuir.

L'incident susmentionné est arrivé à la sortie de Vierville, que les paras viennent de traverser, en direction de Angoville-au-Plain. En dépit du risque inconsidérément encouru, Sink et Hannah poursuivent les Allemands jusqu'à tomber nez à nez avec presque tout un bataillon progressant, à pied, par la route. Là, à cet instant, s'engage un combat très inégal et, après une courte et intense fusillade, la patrouille américaine se replie sur Culoville où Sink installe, finalement, son PC et retrouve la *Charlie Co.* du *326th Engineer Airborne Battalion*.

On est en droit de se demander pourquoi un chef de régiment avisé comme Sink a risqué sa vie dans une folle escapade du genre de celle Culoville/Vierville. L'explication est simple : Sink, qui manque d'expérience, est désireux de « foncer » ainsi que de prouver sa bravoure à ses subordonnés et, enfin, il veut, à ce moment, à tout prix, connaître le sort du *Lieutenant-Colonel* Robert L. Wolverton (hélas, déjà tué au combat, durant la nuit, dans un verger, près de Saint-Côme-du-Mont) et de son *3/506th PIR*, chargé de prendre des ponts de bois, dans le secteur de Brévands. Enfin bref, quoi qu'il en soit, Sink s'en est sorti par miracle et il se fera vertement tancer par ses supérieurs, quelques jours plus tard, dès que ceux-ci apprendront sa mésaventure et sa folle témérité !

Ruminant son échec à percer vers le sud et au courant de la présence de l'ennemi à Vierville, Sink ne renonce pas à s'emparer de cette commune ; au contraire, il se montre plus déterminé que jamais à en chasser les Allemands et ce dans les plus brefs délais !

Durant la nuit, alors que la *Easy Co.* bivouaque dans les prés entourant son PC de Culoville, Sink médite et mûrit son plan d'attaque. Pour lui, pas question d'hésiter ; il faut attaquer Vierville et forcer le passage vers Saint-Côme-du-Mont. Toutefois, la grande question demeure : « Les forces américaines sont-elles assez puissantes accomplir cette mission ? » Après avoir regroupé et recensé toutes les troupes disponibles dans le secteur, Sink estime que la prise de Vierville représente un objectif tout à fait réalisable.

De quelles unités dispose alors le chef du *506th PIR* ? Voici la liste :

- *1/506th PIR* : 227 hommes (environ un tiers de l'effectif théorique du bataillon).
- *2/506th PIR* : 301 hommes (presque la moitié de l'effectif théorique du bataillon).
- *326th EAB* : une compagnie à effectifs réduits (la *Charlie Co.*).
- Une « compagnie d'infanterie », groupement tactique de circonstances constitué avec une petite centaine d'hommes de la *101st Airborne* , tous des « égarés », largués trop loin de leur objectif (unité « mixte »).
- Une section de canons antichars.
- Une section d'infanterie de réserve, soit « le peloton des égarés », à savoir : 40 hommes de la *82nd*

Le *Lieutenant-Colonel* William L. Turner (1916-1944). (*US Army*, archives du *506th PIR*.)

Le *1st Lieutenant* Richard D. « Dick » Winters (1918-2011) qui remplaça, au pied levé, son supérieur, Thomas Meehan, tué dans la nuit du 5 au 6 juin 1944, à la tête de la *Easy Company*, *2/506th PIR*. (R. Winters/Archives du *506th PIR*.)

Le *Colonel* Sink, photographié à son PC de Angoville-au-Plain. (*US Army*, archives du *506th PIR*.)

Au centre : des paras du *506th PIR*, photographiés aux abords du PC du *Colonel* Sink, à Angoville-au-Plain (photo prise entre le 7 et le 9 juin 1944). (US Army/Archives du 506th PIR)

Airborne qui, ayant sauté dans le secteur de la *101st Airborne,* se retrouvent séparés de leur unité d'origine et donc, de fait, provisoirement, « rattachés » à un autre régiment, en l'occurrence, le *506th PIR*.

Quel est le plan du *Colonel* Sink ? C'est très simple : sans attendre les renforts des unités de *Gliders* qui doivent arriver par planeurs et par mer, dès le matin du 7 juin, Sink opte pour une attaque frontale, via la route, plaçant le *1/506th PIR* en tête de l'assaut.

A **4h30, le 7 juin**, Sink donne l'ordre de lancer l'attaque. Au départ, celle-ci semble bien promise au succès vu que le *1/506th PIR* avance sans rencontrer la moindre résistance, dans la pénombre

Sous la surveillance d'un para, des prisonniers allemands creusent une fosse commune destinée à ensevelir les nombreux cadavres, charognes putrescentes, de militaires et d'animaux qui parsèment la campagne normande, après les durs combats des jours précédents. (*US Army*.)

Le *1st Lt.* John H. Reeder, officier de transmissions au *Reg. HQ* du *506th PIR*, photographié à l'entrée de Saint-Côme-du-Mont. (John H. Reeder.)

mauve, fraîche et brumeuse de ce mercredi matin. Cependant, la joie du chef du régiment sera de courte durée car, en réalité, il s'agit d'un piège. En effet, se sachant encerclés et en infériorité numérique (ce qui est, en partie, vrai), les Allemands qui défendent le secteur, principalement les « Diables Verts » (les paras du *Fallschirmjäger-Regiment 6*, une unité d'élite), convaincus que « la meilleure défense c'est l'attaque », réagissent et ouvrent le feu, depuis leurs positions camouflées, invisibles, fondues dans le décor du bocage normand !

Trop confiants et imprudents, les *GI's* qui progressent, en colonne, le long de la route et à découvert, sont pris par surprise et donc, de fait, fauchés dans leur élan, par le tir précis et meurtrier de l'adversaire ! Bien que sonnés par la violence de la riposte allemande, les paras américains ne se dégonflent pas et, sous la houlette de leurs officiers qui, montrant l'exemple, les exhortent à aller de l'avant, ils continuent leur progression. Toutefois, celle-ci se révèle lente et laborieuse ainsi que génératrice de lourdes pertes ; les paras n'entreront dans Vierville que vers 8h30 !

Du côté de la *Easy Co.*, Dick Winters est prévenu, dès 6h00, que son unité est tenue en réserve, mais que, vu la situation dans le secteur de Vierville, celle-ci doit se tenir prête à intervenir.

A Vierville, **vers 9h00**, se tient une réunion entre le général Taylor, Sink et le *Lt.-Col.* Turner, à l'abri de la voûte de la nef de l'église du village. Taylor et Sink ordonnent au chef du *1/506th PIR* de foncer vers le sud-ouest et prendre le carrefour au sud de Saint-Côme-du-Mont, en prélude à l'attaque du village en lui-même. C'est ainsi que, en dépit de la fatigue et des pertes, Turner et son bataillon reprennent leur avance. Objectif : atteindre le hameau de Beaumont, avant midi !

En même temps que le *1/506th PIR* reçoit l'ordre d'attaquer Beaumont, le *2/506th PIR*, au complet, se dirige vers Angoville-au-Plain, en passant par Vierville. Le problème c'est que les Allemands ont repris le village, en l'absence du *1/506th PIR*, coupant ainsi ce dernier de la liaison avec ses arrières. C'est une catastrophe ! Sink entre dans une colère noire et ordonne à la *Dog Co.* du *2/506th PIR* de reprendre Vierville, avec les 94 hommes dont elle dispose. Bien entendu, cette seule compagnie représente une force insuffisante pour l'emporter, rapidement, et tout le bataillon est engagé. C'est ainsi que la *Easy Co.* entame son premier « vrai combat de rue », au cœur d'un paisible village normand, plongé dans le feu de la guerre.

Alors que le *1/506th PIR* piétine, en direction de Beaumont (les Allemands défendent chaque haie qu'il faut enlever au corps à corps), n'avançant que de mille mètres en trois heures, le *2/506th PIR*, y compris la *Easy Co.* (sans doute pas plus de 80 soldats), tente de reprendre Vierville, maison par maison. Durement accroché dans le village, le bataillon ne doit sa victoire qu'à l'arrivée d'une section de chars *Sherman* (*A Co./746th Tank Btn.*), en provenance d'*Utah Beach* ; ce qui permet de débloquer la situation, **vers midi**. De fait, le *2/506th PIR* peut alors continuer sa manœuvre et opérer un mouvement tournant, sur la gauche de la route, et entrer dans Angoville-au-Plain, par le nord-est. De là, la *Dog Co.* marchera jusque Beaumont afin de porter secours au malheureux *1/506th PIR*, de plus en plus malmené (4)…

Après la chute de Vierville, le *Colonel* Sink installe son PC, au sud/sud-ouest, dans le hameau de Angoville-au-Plain, chargeant alors la *Easy Co.*

Stèle commémorative des combats dits du « Carré de Choux », un secteur où les Allemands avaient « verrouillé » l'accès aux faubourgs ouest de Carentan (E. Groult.)

En haut : vue aérienne de la campagne normande (bocage), dans le secteur de Carentan, début juin 1944 (reconnaissance photographique). (US Air Force, via Jim Martin, vétéran du 3/506th PIR)

Ci-dessus : vue aérienne du terrain, au sud-ouest de Carentan, début juin 1944 (reconnaissance photographique). (US Air Force)

Ci-contre : un beau cliché représentant l'atterrissage de planeurs de la *101st Airborne Division*, à Hiesville, en fin d'après-midi, le 6 juin 1944. (US Army)

Ci-dessus : la Bataille des Haies a commencé ! Paras et fantassins américains, combattant, côte à côte, dans le bocage normand, au lendemain du D-Day. (US Army)

Ci-contre et ci-dessous : mitrailleuses américaines, positionnées dans le bocage normand (juin 1944). (US Army)

Ci-dessus : groupe de paras américains, photographiés auprès de cadavres de soldats allemands, tués au pied d'une haie, dans le secteur de Carentan, en juin 1944. (Mark Bando)

Ci-contre : GI's faisant le coup de feu, durant la « Bataille des Haies » (Cotentin, juin 1944). (US Army)

Vue du terrain, au sud/sud-ouest de Carentan, en juillet 2014. Sans nul doute, nous nous trouvons, ici, au cœur du bocage normand. Champs clos, entourés de haies touffues, et chemins creux, dissimulés dans les broussailles, sont légions. Difficile donc de s'orienter et trop facile de se perdre dans ce dédale d'enclosures verdoyantes ! (M. Longue)

James L. Diel (1922-1944), photographié par Forrest Guth, le 10 juin 1944. Diel était le *Platoon Sergeant* du *2nd Platoon*. Durant la Bataille de Normandie, il assuma le rôle d'adjudant de compagnie faisant fonction et fut, ensuite, promu officier. Diel trouva la mort le 19 septembre 1944. (F. Guth/ Archives du *506th PIR*.)

A droite : Forrest L. « Goody » Guth (1921-2009), photographié dans le bocage normand, secteur de Carentan, le 10 juin 1944. (F. Guth.)

d'établir un périmètre de sécurité autour de ce dernier et de le défendre contre les attaques allemandes, une mission qu'elle accomplit durant les journées des **8 et 9 juin**...

Après la prise de Saint-Côme-du-Mont et au terme de la Bataille d'Angoville (8-9 juin), les hommes de la *Easy Co.*, qui compte, à ce moment, un peu plus qu'une bonne centaine de soldats, se maintient à l'arrière, en réserve, avec ordre de se reposer et de se réorganiser, en vue de l'attaque sur Carentan. Outre le repos, établir l'inventaire et effectuer l'entretien des armes ainsi que du matériel disponible devient une nécessité, avant d'envisager d'entreprendre une nouvelle offensive, de même que d'enterrer, avec l'aide de prisonniers allemands, les morts et les cadavres d'animaux, principalement des chevaux et des bovidés, dont le fumet acide et nauséabond émis par leurs chairs putrescentes commence à empuantir l'atmosphère.

Dans la **soirée du 11 juin**, la *Easy Co*, accompagnée du reste du *2/506th PIR*, entame une longue marche nocturne dont l'issue l'amènera à prendre position au sud-ouest de Carentan. En effet, le bataillon doit participer à l'attaque de la ville, à l'aube du lendemain.

Mener une offensive, voire tout simplement, se mouvoir et progresser, rapidement, de jour dans le bocage normand relève déjà de l'épreuve de force ; alors que dire des heures où il fait nuit ! Assurément, avancer et s'orienter sur un terrain aussi compartimenté et cloisonné que le bocage représente un véritable calvaire, autant pour des fantassins que pour des véhicules. Parmi les principaux obstacles rencontrés figurent les bouquets d'arbres, les haies (souvent hautes de deux mètres, elles sont assez épaisses, résistantes et solidement enracinées pour stopper un tank !) ainsi que les marais infestés de moustiques. D'autre part, exception faite du cas de la *Easy Co.* parfaitement formée par le *Captain* Sobel et donc, de fait, rompue à ce « genre d'exercice », les paras américains (surtout les officiers) manquent d'expérience et se perdent, parfois, dans l'obscurité ; ce qui engendre des confusions et des retards. Toutefois, à **l'aube du 12 juin**, les hommes sont en position et prêts à fondre sur Carentan.

Le *Major* von der Heydte abandonne Carentan (11 juin 1944)

Durant les combats du 7 au 11 juin, dans le secteur de Saint-Côme-du-Mont/Carentan les Allemands se sont retrouvés en nette infériorité numérique : deux bataillons du *Fallschirmjäger-Regiment 6*, agglomérés aux reliquats de deux divisions de la *Wehrmacht* (*91. Luftland-.* et *709. Infanterie-Divisionen*) qui ont formé des *Kampfgruppen* de circonstances ainsi que deux bataillons d'*Ost-Truppen* ont affronté une division américaine au complet, bénéficiant de l'appui de l'aviation ainsi que de l'artillerie de marine (*cf.* la flotte alliée, croisant au large des plages du Débarquement).

Ceci dit, les Allemands ont résisté avec courage, sens tactique et détermination, exploitant, au maximum, le caractère « défensif » du terrain bocager ; les paras américains ont payé le prix fort pour chaque pas en avant (5). L'extrême brutalité des affrontements, témoignant de ce fait, a engendré de lourdes pertes et ce dans les deux camps. D'un côté comme de l'autre, on s'est battu pour vaincre, sans pitié pour l'adversaire.

Dans ce choc épique, les *GI's* se sont acharnés, au mépris du danger et de leur vie, à conquérir, une à une, les positions allemandes figurant sur la liste de leurs objectifs, toutes protégées par des nids de résistances solidement établis et dissimulés dans le bocage et/ou dans les villages de la région. Hélas pour eux, les Allemands, sauf cas exceptionnels où ils ne parvenaient pas se dégager à temps, ne se sont jamais laissés encercler et sont, alors, toujours parvenus à disparaître dans la nature, du moins, jusqu'à ce que leur prochaine embuscade atteste, à nouveau, de leur présence…

Des paras de la *Easy Co.*, dans le bocage normand, durant l'avance vers Carentan. (F. Guth, *via* M. De Trez/Centre historique des paras du Jour-J/*Dead Man's Corner Museum.*)

La 17. SS-Panzergrenadier-Division « Götz von Berlichingen » approche du front

La *17. SS Pz.-Gren.-Div. GvB* est formée, en France, en octobre 1943. Il s'agit d'une division d'infanterie motorisée, constituée sur base du transfert de vétérans, en provenance d'autres divisions *SS*, de quelques centaines de volontaires originaires du *Reich*, mais aussi et surtout de conscrits allemands, issus du *Reichsarbeitsdienst* ainsi que de la communauté des *Volksdeutschen* de Roumanie, directement « mutés » à la *Waffen-SS*. Au 1er juin 1944, la division dispose de 18354 hommes, mais manque cruellement de cadres expérimentés (déficit : 233 officiers et 1541 sous-officiers), de véhicules de transport et de certains matériels. Toutefois, avec ses 25 semaines d'instruction et son bataillon de chars (en réalité, 42 *Sturmgeschützen III* et *IV*, dont 37 sont opérationnels, les autres étant en réparation), elle est considérée comme apte à se voir engagée au combat. Basée dans la région du Poitou, elle est placée en état d'alerte le soir du 6 juin et se met en mouvement, dès l'aube du lendemain. Handicapée par son manque de mobilité (pas assez de camions disponibles, seulement 245 au lieu des 1441 prévus !), retardée par les attaques aériennes alliées lui causant déjà des pertes, la *GvB* tarde à gagner le front de Normandie, via les routes secondaires. Même si son avant-garde (le groupe de reconnaissance divisionnaire) est à moins de 20 kilomètres de Saint-Lô, dès le 8 juin, le gros de la division n'atteint cette localité que le 11. A partir de là, au moment même où ses patrouilles de reconnaissance avancées ont déjà engagé le combat avec les Américains, la *GvB* envisage trois directions d'attaques possibles, suivant trois axes routiers distincts, à savoir :

- Saint-Lô, Périers, Sainteny, en direction de Carentan.
- Saint-Lô, Pont-Hébert, Saint-Jean-de-Daye, vers Carentan ou Isigny.
- Saint-Lô, Cerisy/Balleroy jusque Bayeux.

Dans le cadre de sa progression vers le nord, la *GvB* est stoppée, dans le village de Graignes, par la résistance héroïque de 182 paras américains isolés et largués là par erreur, dans la nuit du 5 au 6 juin, qui y combattent du 10 au 12 du mois. Sans conteste, le temps perdu dans la Bataille de Graignes empêche, en grande partie, la *GvB* d'atteindre Carentan à temps pour que celle-ci puisse secourir le *FJR. 6* ; ce qui engendre de fâcheuses conséquences, notamment la perte de Carentan, évacuée par les troupes du *Reich*. Hélas, suite à cet événement, les *SS* assassinent, en représailles, 44 civils et 34 prisonniers américains. Notons aussi que 159 maisons sont endommagées par les combats et que 66 autres, sans compter l'église du village, sont incendiées par les Allemands. Quant aux paras rescapés des combats, ils cherchent refuge dans la campagne et les marais environnants, jusqu'à la libération de Graignes, le 9 juillet.

Ci-dessous, à gauche : Walter L. Hendrix (à gauche), dit « *Blackjack* », photographié par Forrest Guth, à côté du *Sgt.* Floyd M. Talbert, tous deux membres du *3rd Platoon*, quelque part dans le bocage normand, aux environs de Carentan. (F. Guth, *via* M. De Trez/Centre historique des paras du Jour-J/*Dead Man's Corner Museum.*)

Ci-dessous : Forrest L. Guth, Walter S. Gordon (1920-1997) et Francis J. Mellett (1920-1945), photographiés dans leur trou, durant l'avance vers Carentan. (F. Guth, *via* M. De Trez/Centre historique des paras du Jour-J/*Dead Man's Corner Museum.*)

Face au surnombre des assaillants qui le submerge, mais à qui, néanmoins il vient d'infliger une solide correction (6), le *Major* von der Heydte adopte une nouvelle stratégie. Constatant qu'un repli s'impose, il décide, dans l'après-midi du **11 juin (vers 16h)**, que les deux bataillons de son régiment engagés au nord-ouest de Carentan se retireront dans la ville, avant de rejoindre le gros de son troisième bataillon, en réserve au sud-ouest de la cité normande. Après quoi, il sera libre de redéployer ses troupes (qui, entre-temps, auront pris le temps, ne fut-ce que quelques heures, pour se reposer et se réorganiser) sur une nouvelle ligne de résistance, plus défendable, au sud de Carentan, en travers des axes routiers menant vers Auvers et Baupte, Périers ainsi que Saint-Lô. Le mouvement de repli se fera, de nuit, par bonds successifs, avec autant de discrétion que possible, au nez et la barbe des Américains, en train de parfaire l'encerclement de l'agglomération. Dans Carentan même, von der Heydte ne laissera qu'une compagnie renforcée, en arrière-garde, dont la mission est de retarder, au maximum, les Américains, dans l'attente de l'arrivée d'hypothétiques renforts...

Hommes du *327th GIR*, durant l'avance vers Carentan. (*US Army*.)

Hélas pour lui et, par extension, pour la cause qu'il défend, l'officier allemand commet là, sans le savoir, ni même le souhaiter, une grave erreur, en refusant de tenir solidement Carentan, avec tout son régiment, et d'infliger ainsi à l'adversaire une coûteuse bataille urbaine. En l'occurrence, von der Heydte choisit de préserver la vie de ses hommes et non de les sacrifier dans une guerre de rues, perdue à plus ou moins brève échéance. Pourquoi opte-il pour ce choix ? Selon lui, faute de munitions et de renforts conséquents, Carentan tombera vite aux mains de l'ennemi, même défendue par tout un régiment, et il serait stupide, voire criminel, de se laisser encercler dans une ville et d'y combattre avec à l'esprit l'idée oppressante que celle-ci sera notre tombeau. Non, il estime qu'il est plus sage et plus patriote de demeurer en vie et de s'offrir l'opportunité de combattre le plus longtemps possible (logique, un soldat mort n'est plus d'aucune utilité pour sa patrie !). Certes, on peut lui donner raison ; il est compréhensible qu'un chef de corps veuille sauver son unité et continuer la lutte. Seulement voilà, ce que von der Heydte ignore, suite à une rupture des communications avec ses supérieurs, notamment l'état-major du corps d'armée dont il dépend, due aux aléas de la guerre, c'est que des renforts arrivent : la *17. SS Panzergrenadier-Division « Götz von Berlichingen »* approche du front (*cf.* encadré page 83) !

Ci-dessous : Carentan, Rue Holgate, vers 1920. (*Le Petit Manchot.*)

Dans ce cas, il serait judicieux, décisif même, que les *Fallschirmjäger* contiennent l'ennemi, piégé dans le goulet d'étranglement de Carentan, jusqu'à ce que la *GvB* contre-attaque en force, notamment avec les blindés dont elle dispose.

Conformément à son plan, Von der Heydte et ses hommes décrochent, à partir de **17h.** Roulant vers le sud, le chef du *FJR 6* rejoint son PC. Dans la soirée, lors d'une reconnaissance sur le terrain, il rencontre le commandant de la *GvB*, le *SS-Brigadeführer* Werner Ostendorff, à hauteur de Donville. Ce dernier l'informe que le *FJR. 6* passe sous l'autorité de la division *SS*, à laquelle il se voit rattaché. Ostendorff prévient aussi von der Heydte de son intention de contre-attaquer et de reprendre Carentan, si possible, dès le lendemain. Cependant, le temps que ses troupes se rassemblent, la *GvB* ne sera en mesure de lancer son offensive qu'au matin du 13 juin.

La *Easy Co.* à l'assaut de Carentan (12 juin 1944)

A **l'aube du 12 juin**, le *2/506th PIR* attaque Carentan par le sud-ouest (7), depuis les faubourgs, sans aucune préparation d'artillerie préalable ni soutien aérien. Ceci dit, le bombardement de la veille, effectué par l'artillerie de campagne des troupes débarquées ainsi que par l'artillerie de marine a, tout de même, atteint la ville, ne fut-ce qu'avec une efficacité limitée.

La mission de la *Easy Co.* est d'avancer le long de la chaussée reliant Auvers à Carentan et d'entrer dans la ville à l'intersection de cette dernière avec la route de Sainteny (qui continue, plus loin au sud, vers Périers et Coutance), soit, à l'époque, la RN 171. Ensuite, la compagnie tournera à gauche, après avoir établi la jonction, au carrefour, avec les troupes amies suivant la RN 171 (*Fox Co., 2/506th PIR*). De là, elle pénétrera, plus profond, dans la ville et s'emparera du carrefour, à côté du passage à niveau et du café tenu par Désiré Ingouf, à la jonction des RN 171 et RN 13 (chaussée menant à Valognes, *via* Saint-Côme-du-Mont), par laquelle a progressé, précédemment, le *502nd PIR*. Enfin, la *Easy Co.* rejoindra le *327th Glider Infantry Regiment*, venant du nord, dans le centre-ville, Place de la République, via la Rue Holgate. Le déclenchement de l'attaque a été fixé à 5h30, par le *Colonel* Sink.

A l'heure fatidique, sur ordre du *Lt.-Col.* Robert L. Strayer, le *1st Lt.* Winters donne le signal du départ. Il lance son *1st Platoon* sur la droite de la route et le *2nd Platoon*, sur la gauche, le *3rd Platoon* se tenant en retrait, prêt à intervenir au moment opportun. A l'instant où les paras arrivent au carrefour des routes de Sainteny et d'Auvers, une mitrailleuse allemande, jusque-là silencieuse et bien embusquée dans une maison, ouvre le feu

Dick Winters (1918-2011) et Harry F. Welsh (1918-1995). (R. Winters/Archives du *506th PIR*, *via* Jake Powers.)

Le *Lieutenant-Colonel* Robert L. Strayer (1912-2002), chef du *2/506th PIR*. (*US Army*, archives du *506th PIR*.)

sur eux. Immédiatement, les Américains se mettent à couvert, se jetant au sol, dans les rigoles bordant la route, exception faite du *2nd Lt.* Harry Welsh et de six hommes du *1st Platoon*, désormais isolés, qui continuent leur progression, tentant de localiser et de détruire la position adverse d'où on les canarde copieusement…

Face à l'extrême danger de demeurer sur place, vulnérable au tir de la mitrailleuse, et pour secourir son ami Harry Welsh, Winters se porte à l'avant de la colonne en montrant l'exemple et en exhor-

Le *2nd Lt.* Lynn D. « Buck » Compton (1921-2012). Compton prit le commandement du *2nd Platoon* de la *Easy Co.*, à partir du 7 juin 1944. (L. Compton.)

A gauche : Warren R. Roush (1916-1999), chef du *2nd Platoon* de la *Easy Co.*, prit le commandement du *3rd Platoon*, après la mort au combat du lieutenant Mathews. (*US Army*, archives du *506th PIR*, *via* Jake Powers.)

Dick Winters (1918-2011). (*US Army*, archives du *506th PIR*, *via* Jake Powers.)

Ci-dessus : Carentan, à l'intersection des routes d'Auvers et de Sainteny, le 12 juin 1944, en fin de matinée. C'est à cet endroit que la *Easy Co.* entra dans la ville. Sur ce cliché, on voit des ambulances rouler vers le sud, vers le poste de secours établi dans une grange, à une centaine de mètres de là. (*US Army*.)

Ci-contre : Edward J. Tipper (1921). (E. Tipper/Archives du *506th PIR*.)

Ci-dessous : Carentan, à l'intersection des routes d'Auvers et de Sainteny. Le « portail belge », obstruant le passage, a été dégagé. (*US Army*.)

Ci-dessus : C. Carwood Lipton (1920-2001). (*US Army*, archives du *506th PIR.*)

Ci-contre : Carentan, 12 juin 1944, vue sur le Carrefour RN 171 et RN 13, au niveau de la maison Ingouf et du passage à niveaux, en regardant vers le sud. (*US Army.*)

Ci-dessous : paras *US* à Carentan, 12 juin 1944 (*US Army.*)

Carentan, 12 juin 1944, vue sur le carrefour RN 171 et RN 13, au niveau de la maison Ingouf et du passage à niveaux, en regardant vers le sud. *(US Army.)*

Ci-dessus : la gare de Carentan, façade nord.

Ci-contre : rue Holgate, la maison Ingouf a disparu, remplacer par une maison neuve, ansi que le passage à niveau. (E.G.)

Ci-dessous : Carentan, Rue Holgate, vue vers la maison Ingouf : des troupes *US* avancent vers le sud, en direction du front (*US Army*.)

tant ses hommes à avancer sous le feu. Voyant leur chef debout, seul, avec les balles qui ricochent autour de lui, les soldats se lèvent et, d'un seul élan, renouvellent leur attaque et emportent la décision. En s'exposant ainsi, Winters distrait les mitrailleurs allemands et détourne vers lui le tir nourri visant ses hommes. D'ailleurs, nous ne saurons jamais par quel miracle il réussit à survivre à ce geste de témérité, ni pourquoi les Allemands l'ont manqué, mais toujours est-il que son initiative a débloqué la situation et, une fois de plus, permis le succès et, ainsi, sauvé bien des vies.

Une fois la mitrailleuse allemande mise hors d'état de nuire par le *1st Platoon*, les autres sections suivent le mouvement et entrent dans la ville. Méthodiquement, les hommes de la *Easy Co*. s'affairent à « nettoyer » les bâtiments qu'ils rencontrent. La technique est simple : par groupe de deux ou trois hommes, les paras assaillent chaque maison supposée être occupée par l'ennemi. Ils mitraillent les fenêtres, jettent des grenades à l'intérieur, enfoncent la porte et puis fouillent la bâtisse, pièce par pièce, en abattant quiconque revêtu d'un uniforme allemand se trouverait encore, vivant, sur place.

Ce qu'il reste d'Allemands à Carentan ne forme qu'une mince arrière-garde ; cela favorise une rapide victoire américaine. Néanmoins, les paras subissent de lourdes pertes car, avant de succomber sous le nombre et la furie de l'attaque de leur adversaire, les Allemands vendent chèrement leur peau et lui tendent de mortelles embuscades. En outre, ces derniers répliquent avec des tirs de canons et de mortiers, pleuvant sur la ville. Durant

ce pilonnage, plusieurs hommes de la *Easy Co.* sont blessés. Parmi eux : Carwood Lipton et Ed Tipper, deux membres du *3rd Platoon*.

Que leur est-il arrivé ? Lipton est atteint de trois éclats d'obus, alors qu'il se tient au milieu d'une rue en hurlant à ses hommes de chercher (et de trouver !!!) un couvert. Blessé au visage, au poignet et à la cuisse, il est secouru par le *Sergeant* Floyd Talbert qui le rassure quant à son état (Lipton saigne à l'entrejambe) et le porte, sur son dos, jusqu'au poste de secours. Tipper, quant à lui, est plus grièvement touché. Au sortir d'une maison, il est frappé par de multiples éclats qui lui fracturent les jambes et le mutilent au torse ainsi qu'au visage. Tipper, toujours conscient, a l'air plus mort que vif ; il perd beaucoup de sang et la moitié de sa face a été emportée par le métal brûlant. Etourdi par la violence du choc, il tient pourtant encore debout, quelques secondes, son fusil à la main, avant de s'asseoir sur le sol. Ne se rendant pas compte de la gravité de ses blessures et malgré la douleur, il demeure étonnamment calme. Rejoint par Joe Liebgott et Harry Welsh, il refuse d'être évacué, mais le premier parvient à le convaincre de se faire soigner pendant que le second panse, sommairement, ses plaies et lui injecte une dose de morphine. Evacué dans un hôpital anglais, puis rapatrié aux USA, Tipper guérira, mais il devra marcher avec une canne, porter un œil de verre et subir une opération de chirurgie esthétique masquant le fait qu'il est défiguré…

Après la prise du carrefour N 13/N 171, soit l'intersection entre la Rue Holgate et la Route de Saint-Côme, la *Easy Co.* avance jusqu'à la gare, via la voie ferrée, où une farouche résistance allemande l'oblige à appeler du renfort. Il s'ensuit alors un féroce combat contre les défenseurs allemands, retranchés dans l'immeuble de la gare ainsi que ses dépendances.

Après la prise de la gare, **vers 7h30**, une patrouille avancée établit la jonction avec les éléments de tête du *327th GIR*, centre-ville, Place de la République, au sud de l'église ; à cet instant, la ville de Carentan est tombée aux mains de l'armée américaine qui ne peut s'empêcher de se réjouir de sa victoire, mais, toutefois sans négliger de la considérer, à juste titre d'ailleurs, comme « un peu trop facilement acquise ». Mission accomplie, certes, mais, rien qu'au sein de la *Easy Co*, dix hommes ont été blessés, plus ou moins grièvement.

« Bloody Gulch », la *Easy Co.* défend Carentan (13 juin 1944)

Après la prise de Carentan, la *Easy Co.* rejoint le gros de son régiment, sur une ligne défensive établie à environ 2 kilomètres au sud de la ville. Là,

Ci-dessous : Carentan, Rue Holgate, vue vers la maison Ingouf : des troupes *US* avancent vers le sud, en direction du front (*US Army*.)

Ci-contre : Rue Holgate, de nos jours, vue vers le nord. (E.G.)

Un obusier automoteur *M7 « Priest »*, remontant la Rue Holgate, à Carentan, en direction du nord, à hauteur du passage à niveau, le 18 juin 1944 (*US Army*.)

Le même endroit aujourd'hui. (E.G.)

le *2/506th PIR* s'enterre derrière une ligne de futaies, face au dispositif ennemi, situé à 100 mètres en avant de sa position. Le *506th PIR*, au complet, occupe alors un front en arc de cercle, long de 1 500 mètres, entre une voie ferrée, au nord-ouest, et une route où s'établit la jonction avec le *501st PIR* le flanquant sur sa gauche. La *Easy Co.*, quant à elle, se trouve à l'extrême droite du régiment, face au sud-ouest, avec, à sa droite, le chemin de fer et, à sa gauche, la *Fox Co.* dont le commandant se montre assez nerveux et angoissé à l'idée de devoir repousser une éventuelle attaque ennemie.

A couvert tant que le soleil continue de luire, les paras ne peuvent se déplacer plus librement qu'à la faveur de l'obscurité, tout en demeurant en alerte. Néanmoins, harassés de fatigue, la plupart négligent de se balader préférant ne pas quitter leur trou de fusilier (*foxhole*).

En effet, ils ne songent qu'à rencontrer l'occasion de « piquer un roupillon », entre deux tours de garde, espérant que la nuit sera calme. Or, ce sera le cas, exception faite de quelques tirs sporadiques de part et d'autre, échangés entre patrouilles adverses. En revanche, les paras, bien qu'ils se doutent que les Allemands vont réagir, n'imaginent pas à quel point leur réveil sera brutal. En effet, le *SS-Brigadeführer* Werner Ostendorff leur a concocté une bien mauvaise surprise...

Dans les lignes qui vont suivre, nous allons narrer le récit de la bataille qui eut lieu dans la journée du 13 juin. Par souci de clarté, nous prendrons soin d'examiner les faits, tout d'abord, dans leur globalité, d'un point de vue général et, ensuite, en nous concentrant sur le secteur de la *Easy Co.*, en choisissant un point de vue plus particulier.

Au matin du 13 juin, les troupes allemandes tentent de reprendre Carentan et passent à l'offensive. Leur force de frappe, destinée à « écraser » deux régiments de paras américains déjà éprouvés compte les unités suivantes, disposées d'ouest en est :

- *III./FJR. 6.*
- *SS-Panzergrenadier-Regiment 37*, renforcé d'une compagnie de la *SS-Panzer-Abteilung 17* ainsi que d'une section de la *SS-Panzerjäger-Abteilung 17 (8)*.
- *II./FJR. 6.*

D'heures en heures, voici comment se sont déroulés les événements du 13 juin :

5h30 – Début du tir de barrage. Artillerie et mortiers allemands visent avec précision. Ils déclenchent un feu intense et dévastateur sur les positions américaines.

5h45 – Fin de la préparation d'artillerie. L'infanterie et les blindés allemands passent à l'attaque ; le front adverse est rapidement enfoncé.

7h30 – Les premiers rapports remis au *SS-Brigadeführer* Werner Ostendorff lui apprennent que l'avance est soutenue et satisfaisante, en dépit d'une forte résistance américaine. En effet, certains groupes et/ou hommes isolés profitent de la végétation, des fumées ainsi que de la brume matinale pour se dissimuler et tirer dans le dos des soldats allemands. En outre, on signale, également, la présence de snipers ennemis, juchés à la cime des grands arbres.

9h00 – Après une avance d'un kilomètre et demi, le *I./SS.-Pz.-Gren-Reg. 37* et le *III./FJR. 6* sont parvenus à moins de 500 mètres des premières maisons de Carentan. De son côté, le *II./SS.-Pz.-Gren-Reg. 37* piétine ; il n'a avancé que de 500 mètres. Quant au *II./FJR. 6*, celui-ci a atteint Carentan et sa *12. Kompanie* s'est emparée de la gare, repoussant les Américains vers le nord (9). D'autre part, le *Flak-Zug* de la *SS-Pz.-Abt. 17* est appelé en renfort dans le secteur du *II./SS.-Pz.-Gren-Rgt. 37* pour éliminer les poches de résistance ennemies et les snipers à grands coups de « tirs d'extermination », effectués par les canons *Flak* de 2 cm.

9h15 – Alors que la victoire semble se dessiner, le *II./FJR. 6* est stoppé par l'arrivée, inopinée, de troupes ennemies, jusque-là, maintenues en réserve (en fait, le *2/502nd PIR*) ; il réclame le soutien immédiat des *Panzer*.

9h50 – Le *I./SS.-Pz.-Gren-Rgt. 37*, dont des patrouilles ont avancé jusqu'au cœur de Carentan, signale que l'écho du bruit d'une colonne de chars en mouvement résonne au loin.

10h30 – Le *I./SS.-Pz.-Gren-Rgt. 37* fait état d'une contre-attaque ennemie, menée avec des blindés, soutenus par une importante force d'infanterie. En outre, des tirs d'artillerie commencent à pleuvoir sur les positions allemandes.

10h45 – Le *I./SS.-Pz.-Gren-Rgt. 37*, sous la pression adverse qu'il ne peut contenir et « matraqué » par l'artillerie, se voit contraint à battre en retraite, hors de la ville, bientôt suivi par les autres unités allemandes qui se sont aventurées dans Carentan.

14h00 – Toutes les troupes allemandes signalent que la contre-attaque américaine est, maintenant, généralisée et que les chars ennemis engagent les *Panzer*, en nette infériorité numérique.

16h00 – Les Allemands abandonnent la partie et tout espoir de reprendre Carentan. Talonnés par l'ennemi, ils se replient sur une nouvelle ligne de défense, à 5 kilomètres au sud de la ville. Pour eux, la bataille est perdue !

<u>Dans le secteur de la *Easy Company* :</u>

A **5h30**, un violent tir de barrage s'abat sur les positions de la *Easy Co.* ; Dick Winters, son commandant, courant d'un trou à l'autre et imité par ses chefs de section, ordonne à ses hommes de se tenir à couvert et de se préparer à repousser l'assaut allemand qui apparaît, désormais, comme imminent.

Un quart d'heure plus tard, une violente fusillade, à laquelle se mêlent tirs de mortiers et rafales de mitrailleuses, éclate, prenant pour cible les paras de la *Easy Co*, solidement retranchés derrière leur haie. Immédiatement, ceux-ci répliquent. L'échange de feu durera environ trois quarts d'heure, avant que les troupes allemandes ne passent, directement, à l'attaque, chargeant baïonnette au canon. Débute alors un affrontement, demeuré à la fois

Carentan : des *GI's* de la *101st Airborne,* devant la maison Ingouf, au volant d'un véhicule allemand de prise, vers le 15 juin 1944. (*US Army*.)

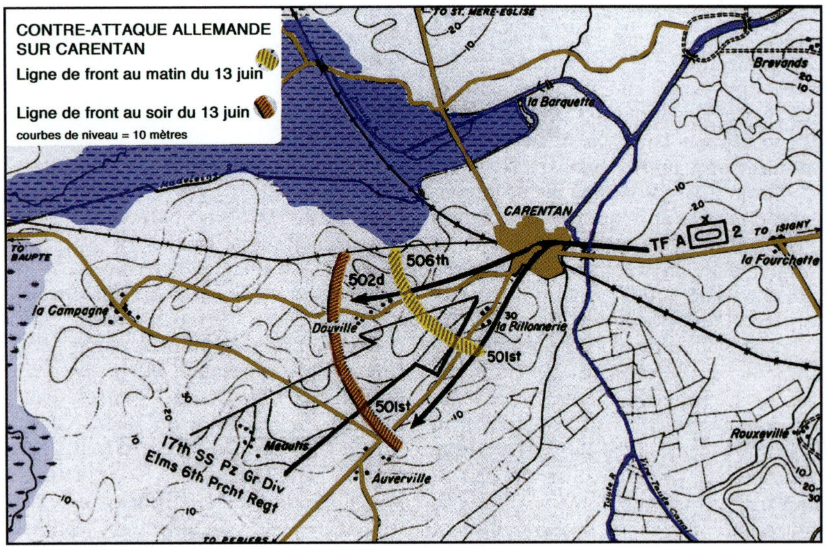

La contre attaque allemande sur Carentan, le 13 juin 1944. (*US Army*.)

célèbre et méconnu, que les Américains nomment « *Battle of Bloody Gulch* » (la « Bataille du ravin sanglant »)...

Forrest Guth (*3rd Platoon*) nous raconte : « *Dans l'après-midi du 12 juin, nous avons quitté Carentan, conquise dans la matinée, et marché sur une distance d'environ deux kilomètres, sans rencontrer de résistance. Une fois le contact établi avec l'ennemi, notre chef de compagnie nous a ordonné de nous placer en défensive, au sud du chemin de fer. Réunis autour d'une mitrailleuse de calibre .30, Wayne Sisk, John Eubanks, Francis Mellett, Walter Gordon et moi-même, occupons un avant-poste au devant de nos lignes, soit une tranchée jouxtant le talus de la voie ferrée. Là, Gordon se montre fort nerveux et agité ; il n'a de cesse de maugréer à propos du fait que nous sommes isolés et bien exposés dans cette maudite position. Il n'a pas tort et je partage son sentiment. C'est pourquoi, en début de soirée, quand le Sgt. Floyd Talbert viendra nous chercher pour nous ramener sur la ligne principale, auprès de nos camarades, nous nous sentons soulagés.*

La nuit est fraîche et humide, mais, même en dépit du climat hostile, de la tension qui règne, notamment à cause du fait que nous redoutons de subir le choc d'une contre-attaque ennemie, nous parvenons, tout de même, à dormir un peu. A l'aube, nous sommes réveillés par le feu de l'artillerie et des mortiers allemands ; Fallschirmjäger et Waffen-SS passent à l'offensive. Les premiers sont de rudes gaillards, des adversaires redoutables. Quant aux seconds, ils vivent là leur baptême du feu, mais leur assaut a du mordant et ils nous donneront du fil à retordre. Terré dans mon trou, je m'agrippe à mon arme et ouvre le feu sur les soldats ennemis qui se précipitent vers nous... » (10)

Face à la furie de l'assaut ennemi, la *Easy Co.* encaisse le choc et tient bon, rendant coup pour coup. Malheureusement pour elle, son flanc gauche, la *Fox Co.*, terriblement malmenée, cède du terrain avant de reculer, brusquement, lors d'une véritable débandade, suite à l'ordre de « sauve qui peut » donné par son commandant, le *Captain* Thomas P. Mulvey (celui-ci sera relevé de son poste, sur le champ, par ses supérieurs et devra répondre de ses actes devant la cour martiale).

La déroute de la *Fox Co.* aura pour conséquence grave de dégarnir totalement le flanc gauche de la *Easy Co.* ainsi que le flanc droit de la *Dog. Co.*, créant ainsi une ouverture béante entre ces deux compagnies. Bien entendu, les Allemands n'hésitent pas à s'engouffrer dans la brèche et par là, comme par d'autres axes de percée établis tout le long du front adverse, à infiltrer, en profondeur, le dispositif défensif américain qui chancelle et s'effondre (11) . Face à cette situation, menacée sur son flanc droit, la *Dog. Co.* rejoint la *Fox. Co.* dans son mouvement de repli, mais cette fois, en bon ordre, et recule de quelques centaines de mètres. Par contre, la *Easy Co.* demeure sur place et le *1st Lt.* Winters décide de continuer la lutte, bien qu'isolé, en formant un « hérisson », soit un périmètre infranchissable, une poche de résistance s'adossant, au nord, contre le remblai de la voie ferrée.

En première ligne, conscients de la gravité de la situation délicate, voire désespérée, dans laquelle ils se trouvent coincés, les paras font preuve d'un courage inouï et repoussent, l'une après l'autre, toutes les tentatives allemandes de les éliminer. Plus d'une fois, le contact entre les belligérants des deux camps se révèle si étroit qu'on se regarde dans les yeux et qu'on se bat au corps à corps. D'autre part, les servants de mitrailleuses jouent un rôle essentiel dans la défense du périmètre, à l'instar de Walter Gordon qui tire à tout va, sans s'arrêter.

Son arme pointée sur l'ennemi, Gordon brûle des centaines de cartouches, vide bandes après

Des StuG de la *17. SS Pz.-Gren.-Div. GVB* avancent dans le bocage normand, prêts à enfoncer les lignes ennemies. (NARA)

bandes ; les douilles de cuivre brûlantes s'amoncellent tout autour de sa « machine à coudre » dont le canon, chauffé au rouge, grésille de manière inquiétante. Concentré sur sa tâche, sur taux d'adrénaline au plus haut, Gordon ignore même l'explosion des obus de mortier qui l'encadrent et ce même au moment où deux éclats acérés, fendant l'air en sifflant, le mutilent à l'épaule et à la jambe. Le même obus atteint Rod Strohl qui se tient au côté de Gordon, mais tous les deux continuent à tirer et à faucher les assaillants présents dans leur ligne de mire.

L'attitude brave de Gordon et de Strohl ne constitue pas un acte d'héroïsme isolé ; durant ce combat, on en compte bien d'autres tel que, par exemple, la destruction d'un *Panzer* par Harry Welsh, chef du *1st Platoon*, et le soldat John Mac Grath.

Alors que la bataille fait rage, Welsh repère un *StuG IV*, escorté par une vingtaine de fantassins *SS* qui tente de franchir une haie, là où se trouvait, précédemment, la *Fox. Co.*, avant qu'elle ne détale. Immédiatement, il ordonne à John Mac Grath (12) de se saisir de son bazooka et de l'accompagner au centre du pré, face à la haie. Couverts par le tir des mitrailleurs de leur section éloignant l'escorte du *Panzer*, les deux hommes s'agenouillent et, totalement exposés, tirent sur le blindé, visant au jugé, à travers la haie. Dans un bruit strident, la roquette fuse, mais, hélas, elle ricoche sur le blindage de la casemate du *StuG*, dont le tireur réplique par un coup de canon. Heureusement pour les deux paras, ce dernier manque sa cible. Comme le *StuG* été stoppé par le taillis, le pilote a enclenché la marche arrière. Prenant du recul et de l'élan, il repart, ensuite, vers l'avant, moteur hurlant. Cette fois, le *Panzer* enfonce la haie et l'écrase sous ses chenilles. A ce moment, en pleine ascension, il expose son « ventre mou » (le plancher de sa caisse, faiblement blindé) à la vue de l'ennemi qui profite de sa périlleuse escalade pour y loger une seconde roquette. Résultat : le *StuG* explose et s'embrase. Welsh et Mac Grath, dont l'exploit est salué par des hourrahs de la part de leurs compagnons d'armes, se replient, en toute hâte, et retrouvent la toute relative « sécurité » du périmètre établi par leur compagnie…

Entre-temps, les officiers de l'état-major du *2/506th PIR* sont parvenus à rallier leurs troupes et à renvoyer les fuyards des *Dog* et *Fox Co.* sur le front, rétablir la ligne de défense et secourir la *Easy Co.* qui, encerclée, combat seule depuis plusieurs heures et a manqué, de peu, d'être, complètement, anéantie.

Certes, à cet instant, les Allemands ont conquis le terrain sur les arrières du bataillon et avancé jusqu'au cœur de Carentan (*cf. supra*), mais le *2/506th PIR* réussit là à interdire toute nouvelle tentative d'intrusion en maintenant ses positions et en repoussant les assauts répétés des Allemands, durant le reste de l'après-midi.

A partir de 14h, les Allemands sont chassés de Carentan ; ils entament leur retraite. Renforcés par le *2/502nd PIR* qui reconquiert la *Hill 30*, mais aussi par une *Task Force* du *Combat Command A* de la *2nd Armored Division* (60 chars *Shermans* du *2/66th Armored Regiment*, un bataillon d'infanterie mécanisée, le *3/41st Armored Infantry Regiment*, et une unité d'obusiers de 105 mm, le *14th Armored Field Artillery Battalion*) et par le *175th Infantry Regiment* (*29th Infantry Division*), en provenance directe d'*Omaha Beach*, via Isigny, les *501st* et *506th PIR* lancent une contre offensive décisive les amenant, en fin de journée, à reprendre la totalité du terrain perdu et à rejeter les Allemands à cinq kilomètres au sud de Carentan.

Vers 16h30, alors que la bataille perd en intensité et touche à sa fin, la *Easy Co.* est assaillie, une dernière fois, de face et par le nord, au-delà du chemin de fer, par les Allemands qui tentent là une ultime percée. Leur attaque tourne vite au désastre, car Dick Winters fait appel à ses tireurs d'élite, postés au sommet du remblai de la voie ferrée, ainsi qu'à ses mortiers pour les frapper alors qu'ils se trouvent à découvert. En outre, l'arrivée de la « cavalerie », quelques *Shermans* et des fantassins du *175th Infantry Regiment*, achève de démoraliser l'adversaire qui prend la fuite à toute jambe, sous le feu des mitrailleuses et des canons des blindés américains.

Walter S. « Smokey » Gordon Jr., mitrailleur dans la *Easy Co.*, posant avec son arme, sourire aux lèvres. (*US Army*, archives du *506th PIR.*)

Walter Gordon et sa mitrailleuse Browning M1919A4 calibre .30 (photo prise à Camp Toccoa, à l'automne 1942). (US Army/ Archives du 506th PIR.)

Carl Fenstermaker, Rod Strohl, Forrest Guth et Amos Taylor. (F. Guth/ Archives du *506th PIR.*)

Une fois relevée, la *Easy Co.* est expédiée, au repos, à Carentan. En attendant l'arrivée du *502nd PIR*, le *175th IR* occupe, provisoirement, les positions du *506th PIR*, tenu en réserve de la division, **à partir de 23 heures**. Durant cette nuit-là, les paras qui viennent de vivre une dure journée et de survivre à une rude bataille logent chez l'habitant, profitant de cet accueil salutaire pour prendre un repas chaud et jouir des bienfaits réparateurs d'une bonne nuit de sommeil.

Le lendemain, **14 juin**, les hommes apprennent que le *Colonel* Sink leur accorde quartier libre jusqu'au soir. Ces moments de détentes sont accueillis avec gratitude et soulagement par les soldats de la *Easy Co.* qui saisissent là l'occasion d'aller à la rencontre de la population civile pendant que leurs officiers rédigent leur rapport à propos des actions des 12 et 13 juin, sans négliger non plus d'établir l'inventaire du matériel disponible ainsi que l'état des effectifs (9 hommes ont été mis hors de combat la veille).

Le **15 juin**, commandée par Harry Welsh et sans Dick Winters qui a décidé de s'octroyer cinq jours de repos pour faire le point (13) et guérir de sa blessure du 12 juin (lors de la prise de Carentan, il a reçu un éclat de balle dans la jambe, une blessure légère, sans fracture, mais qui devait cicatriser), la *Easy Co.* retourne au front, renforcer la ligne de défense de la division, dans le secteur de Méautis. Devant elle, de l'autre côté du no man's land, elle retrouve ses éternels adversaires de la Bataille de Normandie : les *Waffen-SS* de la *GvB* et les « Diables Verts » du *FJR. 6.*

Guerre de position dans le bocage (15-29 juin 1944)

Le 14 juin, avec la prise de Carentan, la jonction entre les têtes de ponts constituées à partir des débarquements à *Utah* et *Omaha Beaches* devient une réalité concrète. Dans le secteur de la *101st Airborne Division*, tous les régiments poussent vers l'avant, afin d'élargir la portion de terrain conquis et de fixer, solidement, la ligne de front. C'est ainsi que le *502nd PIR* entre en contact avec la *82nd Airborne Division*, à Baupte, que les *501st* et *506th PIR* avancent vers le sud, de part et d'autre de la route nationale reliant Carentan à Périers (14) , et que le *327th GIR*, à l'est, établit la jonction avec la *29th Infantry Division*.

Entre le 15 et le 29 juin, la *Easy Co.* demeure statique et mène une guerre de position dans le bocage. Même si la principale activité des antagonistes se limite à tenir la ligne, à observer l'adversaire, cela ne signifie pas qu'il s'agit là d'un secteur calme. En effet, la présence permanente des snipers ennemis, oeuvrant de l'aube au crépuscule, ainsi que des tirs d'artillerie, induit un danger incessant qui mine le moral des hommes.

A cette tension, s'ajoute le devoir, honni par la troupe, de se voir obligé, comme volontaire ou non, de participer, à tour de rôle, aux fréquentes patrouilles de reconnaissance en territoire ennemi, exigées par l'état-major du bataillon.

Un beau matin, Dick Winters envoie le *Sgt.* Guarnere prendre ses ordres auprès du *1st Lt.* Nixon, *S-2* du *2/506th PIR*. Lors d'un rapide briefing, Nixon montre une carte à Guarnere et lui explique que à un kilomètre au devant des positions de la *Easy Co.* se trouve une grosse ferme suspectée d'abriter un poste de commandement allemand. La carte étant précise, l'officier indique au jeune sergent l'itinéraire à suivre, à l'abri d'une série de rangées de haies et lui ordonne de venir rendre compte de ce qu'il a découvert, une fois de retour de patrouille.

Guarnere choisit cinq hommes, dont Albert Blithe et Joseph Lesniewski, et se met en route. Rapidement, le groupe traverse le no man's land et, sans se faire repérer, usant de la couverture de la végétation, s'enfonce en territoire ennemi, avançant jusqu'à leur objectif, la ferme désignée par Nixon. C'est à cet instant qu'un coup de feu claque et que l'éclaireur de tête, le soldat Blithe, s'écroule, grièvement atteint d'une balle dans la gorge. Emmenant le blessé, pris cette fois sous le tir d'une mitrailleuse, les autres paras s'enfuient en courant vers leurs lignes...

Outre la collecte de renseignements, la mission des patrouilles de reconnaissance est aussi de « tester » la capacité de réaction et de résistance de l'adversaire. Cette dangereuse estimation, Don Malarkey devait s'y risquer lors d'une autre patrouille, le lendemain de la mission menée par Bill Guarnere.

Ce jour-là, Malarkey, parti en patrouille, accompagné des soldats John Sheehy et Rod Bain, s'avance, prudemment vers une haie suspectée de masquer un avant-poste ennemi. Marchant sur une branche morte jonchant le sol, Malarkey la brise de son pas lourd et celle-ci émet un craquement sec, résonnant.

Tout à coup, un soldat allemand apparaît derrière le taillis, l'arme au poing. Plus prompt à réagir que Malarkey, surpris, Sheehy mitraille l'homme à bout portant, sauvant ainsi la vie de son camarade. Voyant accourir d'autres Allemands, alertés par la pétarade de la rafale tirée par Sheehy, le groupe de paras prend la poudre d'escampette, sans demander son reste. Revenus dans leurs lignes, essoufflés et le cœur battant, tous concluront de cet incident que de « partir en patrouille semble être le meilleur moyen de se faire plomber le cul ! » (*dixit* Rod Bain).

Un autre jour, vers le **20 juin**, voyant graviter et paître autour d'eux de bonnes grosses et paisibles vaches normandes, deux hommes du *1st Platoon*, Woodrow Robbins et William Howell, se risquent hors de leur trou pour ramper jusqu'à l'une d'elles et l'abattre. Ayant dépecé l'infortuné bovidé, tous deux découpent, dans sa chair, d'énormes quartiers de viande rouge afin de remplacer par du steak le contenu de leurs rations de combat, du moins pendant quelques jours. C'est ainsi que le *1st Platoon* organise un grand barbecue, chacun grillant sa « bidoche » sur un petit feu allumé au fond de son trou. Malheureusement, le festin ne pourra se répéter car, les jours suivants, la réserve de viande de Robbins et Howell sera gâchée par la moisissure ainsi que par les éclats d'obus qui la crible, durant les duels d'artillerie !

Le **23 juin**, toujours dans le secteur du *1st Platoon*, le soldat Burton Christenson est pris pour cible par un sniper qui le manque de peu. Fou de rage, ce dernier et Robbins, empoignent leur mitrailleuse et répliquent en arrosant le bouquet d'arbres d'où sont partis les coups de feu. Immédiatement après, un déluge d'obus de mortier s'abat sur la position des paras. Surpris à découvert, Howell, un fort gaillard, grand et bien bâti, se jette dans le trou de Christenson et de Robbins, les aplatissant et les étouffant de sa masse.

Ceci dit, vu que les projectiles ennemis éclatent tout prêt et en rafales successives, que l'odeur de la poudre se fait cruellement sentir, aucun des deux hommes coincés dans le trou par le plongeon précipité de Howell et en train de suffoquer ne pensera à autre chose, à cet instant, que sa survie...

Le **27 juin**, la *83rd Infantry Division* (15) arrive dans le secteur de Carentan. Deux jours plus tard, elle relève la *101st Airborne Division* ; des fantassins frais remplacent une horde de paras crasseux, hirsutes et mal rasés, épuisés, les traits burinés par les trois semaines de leur présence en première ligne et l'intensité des affrontements.

Renvoyée à l'arrière, la *Easy Co.*, est cantonnée dans un camp de base, au nord de *Utah Beach*, à partir du **29 juin**. Là-bas, le confort règne. Les hommes retrouvent la joie de dormir dans un lit, de se doucher et de se raser, de manger chaud et varié ainsi que d'écouter la radio aux armées et même, de temps à autre, durant un moment de détente entre deux séances d'exercices et/ou de revue, de se rendre au cinéma local voir un film.

Le **10 juillet**, toute la compagnie est rassemblée à *Utah Beach* où, le lendemain matin, elle embarque sur le navire qui doit la ramener en Angleterre. Débarquée à Southampton, au soir du **12**, elle est convoyée, en train, jusqu'à Aldbourne, dans l'après-midi du **13**. D'une certaine manière, les paras se sentent « de retour au bercail », heureux d'avoir survécu. De même, les civils anglais, eux aussi, se réjouissent et les accueillent en héros. En revanche, la réalité de la guerre, gravement exprimée par le haut taux de pertes, se rappelle vite au bon souvenir de tous. En effet, après la Campagne de Normandie (y compris la Bataille de Carentan), la *Easy Co.* ne compte plus que 74 soldats, sous-officiers et officiers en état de combattre ; ce qui signifie que celle-ci, à l'instar de son régiment (16) , a subi un taux de 50% de pertes, dont 22 tués au combat ! Par contre, pas un seul membre de l'unité n'a été fait prisonnier (la seule note positive d'un triste bilan).

John Mac Grath (1920-2012), posant devant des armes allemandes capturées, Normandie, juin 1944. (*US Army*/Archives du *506th PIR.*)

Ci-dessus : Harry F. Welsh. (*US Army*/Archives du *506th PIR.*)

William J. « Wild Bill » Guarnere (1923-2014), au premier plan et en médaillon, photographié à *Camp Toccoa*, en compagnie de James L. Diel. (W. Guarnere/Archives du *506th PIR.*)

Ci-dessus : l'un des nombreux « prés carrés » (champ clos), présent au cœur du secteur de « *Bloody Gulch* » (une photographie de Mark Bando, prise en 2005).

Ci-contre et ci-dessous : la ravine identifiée par M. Frank Feuardent, châtelain du Manoir de Donville et directeur/conservateur du Musée de la Bataille de Donville/Mémorial de Bloody Gulch, comme étant le lieu précis surnommé « *Bloody Gulch* » par les vétérans américains. (Frank Feuardent)

En bas : vue du terrain, au sud/sud-ouest de Carentan, théâtre des sanglants combats du 13 juin 1944. Derrière la ligne de crête, couverte de broussaille et visible à l'arrière plan, se trouve une dépression, descendant, en pente douce, vers le vallon abritant la chapelle de Donville, en plein cœur du secteur de « *Bloody Gulch* ». (M. Longue)

A gauche : la plaque commémorative de la Bataille de Donville. Cet écriteau se trouve juste à l'entrée de la propriété de M. Frank Feuardent, châtelain du Manoir de Donville. (M. Longue)

Ci-contre : la chapelle de Donville, en juillet 2014. (M. Longue)

13 juin 1944 – Au sud/sud-ouest de Carentan l'attaque allemande « pulvérise » le front américain !

Sur le front du *2/506th PIR* :

• *Easy Co. :* Combat, encerclée dans une poche, au sud du remblai de chemin de fer, jusqu'à l'arrivée des renforts. Ensuite, elle participe, brièvement, à la contre-attaque vers le sud/sud-ouest, en direction du pont de chemin de fer et du Manoir de Donville...

• *Fox Co. :* Balayée par la fougue de l'assaut ennemi, dont l'infanterie jouit de l'appui de blindés, elle se débande et recule jusque *Hill 30*, laissant les Allemands avancer jusque Carentan...

• *Dog Co. :* Menacée sur son flanc nord, à sa droite, par l'écroulement du front tenu par la *Fox Co.*, en pleine fuite, elle se retire, en combattant (repli organisé), vers le PC du *Colonel* Sink *(HQ 506th)*, avant de repartir vers l'avant, dans une contre attaque qui l'amène au coeur du secteur de *« Bloody Gulch »*...

(Photo Geoportail, années 60.)

« Bloody Gulch » (« Ravin Sanglant »)

Le secteur du champ de bataille baptisé *« Bloody Gulch »* par les GI's est délimité par la voie ferrée, au nord, la route, au sud, le front américain au soir du 12 juin/matin du 13 juin, à l'est, et, enfin, par la chapelle de Donville, à côté du manoir, à l'ouest. Cette zone (+- 1,5 km x 1,2 km = 1,8 km2) est le théâtre de combats acharnés, les 13, 14 et 15 juin1944, dans lesquels sont impliqués les *1/506th PIR* et *2/506th PIR* ainsi que des éléments du *502th PIR*...

L'endroit tient son nom du fait que le front américain, est situé sur une ligne de crêtes derrière lesquelles, se trouve une série de petites dépressions, soit des « vallons » ou « ravines », tapis dans les broussailles de ce paysage agreste.

(Photo Geoportail, années 60.)

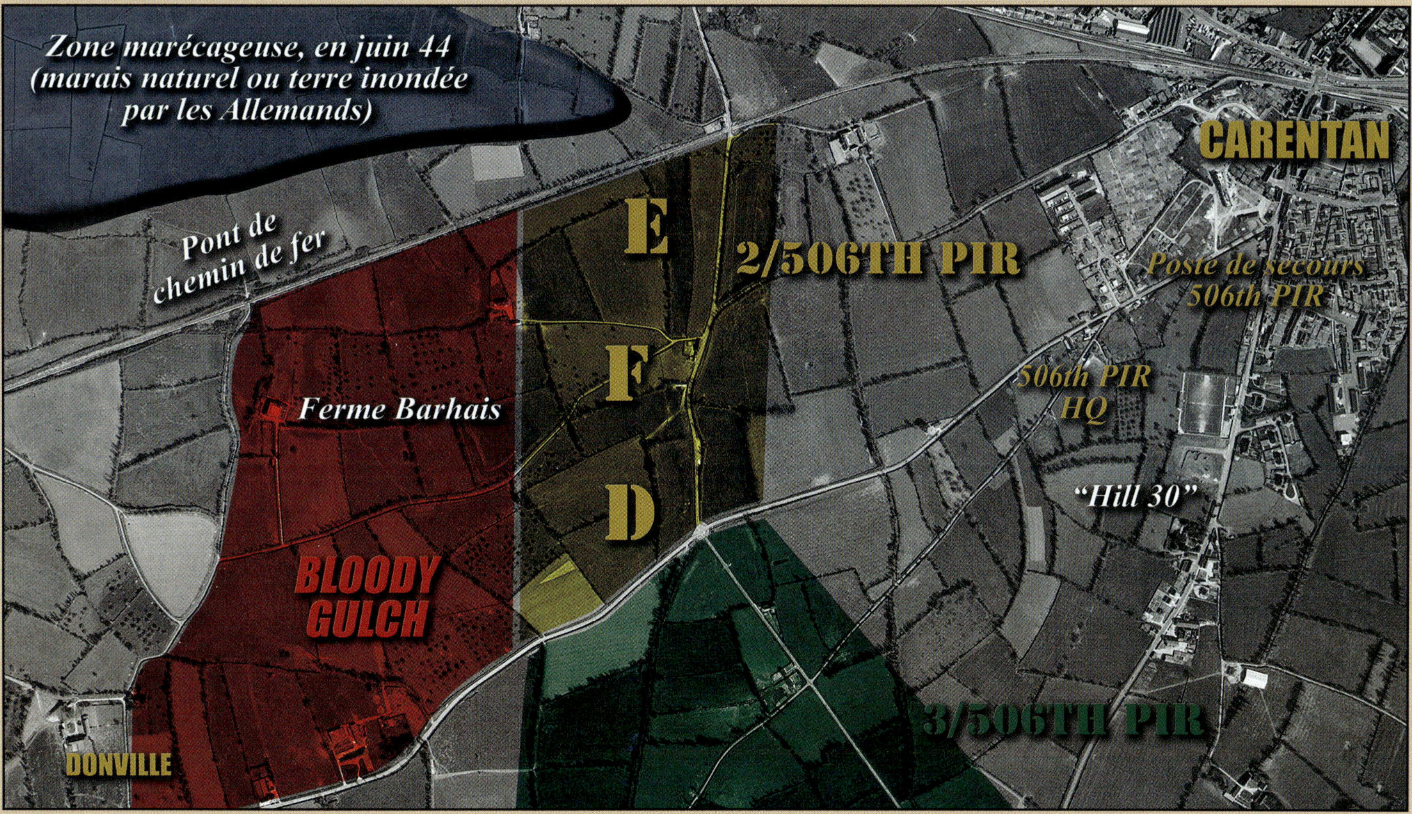

Carentan : des *GI's* de la *101st Airborne,* Place de la République, vers le 15 juin 1944 (*US Army*.) et le monument aux morts des deux guerres mondiales aujourd'hui. (E.G.)

Roderick G. Bain (1922-2014) (R. Bain/Archives du 506th PIR).

Burton P. Christenson (1922-1998). (B. Christenson/Archives du *506th PIR.*)

Ci-dessus : Joseph A. Lesniewski (1920-2012). (J. Lesniewski/Archives du *506th PIR.*)

Ci-contre : Albert Blithe (1923-1967). (A. Blithe/ Archives du *506th PIR.*)

Ci-dessous : côté sud de la place. Un des obus allemands a frappé une maison, la seule détruite sur cette place. C'est actuellement la Maison de la Presse. (*US Army*.)

Carentan, fin juin 1944 : des civils normands acclament les occupants d'une jeep. (*US Army*.)

Une photo de groupe représentant des membres du *1st Platoon* de la *Easy Co.*, prise au printemps 1945. Au deuxième rang, tout à fait à gauche, on reconnaît Burton « Pat » Christenson (1922-1998). Au premier rang : Woodrow W. Robbins (1916-1996), troisième en partant de la gauche, entre Joe Liebgott et Frank Perconte (B. Christenson/Archives du 506th PIR).

Walter S. « Smokey » Gordon (1920-1997), Wayne A. « Skinny » Sisk (1922-1999), Floyd M. Talbert (1923-1982) et Roderick G. Strohl (1922). (*US Army*, archives du *506th PIR*.)

Forrest L. Guth. (F. Guth.)

Ci-dessus : « *Attention, Panzer en approche !* » - Deux paras chargent leur bazooka, braqué vers la menace que représente l'avance d'un blindé ennemi. (Reconstitution.)

Ci-contre : une épave de la guerre : un *StuG IV*, détruit, abandonné le long d'une route normande. (*US Army*.)

Ci-dessous : un *StuG* de la *GvB*, détruit en tentant de traverser une haie, durant la Bataille du « *Bloody Gulch* ». (*US Army*/Archives du *506th PIR*.)

Après la Bataille du « *Bloody Gulch* », un *GI* pose, fièrement, devant un *StuG IV* de la *1. Kompanie* de la *SS Panzer-Abteilung 17*, abandonné sur le terrain. Notons que l'engin, à première vue, semble intact. (*US Army*.)

Notes :

(1) Bernage Georges, *Objectif : Carentan (6-15 juin 1944)*, *39/45 Magazine*, hors série « Normandie 44 », n°3, Editions Heimdal, Bayeux, décembre 2010.

(2) Il s'agit ici du fameux épisode des combats de « *Purple Heart Lane* » (10 juin) et de la « *Cole's charge* » (11 juin), moult fois dépeints par la foule d'ouvrages constituant l'abondante littérature sur la question.

(3) La *Hill 30* (Colline 30) n'est pas ce qu'on pourrait appeler, à proprement parler, une « colline », mais plutôt un tertre s'élevant en pente douce jusqu'à 30 mètres au dessus du niveau de la mer (ses environs proches, quant à eux, culminent « seulement » à 15-20 mètres), situé à proximité immédiate du site du hameau de La Billonnerie. Occuper cette position, pour un camp comme pour l'autre, s'était s'assurer de posséder là un bon poste d'observation sur la région ainsi que de contrôler la route menant de Carentan à Périers.

(4) Durant la Bataille de Vierville, le *1/506th PIR* a subi de lourdes pertes, dont son commandant, William Turner (né en 1916), tué par le tir d'un sniper qui lui loge une balle en pleine tête, en fin de matinée, le 7 juin 1944. Après Robert Wolverton, Turner est le second chef de bataillon du *506th PIR* à tomber au combat, moins de douze heures après son arrivée en Normandie.

(5) L'aplomb et l'allant que les *Fallschirmjäger* manifestèrent dans le feu de l'action, tempéra la fougue de leur adversaire et força son respect, voire son admiration. Sans nul doute, ces derniers méritèrent leur surnom de « Lions de Carentan ».

(6) Certes, le *Major* von der Heydte n'avait fait que reculer, au cours de la série de combats retardateurs, mais, bien entendu, cela faisait partie de son plan car il n'avait jamais eu l'intention d'adopter une défense fixe au sein d'un dispositif rigide. La « correction » infligée aux Américains tenait dans le fait que ceux-ci subirent des pertes anormalement élevées, d'une part, piégés par les embuscades allemandes, d'autre part, car, dans de trop nombreux cas, ils s'exposèrent, inutilement, dans des assauts frontaux, usant de la force brute, plutôt que de la finesse, en négligeant d'opter pour de savantes manœuvres d'encerclement, au profit d'attaques directes. De fait, en dépit de l'abandon du terrain à l'adversaire, du point de vue allemand, l'issue de la bataille s'apparentait, somme toute, à une victoire.

(7) Le plan américain était d'encercler Carentan par une habile manœuvre de contournement et de réduire à néant les défenses allemandes par un assaut concentrique. De fait, couvert, sur ses arrières, par le reste du régiment, le *2/506th PIR* attaqua par le sud-ouest, en direction du nord-est et du centre-ville.

(8) Certaines sources mentionnent seulement une section de *Sturmgeschützen* et non une compagnie entière. Quant à la section antichar engagée dans la bataille, sa présence est confirmée par les photos d'époque et cette unité était bel et bien motorisée puisqu'elle était équipée de *Panzerjäger* de type *Marder* (en effet, la *SS-Pz.-Jgr.-Abt. 17* comptait, dans les rangs de sa *3. Kompanie*, douze *Marder*).

(9) L'analyse détaillée de la bataille nous révèle que, sur les flancs de l'attaque allemande, les *Fallschirmjäger* ont avancé plus vite et plus loin que les *Waffen-SS*. L'explication est simple : ceux-ci étaient mieux encadrés, plus aguerris et connaissaient mieux le terrain que les *SS* qui, néanmoins, se sont bien battus. En effet, malgré leur inexpérience, les jeunes recrues de la *GvB* (18-19 ans, en moyenne) ont affiché une motivation et une combativité qualifiée de « correcte » par l'état-major divisionnaire.

(10) Guth Forrest, lettre à l'auteur, automne 2004.

(11) Dans ce combat, c'est le *506th PIR* qui a encaissé le choc principal et s'est laissé débordé. Toutefois, le *501st PIR* a fini, lui aussi, par céder du terrain. Le régiment n'a pas pu empêcher l'ennemi de franchir ses lignes et de s'infiltrer sur ses arrières et ce au point que ce dernier réussit même à atteindre Carentan.

(12) John Mac Grath (1920-2012) : Fantassin originaire du New Jersey, il se porta volontaire pour les paras et rejoignit la *Easy Co.*, à *Fort Bragg*, en 1943. Récipiendaire de la *Silver Star*, suite à plusieurs actions d'éclat.

(13) Tant au point de vue personnel que professionnel (militaire, donc), Dick Winters nota, dans les conclusions de son rapport que, face à ennemi coriace et dans des situations difficiles, la qualité de l'entraînement et de l'encadrement ainsi que la discipline dont firent preuve les hommes (sans parler de leur courage) se révélèrent payantes et permirent ainsi la victoire. Par contre, il déplora la grande confusion qui régna tout au long de la journée du 13 juin, tout comme les bavures (principalement des tirs fratricides, surtout de la part des blindés amis) survenues ce jour-là.

(14) Le 14 juin, en fin de matinée, des éléments des *501st* et *506th PIR* se heurtent violemment au *II./SS-Pz.-Gren.-Reg. 37* près des lieux-dits/hameaux de la Croix Picard et de la Sadoterie, le long de la route Carentan-Périers. Après cet affrontement, qui clôt la Bataille de Carentan, le front se stabilise sur la ligne Auvers, Méautis, Saint-André-de-Bohon.

(15) Cette division ne tarda pas à passer à l'offensive : le 4 juillet, elle engage le combat avec pour objectif la prise de la ville de Sainteny.

(16) En Normandie, le *506th PIR* enregistra la perte de 983 hommes (231 morts, 183 prisonniers et disparus, 569 blessés).

Easy Company, 2/506th PIR, TO&E, 1er Juin 1944

Co. HQ and HQ Section

CO : 1st Lt. Thomas Meehan

XO : 1st Lt. Patrick J. Sweeney

Co. 1st Sgt : 1st Sgt William S. Evans

1st Platoon

CO : 1st Lt. Richard D.Winters

XO : 2nd Lt. Harry F. Welsh

Platoon Sgt. : S/Sgt. Leo D. Boyle

Squad leaders : Sgt. John W. Martin (*1st Squad*), Robert J. Rader (*3rd Squad*) et *Sgt.* Robert T. Smith (*2nd Squad*).

2nd Platoon

CO : 1st Lt. Warren R. Roush

XO : 2nd Lt. Lynn D. Compton

Platoon Sgt. : S/Sgt. James L. Diel

Squad leaders : Sgt. Bernard S. Cunningham, *Sgt.* Charles E. Grant et *Sgt.* William J. Guarnere (*3rd Squad*).

3rd Platoon

CO : 1st Lt. Raymond G. Schmitz

XO : 2nd Lt. Robert L. Mathews

Platoon Sgt. : S/Sgt. Clifford C. Lipton

Squad leaders : Sgt Floyd M. Talbert, *Sgt.* Amos J. Taylor (*3rd Squad*), *Sgt.* Clarence M. Tridle

Effectif de la compagnie au 1er juin 1944 : 144 hommes (8 officiers, 136 sous-officiers et soldats), répartis en une section de commandement (18 hommes) et trois sections (pelotons) de fusiliers de 42 hommes. Toutefois, seulement 139 hommes de la compagnie embarqueront, au soir du 5 juin, dans les avions en partance pour la Normandie. En effet, parmi les « absents », on compte, notamment, le *1st Lt.* Raymond G. Schmitz, blessé, accidentellement, lors d'une rixe avec Dick Winters, le *1st Lt.* Patrick J. Sweeney, muté à une autre unité, ainsi que le *Cpl.* Richard M. Wright et le *Pfc.* Carl L. Fenstermaker, tous deux membres du *3rd Platoon*, volontaires pour les *Pathfinders* et donc, de fait, transférés dans ce groupe, chargé de baliser les zones d'atterrissage des paras. Comme nous l'avons vu, seuls 139 membres de la *Easy Co.* participent, activement, à la Bataille de Normandie durant laquelle l'unité perdra 65 hommes, dont 43 blessés et 22 tués au combat Parmi les morts : les 17 hommes de la section de commandement de la compagnie ; aucun n'a survécu au crash de l'avion qui les transportait, abattu par la *Flak*, dans la nuit du 5 au 6 juin.

Dick Winters, s'étant brillamment illustré par son héroïsme et la qualité de son commandement, durant la Bataille de Normandie, fut décoré de la *Distinguished Service Cross* et promu *Captain*, en juillet 1944. (R. Winters/Archives du 506th PIR.)

Liste des 22 tués de la Easy Company en Normandie

Crash du *C47* n°42-93095, *Stick 66* (6 juin 1944, 1h12'), suivant le *« drop order »* :

1st Lt. Thomas Meehan

1st Sgt. William S. Evans

S/Sgt. Murray B. Roberts

Sgt. Elmer L. Murray

Sgt. Richard E. Owen

Sgt. Carl N. Riggs

TEC 5 Herman F. Colllins

TEC 5 Ralph H. Wimer

PFC Sergio G. Moya

PFC Gerald R. Snider

PVT Georges L. Elliott

PFC William T. Mac Conigal

PFC John N. Miller

PVT Ernest L. Oats

PFC Elmer L. Telstad

PFC Thomas W. Warren

TEC 5 Jerry A. Wentzel

Tués au combat, au sol, après le saut, par ordre alphabétique :

PVT Robert J. Bloser (7 juin)

PVT Everett J. Gray (8 juin)

PVT Joseph M. Jordan (6 juin)

2nd Lt. Robert L. Mathews (6 juin)

PVT William S. Metzler (? juin)

L'un des rares, voire le seul cliché représentant le *Captain* Herbert M. Sobel (1912-1987), durant la Bataille de Normandie. Cette preuve photographique réfute totalement la thèse selon laquelle Sobel (deuxième en partant de la droite) n'aurait pas combattu en Normandie. En effet, celui-ci était bel et bien présent ; il servait au sein de la *HQ Co.* du *506th PIR* (US Army/Archives du 506th PIR).

Page ci-contre : bien que théâtre d'intenses combats, Carentan ne fut pas rasée, comme tant d'autres infortunés villes et villages normands. Toutefois, certains dégâts étaient importants, notamment dans le quartier de la gare. (*US Army*.)

Page suivante, en haut : cérémonie de remise de décorations, Place de la République, à Carentan, le 20 juin 1944. Les hommes qui vont être décorés, tous futurs frais émoulus récipiendaires de la *Silver Star* (remise pour acte de bravoure sous le feu ennemi) sont, de gauche à droite : *BG* Mac Auliffe, *Ltc* Ewell, *Lt* Craft, *T4* Webster, *T5* Wright, *Pvt* Rice, *Pvt* Sanderson, *Pvt* Gifford, *Sgt* Schroeder, *Sgt* Clawson et *Sgt* Bahlau. (*US Army*.)

Page suivante, au centre et en bas : 23 juin 1944 : le *Colonel* Sink (en chemise, portant la moustache), est décoré de la *Silver Star*, sur la Place de République, à Carentan. (*US Army*.)

BIJOUTERIE
A.TRAVERT

A.TRAVERT

1

2

Enfer normand

Quand on narre le récit de la bataille qui succède au Débarquement, utiliser l'expression « Enfer normand » n'est nullement exagéré. En effet, les affrontements sont d'une violence extrême. Autrement dit, les belligérants s'étripent, sans pitié ! En outre, de part et d'autre, dans les deux camps antagonistes, bavures et exactions se révèlent nombreuses (oui, il s'agit bien, ici, de crimes de guerre) ; au-delà de l'impact direct des combats, celles-ci engendrent de multiples dommages collatéraux ayant pour principales victimes les civils, pris entre deux feux. (1)

Participer et survivre à la Bataille de Normandie est une expérience épuisante et traumatisante pour tous les soldats qui y prennent part. Des deux côtés, les pertes sont lourdes : le *506th PIR* déplore la perte de 983 de ses membres, dont 414 tués et disparus, début juillet, et l'effectif du *FJR 6* est réduit à 1 007 hommes, fin août 1944 !!!

(1) Les civils ne sont pas « que pris en deux feux » et/ou « victimes des bombardements ». Certains, suspectés, à tort ou à raison, par les Allemands d'être des résistants, qualifiés de « terroristes » et considérés comme « hostiles », sont, purement et simplement, passés par les armes ! Dans d'autres cas, des civils sont tués « par accident » par des paras américain qui, nerveux, dans le feu de l'action, ont la « gâchette facile » et tirent sur tout ce qui bouge, omettant ainsi de faire preuve du discernement nécessaire avant d'ouvrir le feu !

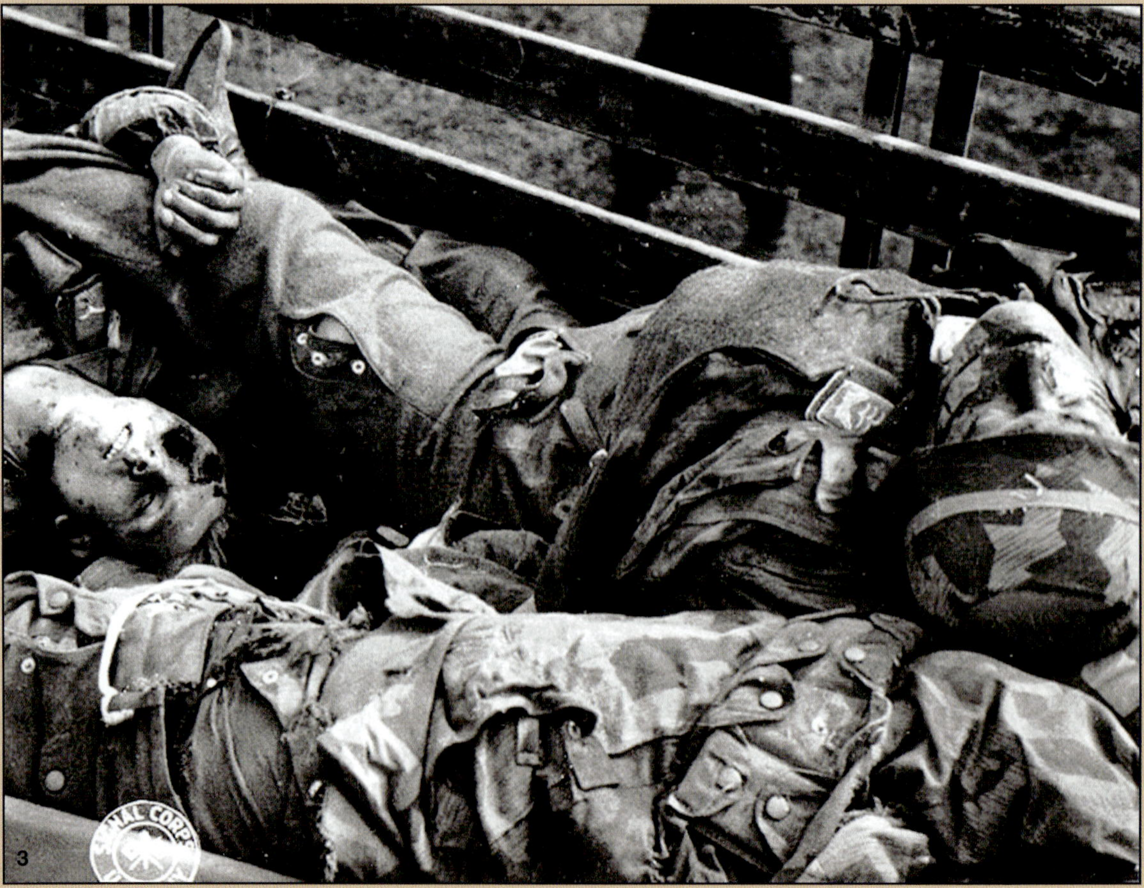

3

4

1. Des *Glider Troops*, tués le 6 juin 1944, dans le secteur de Hiesville, victimes du crash de leur planeur. (US Army)

2. Para américain, tombé au champ d'honneur (Normandie, juin 1944). (US Army)

3. Cadavres de *Fallschirmjäger*, chargés sur un camion, à destination de la fosse commune, secteur de Vierville/Saint-Côme-du-Mont, 7 ou 8 juin 1944. (US Army)

4. Deux GI's morts : un para et un fantassin, foudroyés côte à côte, frères d'armes jusqu'au bout (secteur de Carentan, juin 1944). (US Army)

5. Dépouille d'un para, anonyme. (US Army)

6. Vue d'ensemble d'un *Field Hospital* de l'*US Army*, bâti dans le secteur de Carentan (juin 1944). (US Army)

5

6

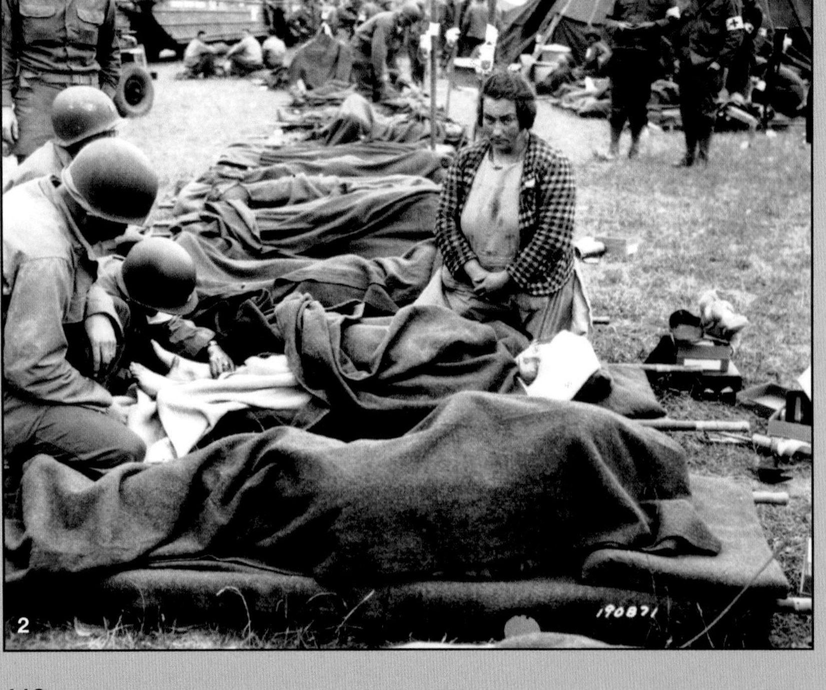

1. Corps de trois *Fallschirmjäger*, sur une route de campagne, entre Carentan et Sainteny (fin juin/début juillet 1944). (US Army.)

2. Les hôpitaux militaires américains, dans la majorité des cas, prennent aussi soins des civils français blessés et/ou malades : ici, une fillette est examinée par un médecin américain, sous le regard inquiet de sa maman. (US Army.)

3 et 4. Dewitt Lowrey (1922-2015). Soldat de la *Easy Co.*, formé au *Camp Toccoa* et membre du *2nd Platoon*. Dans la nuit du 5 au 6 juin 1944, ce fils d'un paysan de l'Alabama atterrit dans un pommier et reste suspendu aux branches de ce dernier. Avec son couteau, il tranche les liens le retenant prisonnier en l'air et rampe jusqu'à un taillis pour assembler sa mitrailleuse. Perdu, il ère dans la campagne toute la nuit, avant de rencontrer, par hasard, un groupe de compatriotes, au premières lueurs l'aube. Le 8 juin, Lowrey rejoint sa compagnie. Il est grièvement blessé à la tête par un éclat d'obus, lors de la Bataille de Carentan, et évacué vers un navire hôpital qui le rapatrie en Angleterre. Après plusieurs opérations risquées, il a la chance de survivre à sa blessure, mais passe encore un long séjour dans divers hôpitaux des USA. Démobilisé en 1946, il retrouve les siens, se marie et fonde un foyer. Hélas pour lui, il restera victime d'une névrose de guerre, de migraines violentes et récurrentes ainsi que de crises d'épilepsie post-traumatiques… (Dewitt Lowrey/Archives du 506th PIR.)

3

4

6

5

5. Robert B. Smith (1924-1983). Mitrailleur au *1st Platoon* de la *Easy Co.,* Smith est blessé au combat, durant la Bataille de Carentan. Bien que légère, sa blessure le contraint, pourtant, à accepter d'être évacué à l'arrière et soigné dans un *Field Hospital* (hôpital de campagne). (Robert B. Smith, via Susan Finn.)

6. La *Purple Heart Medal (PHM)*. Dans l'*US Army*, la *PHM*, remise pour « sang versé et mérite militaire », est décernée à tout soldat blessé au combat et, à titre posthume, aux hommes tombés pour la patrie.

La Bataille de Donville-Méautis

Dès la nuit du 5 ou 6 juin 1944, de petits groupes de paras isolés atterrissent dans le secteur de Donville-Méautis. Se dissimulant dans le bocage ou dans les dépendances des fermes, ils établissent, très vite, le contact avec les civils qui, de leur plein gré ou bien sous la menace, leur fournissent renseignements, boisson et nourriture, risquant là de subir les pires représailles de l'occupant nazi.

Avant que les renforts n'arrivent, les paras américains décident de déclencher une véritable guérilla contre les Allemands, présents dans la région, et commencent, dès lors, à leur tendre des embuscades. Fous de rage, ceux-ci répliquent aux attaques surprises, autant qu'ils le peuvent, et ratissent la campagne à la recherche des GI's. De plus, les soldats du Reich fouillent les habitations des Normands, érigées dans le secteur, brutalisant, sans vergogne, les malheureux paysans. Bien évidement des opérations punitives sont, également, lancées par ceux-ci et aboutissent à la destruction d'immeubles, pillés, puis incendiés ainsi qu'à l'exécution de civils (8 martyrs, rien qu'à Méautis) et de prisonniers de guerre, froidement abattus, après leur capture !

Après la Bataille de « *Bloody Gulch* » (13 juin), se déroule la Bataille de Donville, une « boucherie » qui ne se termine que le 16 juin, date à laquelle le secteur, y compris le manoir, est déclaré « sécurisé », par les Américains. Durant les sanglants affrontements, d'une brutalité inouïe, les haies et les verts pâturages sont le théâtre de corps à corps où l'usage des grenades et des armes blanches est monnaie courante. Fermes isolées et hameaux sont, sans cesse, pris et repris, changeant parfois de mains plusieurs fois au cours d'une même journée…

La Bataille de Méautis, quant à elle, a lieu entre le 15 juin (jour de la « libération provisoire » du village) et le 4 juillet. Dans le bourg et ses alentours, une guerre de positions s'installe et les combats sont quotidiens. Réduit à l'état de ruines fumantes, Méautis, durement secoué par la contre-offensive nazie du 26 juin, demeure sous la menace des tirs de l'artillerie allemande jusqu'au 18 juillet, alors que les troupe américaines se sont avancées jusque la ville de Sainteny…

Ci-dessus : cadavre d'un *GI*, gisant au pied d'une fontaine, dans un village du secteur de Carentan, le 18 juin 1944. *(US Army.)*
ci-contre : civils normands rendant hommage à un *GI* tombé au combat, en fleurissant sa dépouille (secteur de Carentan, juin 1944). *(US Army.)*
Ci-dessous : soldat allemand mort, victime des combats de la nuit du 5 au 6 juin 1944. *(US Army.)*

Opération « Market-Garden » 8

Aldbourne (13 juillet – 14 septembre 1944)

De retour à Aldbourne, dès le 13 juillet 1944, la *Easy Co.*, réduite à 74 hommes, reçoit pour mission de « se refaire et de se reposer ». Cependant, cette période estivale, dite de « repos du guerrier », ne sera pas aussi paisible et agréable qu'il eut pu, *a priori*, paraître. En effet, l'afflux de nouvelles recrues, de tous « jeunes gars », à peine sortis de l'adolescence (18-19 ans, en moyenne), frais émoulus de l'école des troupes aéroportées, la nécessaire et laborieuse tâche consistant les entraîner assez et correctement (une lourde responsabilité pour les instructeurs), tout en les intégrant au groupe des vétérans, ainsi que les mises en état d'alerte débouchant sur des annulations répétitives d'opérations aéroportées, en France, viendra, finalement, perturber à outrance la fausse quiétude de la fin du mois de juillet et de tout le mois d'août. Oui, vraiment, ce laps de temps a bien mérité d'être dépeint comme des « journées d'entraînement, de soins aux blessés et de faux départs », même si, il faut bien le dire, certains moments de détente, y compris des permissions à Londres, sont accordés aux hommes. Hélas, ceux que l'Angleterre vient d'accueillir en « héros », ont, une fois de plus, trop bu et déclenché nombre de rixes dégénérant en bagarres violentes qui entraînent, dans bien des cas malheureux, d'importants dégâts matériels ainsi que des blessures parfois mortelles, y compris et surtout pour les adversaires des *troopers* ! Enfin, notons que l'indiscipline des paras, n'acceptant d'obéir qu'à leurs officiers, leur vaudra un blâme public et une interdiction de séjour dans la capitale britannique, suite à une plainte officielle des autorités anglaises !

Durant le séjour à Aldbourne, le *Captain* Winters réorganise l'état-major de sa compagnie, décimé en Normandie (*cf.* le crash de l'avion transportant le *1st Lt.* Meehan et la *Company HQ Section*, dans la nuit du 5 au 6 juin 1944). Harry Welsh est nommé commandant adjoint, tandis que Carwood Lipton devient adjudant de compagnie. Les sergents-chefs Leo Boyle, Mike Ranney (promu, retrouvant son rang de sous-officier) et Robert Smith, jouissant de l'estime et de la confiance de Winters, obtiennent de l'avancement en intégrant le groupe de commandement de la compagnie. D'autre part, parmi les anciens de Toccoa, vétérans de la campagne de Normandie, les promotions se multiplient ; de simples soldats deviennent caporaux et des caporaux passent au grade de sergent, prenant en charge la direction d'une escouade. C'est, notamment, le cas, entre autres, de Don Malarkey et de Joe Toye...

Le 17 août, le *2/506th PIR* est mis en état d'alerte en vue d'un saut dans la région de Chartres. Cette fois, il s'agit de mener à bien une opération aéroportée destinée à couper les voies d'approvisionnement ou de retraite des troupes allemandes refluant de Normandie, talonnées par l'armée du général Patton. Cependant, le 19, date prévue pour le lancement de l'opération, cette dernière est annulée suite à la prise du secteur par les Américains.

A peine quinze jours plus tard, le 30 août, on ordonne aux paras de se préparer à sauter, en Belgique, dans les environs de la ville de Tournai. En effet, l'état-major allié se montre désireux de faciliter l'avancée en direction de la frontière belge des troupes britanniques, guerroyant dans la région de Lille. Une fois de plus, au dernier moment, le 2 septembre, un ordre d'annulation survient et les paras regagnent leurs casernements.

Le 14 septembre, la *Easy Co.*, accompagnée des autres unités relevant de l'autorité du commandant du *2/506th PIR*, gagne sa zone de rassemblement, sur l'aérodrome de Membury, pile là où elle doit embarquer dans les *C47*, chargés de la convoyer jusqu'au-dessous de la zone de saut prévue pour la prochaine grande offensive, quelque part, dans le sud de la Hollande. A cet instant, l'effectif de la compagnie compte 154 hommes (1) et se compose d'un heureux mélange de vétérans aguerris et expérimentés ainsi que de sang neuf, soit les nouvelles recrues, arrivées précédemment. En outre, il est aussi important de souligner ici que, en dépit des pertes subies durant la Bataille

Le général Anthony C. Mac Auliffe, commandant de l'artillerie divisionnaire de la *101st Airborne*, harangue les pilotes de *C47* et de planeurs, lors d'un discours précédant le décollage des avions participant à l'Opération « *Market-Garden* ». (*US Army*.)

Le général Max Taylor, en train de s'équiper, le 17 septembre 1944. (*US Army.*)

Easy Company, 2/506th PIR, TO&E, 16 septembre 1944

Company HQ and HQ Section

CO : Captain. Richard D. Winters

XO : 1st Lt. Harry F. Welsh

Company 1st Sgt : 1st Sgt Clifford C. Lipton

1st Platoon

CO : 1st Lt. Thomas A. Peacock

XO : 1st Lt. Robert B. Brewer

Platoon Sgt. : S/Sgt. Floyd M. Talbert

Squad leaders : Sgt. John W. Martin (*1st Rifle Squad*), *Sgt.* Warren H. Muck (*Mortar Squad*), Robert J. Rader (*3rd Rifle Squad*) et *Sgt.* Denver Randleman (*2nd Rifle Squad*)

2nd Platoon

CO : 1st Lt. Lynn D. Compton

XO : 1st Lt. Ben M. Perkins

Platoon Sgt. : S/Sgt. William J. Guarnere

Squad leaders : Sgt. Bernard S. Cunningham, *Sgt.* Charles E. Grant, *Sgt.* Donald G. Malarkey (*Mortar Squad*) et *Sgt.* Joseph D. Toye.

3rd Platoon

CO : 1st Lt. John G. Pisanchin

XO : 2nd Lt. Charles A. Hudson

Platoon Sgt. : S/Sgt. Amos J. Taylor

Squad leaders : Sgt Kenneth D. Mercier, *Sgt.* Paul C. Rogers (*Mortar Squad*), *Sgt.* Clarence M. Tridle et *Sgt.* Arthur C. Youman.

de Normandie et de la présence de nombreux « bleus », c'est-à-dire, les « remplaçants », les compétences militaires, la condition physique, la motivation et le moral de l'unité, bien équipée, armée et encadrée, demeurent, en règle générale, d'un très haut niveau (2).

Le lendemain, au matin, la compagnie, au grand complet, est briefée ; on l'informe des détails généraux du plan de l'Opération « *Market-Garden* », dont la réussite apporterait une issue à l'impasse dans laquelle se trouvent les armées alliées à cette date, ainsi que des différents paramètres de sa mission. En outre, l'état-major régimentaire prononce un discours rassurant concernant la « facilité de la mission ». En effet, selon le *Colonel* Sink, « le fait qu'il s'agisse d'un parachutage diurne ne devait pas poser trop de problème vu que le service de renseignement ne prévoyait qu'une faible résistance de la part d'un ennemi en pleine débâcle, tout juste capable d'opposer aux paras des troupes de second ordre, constituées de vieux bonshommes à bicyclette et de gamins des jeunesses hitlériennes ». Toutefois, Sink

Les hommes de la *Easy Company*, photographiés durant la matinée du 17 septembre 1944. (R. Smith, via S. Finn.)

Le 17 septembre 1944, vers 7h30, les paras gagnent la piste d'envol et se rassemblent autour des *C47* parqués là pour s'équiper. Ensuite, ils grimpent dans la carlingue des avions. (*US Army.*)

ajoute qu'il conserve une pleine confiance en ses hommes, qu'ils soient des vétérans ou des « bleus », et qu'en cas de « combat sérieux » ceux-ci remporteront la victoire. Autrement dit, pour Sink, quoi qu'il arrive, « l'échec n'est pas envisageable » !

Comme le constatent les paras, dès qu'on les informe de son contenu, le plan de l'Opération « *Market-Garden* » se révèle, certes, audacieux et jouable, mais, hélas tout aussi hasardeux et risqué que démesurément ambitieux. En effet, « l'idée géniale » des stratèges alliés, résolument optimistes, le *Field Marshall Sir* Bernard L. Montgomery en tête, est, pour ainsi dire, de « poser un tapis de troupes aéroportées » en Hollande occupée par les Nazis, tout le long de la route reliant Valkenswaard à Arnhem via Eindhoven, Sint-Oedenrode, Veghel, Uden, Grave et, enfin, Nimègue. Ensuite, après que les paras aient sécurisé la route et se soient emparés de tous les ponts présents dans leur zone d'atterrissage, permettant de franchir canaux, rivières et fleuves, de préférence, intacts, le *XXXth British Army Corps* mènerait une « percée éclair » vers le nord, franchissant la bonne centaine de kilomètres séparant Arnhem de la frontière belgo-hollandaise. Toujours selon les plans, trois jours, au maximum, après le déclenchement de l'offensive alliée, les blindés et l'infanterie du *XXXth Corps* rejoindraient les paras britanniques, en traversant le Rhin, via le pont d'Arnhem. En admettant que tout se déroule comme prévu, le Rhin serait donc franchi dans une zone stratégique permettant de contourner les fortifications allemandes du *Westwall* (ou Ligne *Siegfried*, équivalent germanique de la Ligne Maginot) ainsi que d'envahir le bassin industriel et minier de la vallée de la Ruhr, privant ainsi l'Allemagne de l'usage de la majeure partie de ses usines de production d'armements. Bien entendu, le succès présumé et, ardemment, espéré de l'Opération « *Market-Garden* » laisse envisager que la fin du conflit en Europe pourrait bien se produire avant la fin de l'année 1944, une perspective réjouissante car les paras apprécieraient, évidemment, de rentrer chez eux pour passer Noël en famille…

La zone de saut prévue pour le *506th PIR* se situe au nord de la cité batave d'Eindhoven, dans le secteur du village de Son où un pont enjambe le Canal Wilhelmine. En résumé, la principale mission du régiment est de prendre la bourgade de Son et de sécuriser le pont, puis de marcher vers le centre de Eindhoven, où se trouvent des ponts et passerelles bâtis au-dessus de la rivière Dommel, et, enfin, d'établir la jonction avec les troupes du *XXXth Corps*…

A gauche : uniforme (tenue *M1943*) et équipement d'un para de la *101st Airborne Division* prenant part à l'opération « *Market-Garden* ». (Collection privée, photo « La Gazette des uniformes », via Laurent Berrafato.)

Une formation de *C47* de la *101st Airborne Division* survolant le centre-ville de Geel. (*US Army*.)

Eté 1944 : la saison des bourdes dans le camp allié

Sans nul doute, à la lumière des plus récentes et brillantes études historiques publiées à ce jour, sur le sujet ; l'été 1944 est « la saison des bourdes dans le camp allié ». En effet, à cette époque, trop d'erreurs monumentales sont commises et les Alliés manquent, une à une, les occasions de, peut-être, gagner la guerre avant Noël, en portant l'estocade fatale à l'ennemi teuton.

Le premier faux pas allié s'articule autour de l'incapacité à fermer « assez vite » et, ensuite, à réduire, promptement, la Poche de Falaise. Certes, en Normandie, bien que chèrement payée, la victoire alliée se révèle incontestable, mais, cependant, « trop » de troupes allemandes, y compris d'élite, ont réussi à s'échapper et devront, dans un proche avenir, être, à nouveau, affrontées !

Erreur suivante : la mauvaise gestion des questions de logistique au niveau stratégique. Début septembre, le port d'Anvers est aux mains des Alliés, mais pas l'estuaire de l'Escaut. De fait, l'un des plus grands ports en eau profonde d'Europe, dont l'usage figure comme vital pour ravitailler les troupes, demeure inutilisable ! C'est ce qui explique, en partie, en dépit de la création du réseau routier du *Red Ball Express*, que les armées alliées se retrouvent en panne sèche (grave pénurie de carburant) et à court d'approvisionnement (armes, vivres, matériel et munitions) pile au moment où, suite à l'effondrement du Front de Normandie, les Allemands, en pleine débâcle, se montrent dans l'incapacité de résister, efficacement, à l'offensive adverse, plus « fulgurante » que prévue !

D'autre part, la mésentente et les rivalités régnant entre les principaux hiérarques de la coalition luttant contre le *Reich*, sur le Front de l'Ouest, génèrent une ambiance délétère au sein de l'état-major allié, basé à Londres, ladite ambiance venant polluer les débats fondamentaux concernant la stratégie adéquate à adopter afin de saisir l'occasion de gagner la guerre au plus vite. Le général Eisenhower apparaît donc comme confus et tergiverse à outrance avant de se décider, obnubilé par le souci anxiogène de devoir, en fin diplomate, veiller, constamment, à « ménager la chèvre et le chou », en optant pour des solutions de compromis, dans un contexte de choix opérationnels déjà très compliqué ! Où frapper ? C'est bien ce que se demande Eisenhower. Plusieurs options s'offrent à lui. Parmi elles, on trouve, entre autres : le projet d'une attaque vers l'est, dans la vallée de la Moselle (région de Metz), en direction de la Sarre ainsi que le plan d'une offensive vers la Ruhr, ourdi par Montgomery…

De plus, soulignons que l'abandon du projet d'un assaut sur un large front (principalement, celui tenu par les troupes américaines) au profit de l'idée d'une attaque ciblée dirigée en direction de la Ruhr et des plaines du nord de l'Allemagne ayant, cette fois, pour objectif rien de moins que la prise de Berlin, en l'occurrence, menée par les Britanniques, aidés, dans leur effort, par une vaste opération aéroportée, amènera Eisenhower à donner son aval à Montgomery lorsque celui-ci sollicitera, avec insistance, son accord pour déclencher l'Opération *Market-Garden*.

Enfin, retenons que le plan de l'Opération *Market-Garden*, visant, principalement, à permettre au *21st British Army Group* de dégager l'estuaire de l'Escaut, de libérer les Pays-Bas (en éliminant la menace des tirs de *V1* et de *V2* sur Londres) ainsi que d'envahir la Ruhr et de foncer vers Berlin, bien qu'imaginatif, est perclus de défauts ! En effet, reposant sur des prévisions trop optimistes (notamment, un excès de confiance concernant la capacité des paras à ouvrir et à tenir la seule et unique route sur laquelle les 20 000 véhicules du *XXXth Corps* devraient progresser en file indienne), ledit plan apparaît, aux yeux de bien des chefs d'unités qui seront engagées dans cette opération, pragmatiques, comme relevant d'une audace téméraire, sa « probable réussite » étant qualifiée d'utopique !

Conséquence dramatique de cette lamentable série de cinq bourdes monumentales : les Alliés devront encore se battre sept mois avant d'obtenir la capitulation, sans condition, du *Reich*, une victoire amère payée au prix de centaines de milliers de vies qui auraient pu être épargnées !

Son (17 septembre 1944)

Le 17 septembre, les paras sont réveillés à 5h30 par leurs officiers. Une demi-heure plus tard, après avoir accompli le rituel matinal du rasage et des ablutions, ils prennent, tous ensemble, un petit-déjeuner copieux, dans un silence pesant.

Vers 7h30, les hommes gagent la piste d'envol et se rassemblent autour des *C47* parqués là pour s'équiper. A cet instant, la tension est palpable. Après une nuit pénible, avare en repos, passée à cogiter en somnolant et en se retournant mille fois dans leur lit de camp, les paras ont mauvaise mine. Pâles et les traits tirés, ils semblent tous préoccupés. Déjà confrontés à la dure réalité de la guerre, les vétérans de la Campagne de Normandie s'évertuent à apparaître sereins, tentant, vainement, de masquer leur inquiétude au sujet de la suite des événements. Quant aux « bleus », tous sont nerveux, impatients de combattre, mais tout aussi angoissés par la perspective de l'imminence de leur baptême du feu.

A 10h25, les avions décollent, s'envolant, réunis en une parfaite formation, vers l'est, à travers un magnifique ciel bleu baigné de soleil. Après avoir survolé le sud de l'Angleterre, la Manche et le nord de la Belgique (les Flandres), les appareils obliquent vers le nord/nord-est, au niveau de Geel, en direction de Eindhoven. Durant le voyage, aucun incident n'est à déplorer, excepté le fait que, au-dessus de la frontière belgo-hollandaise (la ligne de front) la formation de *C47* transportant le *506th PIR* essuie un léger tir de la part de la *Flak* ne causant aucun dégât sérieux. Par contre, cinq minutes avant de survoler la *Drop Zone (DZ)*, une vaste étendue de prés humides, bien verdoyants, et de champs de terre noire, fraîchement labourés, située à un kilomètre au nord-ouest de la commune de Son, la *Flak* (ici des pièces moyennes et lourdes) mitraille les appareils américains qui, en dépit de la densité du feu ennemi, ne rompent pas leur formation, passant au travers du déluge d'obus. Quatre *C47* sont gravement atteints, mais demeurent en l'air, troués comme des passoires. Deux autres s'abattent en flamme et explosent au sol, non loin de la *DZ*.

Ici, contrairement à ce qui s'est passé en Normandie, le saut du *506th PIR* s'effectue dans un ordre parfait, sans dispersion préjudiciable des paras, dans les meilleures conditions qui soient. De fait, vers 15h, environ quatre-vingt-dix minutes après le largage, le régiment se rassemble, quasiment au complet, et entame sa marche vers ses objectifs. De plus, notons que, à cet instant, à part le tir sporadique des mortiers allemands dont les projectiles explosent, çà et là, sans engendrer de perte, la résistance adverse se montre tout simplement inexistante.

Suivant les plans du *Colonel* Sink, les hommes du *2/506th PIR* se regroupent au sud-est de la *DZ* et foncent, toujours sans rencontrer d'opposition vers le centre de Son. Arrivés en vue du pont, au sortir du village, les paras sont pris sous le feu d'une mitrailleuse allemande. Contraints de se mettre à couvert, ils sont également pilonnés par un canon de 8,8 cm.

Sans attendre, les paras se ruent à l'assaut des positions ennemies, suivant le schéma classique d'une manœuvre de débordement par les ailes (enveloppement) et réduisent ces dernières au silence (bien entendu, la *Easy Co* participe à l'action). Cependant, grâce à ce combat retardateur, les Allemands trouvent le

Ci-dessus : des *C47* de la *101st Airborne Division* en vol au-dessus de la Hollande. (*US Army.*)

Ci-dessous : au-dessus de la *DZ* prévue, les paras sautent des appareils de transport. A cet instant le ciel se constelle de milliers de parachutes déployés. (*US Army.*)

Une fois au sol, les paras gagnent leur zone de rassemblement et se mettent en marche en direction de leur objectif. (*US Army.*)

Dans le secteur de Son, des fermiers membres de la Résistance hollandaise accueillent les paras et les renseignent sur les positions de l'ennemi. (Tom Timmermans, webmaster du site *www.battledetective.com*)

Ci-contre et page suivante : rencontre entre des civils bataves et des paras. (*US Army.*)

1

1. En règle générale, le saut et l'atterrissage des paras se passent on ne peut mieux. Par contre, dans les unités de planeurs (véritables « cercueils volants »), il y aura, parfois, beaucoup de « casse ». Sur ce cliché, des paras tentent de désincarcérer le pilote d'un planeur crashé pour pouvoir extraire le malheureux, vivant, mais blessé des restes de la carlingue de l'engin, complètement disloquée. (*US Army.*)

2. Le pont de Son, sur le Canal Wilhelmine, avant-guerre. (Peter Van Der Linden.)

3. Le canon allemand de 8,8 cm, détruit par les paras, dans les parages du pont, près de l'école de Son. (Peter Van Der Linden.)

4. Le pont de Son. (Peter Van Der Linden.)

2

temps et l'occasion de se replier au sud du canal en faisant sauter le pont, au nez à la barbe des Américains, vers 16h00 !

Sous la houlette du commandant de la division, le général Taylor, escorté de son état-major et de Sink, la section de sapeurs attachée au régiment, construit une passerelle de fortune sur les ruines du pont et le canal peut être traversé par les paras à partir de 17h30. Néanmoins, étant donnée l'heure tardive et sachant que la nuit sera tombée au moment où l'entièreté du *506th PIR* aura franchi le canal, Taylor et Sink déci-

3

4

A droite : le *Major* Horton (au centre, avec les lunettes de soleil), photographié à Eindhoven. (Tom Timmermans.)

Ci-dessous : un des canons allemands de 8,8 cm mis en batterie à l'entrée de Eindhoven et détruit par les paras du *2/506th PIR*. (J. Reeder, via Tom Timmermans.)

En bas, au centre et en bas de la page suivante : le 18 septembre 1944, les paras du *506th PIR* font une entrée triomphale dans la ville de Eindhoven dont les habitants, massés dans les rues, acclament leurs libérateurs. (Tom Timmermans.)

dent d'attendre l'aube du lendemain pour avancer sur Eindhoven.

Eindhoven (18-19 septembre 1944)

A 06h00, le 18 septembre, le *506th PIR* entame sa progression vers Eindhoven. Alors que le *3/506th PIR* marche, en tête de la colonne régimentaire, le long de la route nationale, acclamé par les civils sortis de leurs habitations, et pénètre dans la ville par le faubourg de Woensel, celui-ci subit une attaque qui stoppe, momentanément, sa progression, à partir de 09h00. Suivant dans la foulée, le *2/506th PIR* contourne alors l'obstacle par la gauche, dès 10h00, et se faufile, par des rues étroites emplies de civils réjouis car trop heureux d'être libérés du joug nazi, jusqu'au centre ville où il se saisit des ponts et passerelles sur la Dommel, vers midi.

A 11h30, un contact radio est établi avec le *XXXth Corps* et, quarante-cinq minutes plus tard, une patrouille de reconnaissance britannique rencontre Sink, présent parmi les paras de la *Easy Co.* et qui attend toujours que le *3/506th PIR* le rejoigne. De la bouche des membres de la patrouille, ce dernier apprend que la division blindée des *Irish Guards* est toujours coincée par un barrage routier allemand à

cinq kilomètres au sud de Eindhoven. Certes, les Alliés progressent, inévitablement, vers le nord, mais, hélas, déjà avec beaucoup de retard sur l'horaire prévu, contraints à livrer bataille lors de chaque pas en avant !

A partir de 15h00, tout le *506th PIR* adopte une posture défensive sécurisant le périmètre de l'agglomération de Eindhoven et trois heures plus tard, en fin de journée, les paras accueillent les blindés des *Irish Guards* qui, suivis d'unités d'infanterie motorisée, font

leur entrée triomphale dans Eindhoven, ralentis par la masse compacte de la foule grouillante des civils hollandais en liesse qui, réunis sous les oriflammes orange et le drapeau national, pleurent, rient, chantent et fleurissent chaque soldat et chaque véhicule qu'ils rencontrent, au son des fanfares jouant des airs joyeux, hymnes à la liberté retrouvée, en même temps que les cafetiers de la ville distribuent à tous, au milieu de cette « kermesse du bonheur », pintes de bières et verres de vin.

Le 19 septembre, on ordonne au *Colonel* Sink d'élargir le « couloir » de pénétration du *XXXth Corps* en terrain ennemi et donc, par là même, de sécuriser la route empruntée par les blindés britanniques (la fameuse « *Hell's Highway* »), suivis des camions des unités de logistique transportant vivres, munitions, carburant et matériel. De fait, il était prévu que le *2/506th PIR* marche vers l'est, jusque Helmond et s'en empare. Ceci dit, suite à l'annonce, par le service de renseignement divisionnaire, de la présence probable d'une importante concentration de *Panzer* dans le village de Nuenen, le *2/506th PIR* s'enterre le long d'une ligne défensive établie à Tongelre, tandis que le *1/506th PIR* retourne à Son pour protéger le pont et que le *3/506th PIR* assure la défense des moyens de franchissement des cours d'eau érigés au centre de Eindhoven. Enfin, notons que, à partir de 19h45, les paras assistent, impuissants, au bombardement de la colonne de ravitaillement du *XXXth Corps* qui stationne dans Eind-

Ci-dessus : paras du *506th PIR* (sans doute, des hommes de la *Easy Company*), photographiés avec une civile hollandaise, dans le centre de Eindhoven. (Tom Timmermans.)

Ci-contre : de gauche à droite : Gordon Carson et Frank Perconte, du *1st Platoon* de la *Easy Company*. (Tom Timmermans.)

Frank Perconte (1917-2013). (F. Perconte/Archives du *506th PIR.*)

1. Georges Luz (au premier plan) et « Babe » Heffron, du *1st Platoon* de la *Easy Company*. (Tom Timmermans.)

2. Joe Liebgott (au premier plan), Gene Roe et « Pat » Christenson, du *1st Platoon* de la *Easy Company*. (Tom Timmermans.)

3. Groupe de membres du *3rd Platoon* de la *Easy Company*. L'homme de dos est Carwood Lipton. Ensuite, dans le sens des aiguilles d'une montre : inconnu, « Buck » Taylor, inconnu et, enfin, le *Sgt.* Clarence M. Tridle. (Tom Timmermans.)

4, 5, 6 et 7. Paras du *506th PIR*, non identifiés, en compagnie de civils de Eindhoven. (Tom Timmermans.)

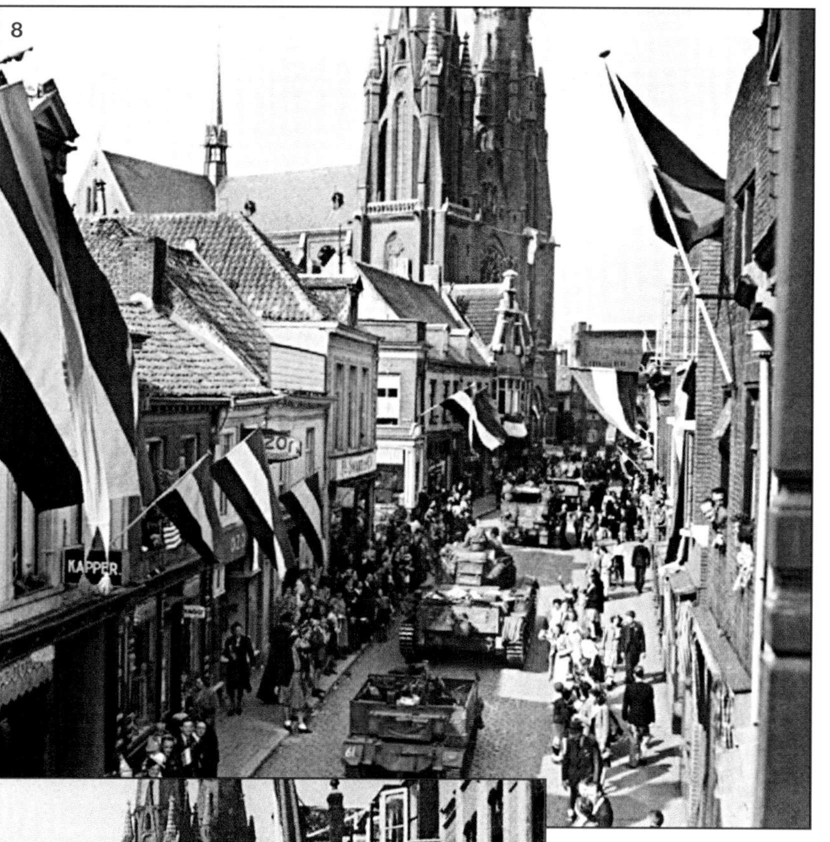

8, 9 et 10. Défilé des blindés britanniques dans le centre-ville de Eindhoven, le 18 septembre 1944. (Tom Timmermans.)

11. A gauche, bouffarde au bec, le *Captain* Matheson, du *RHQ 506th PIR*. (*US Army*/Archives du *506th PIR*.)

Ci-dessus : sur le scooter, on reconnaît le *Captain* Hester, *Btn. S3* du *2/506th PIR*. (*US Army*/Archives du *506th PIR*.)

Ci-contre : des paras du *2/506th PIR,* se déplaçant à l'aide d'une voiture prise à l'ennemi, discutent de la suite des opérations avec des policiers et des résistants hollandais. (Tom Timmermans.)

Ci-dessous : para accrochant une pancarte signalétique devant le bâtiment où est installé le PC du *506th PIR* (« *Kidnap* » est le nom de code du régiment). (Tom Timmermans.)

Ci-contre : membres du *RHQ 506th PIR*, au repos. (Tom Timmermans.)

Ci-dessous : membres du *RHQ 506th PIR*, s'entretenant avec des résistants bataves. (*US Army.*)

Belles vues d'ensemble de la commune de Nuenen, prises quelques années après la guerre. (Jan Van Bakel.)

hoven par 75 avions de la *Lufwaffe* dont le raid dévastateur touche également 1 000 Hollandais (parmi les victimes civiles, on dénombre 230 morts).

Nuenen (20 septembre 1944)

A l'aube du 20 septembre, Sink ordonne au *Captain* Winters de mener sa *Easy Co.*, renforcée d'un escadron blindé britannique comptant une douzaine de chars *Cromwell*, au cœur du village de Nuenen et, si possible, de pousser son avance jusqu'à Helmond.

En milieu de matinée, Winters et ses hommes montés, en partie, sur les tanks, pénètrent dans Nuenen, accueillis par des civils bataves enthousiastes, sans rencontrer la moindre opposition. En revanche, au sortir de la bourgade, moins d'un kilomètre à l'est, sur la route de Helmond, surgit, brusquement, une force hétéroclite ennemie, composée de *Panzer* et de fantassins, issus, entre autres, de la *Panzer-Brigade 107* (3), fortement, désireuse d'engager le combat et de défaire les Américains, au vu du mordant de leur contre-attaque.

En réalité, l'assaut de la *Panzer-Brigade 107* contre Nuenen et Geldrop fait partie d'une vaste opération offensive destinée à contrer l'Opération « *Market-Garden* », menée, conjointement, par cette unité et par la *59. Infanterie-Division* ainsi que des troupes de *Fallschirmjäger* (les vieux adversaires de la Bataille de Normandie, *cf.* chapitre 7). L'objectif des Allemands est de couper la route empruntée par les chars britanniques, notamment en reprenant Son et Breugel tout comme Best et Sint-Oedenrode.

Fortement « accrochés » et bousculés par les *Panzer*, les paras de la *Easy Co.* se replient, en catastrophe, vers Nuenen. Là, ils parviennent, péniblement, à établir un périmètre défensif qui, au terme d'une rude

A droite : Paul Rogers (1918-2015), debout, à droite, aux côtés de Powers, Wynn et Sisk. (F. Guth, via M. De Trez.)

Robert Van Klinken (1919-1944). (*US Army*/ Archives du *506th PIR*.)

Paul Rogers (1918-2015). (P. Rogers/Archives du *506th PIR*.)

bataille, leur permet de contenir l'attaque allemande, non sans subir de lourdes pertes. En effet, quatre *Cromwell* sont détruits et la compagnie perd 15 hommes, dont 4 tués (*cf.* encadré ci-dessous).

La nuit venue, la *Easy Co.* se retire à Tongelre. Convoqué par son chef de bataillon, Winters, fou de rage et, profondément, attristé par le nombre élevé de pertes dans sa compagnie, présente son rapport sur l'action du 20 septembre. Le lendemain, Bob Strayer envoie la *Dog Co.* réoccuper Nuenen ; celle-ci y découvre Bull Randleman qui, porté disparu la veille, tient, tout seul, le terrain. En effet, les Allemands ont abandonné leur attaque sur Nuenen et concentrent leurs efforts au nord-ouest, dans le secteur de Breugel/Son.

Redéploiement du *506th PIR* (21 septembre 1944)

Le 21 septembre, le *Colonel* Sink revoit sa stratégie et réorganise le positionnement des troupes de son régiment suivant les impératifs imposés par l'évolution de la situation sur le champ de bataille.

En bref :

Le *1/506th PIR*, moins la *Able Co.* occupe le village de Son, sous le contrôle de l'état-major divisionnaire ;

La *Able Co.*, renforcée d'un peloton de chars britanniques, forme *une Task Force* qui occupe le village de Nederwetten ;

La *Dog Co.* du *2/506th PIR* se retranche dans Nuenen ;

La *Easy Co.* du *2/506th PIR* stationne à Tongelre ;

La *Fox Co.* du *2/506th PIR* est gardée en réserve ;

Le *3/506th PIR*, quant à lui, monte la garde au centre de Eindhoven, protégeant les ponts et passerelles sur la Dommel.

Au début de soirée, suite à l'arrivée du *VIIIth British Army Corps* à Geldrop/Nuenen et de l'avancée du *XIIth British Army Corps* jusqu'à Winterle (à l'ouest de Eindhoven), le *3/506th PIR* reçoit l'ordre de se rendre à Sint-Oedenrode. Enfin, de nouvelles instructions concernant les mouvements du lendemain sont transmises aux *1/* et *2/506th PIR*.

Pertes de la Easy Company à Nuenen (20 septembre 1944)

4 morts au combat :

- Vernon J. Menze ;
- James W. Miller – Jeune recrue de 19 ans, il est tué par l'explosion d'une grenade ;
- William T. Miller ;
- Robert Van Klinken – Vétéran de la Bataille de Normandie, il est fauché par une rafale de mitrailleuse.

11 blessés au combat, parmi lesquels :

- « Buck » Compton – Vétéran de la Bataille de Normandie, il est blessé d'une balle qui le mutile au postérieur en traversant ses deux fesses (une seule balle et quatre trous !). Ordonnant à ses hommes de l'abandonner et de fuir, il est, finalement, secouru par Bill Guarnere, Babe Heffron, Don Malarkey et Joe Toye qui l'évacuent sur un brancard de fortune (la porte d'une grange convertie en civière) ;
- « Chuck » Grant ;
- « Bull » Randleman – Vétéran de la Bataille de Normandie, il a reçu un éclat de métal dans l'épaule, suite à l'explosion d'un char. Contraint de se cacher dans le fenil d'une ferme, il est, tout d'abord, porté disparu avant d'être retrouvé vivant, le 21 septembre ;
- Paul Rogers - Vétéran de la Bataille de Normandie, il est blessé par l'explosion d'un obus de mortier qui tue l'homme se tenant à côté de lui.

Blessé, un para est évacué de la ligne de front par deux de ses camarades. (*US Army*)

« *Hell's Highway* ». Secteur de Son/ Veghel/Uden (22 septembre 1944)

Le 22 septembre, vers 09h00, pendant que le *1/506th PIR*, au complet cette fois, continue d'occuper Son, le reste du *506th PIR* entame son avance vers le nord, usant de camions militaires, fournis par les Anglais, ainsi que de véhicules civils réquisitionnés et d'engins allemands capturés, avec pour destination la bourgade de Uden, sur la route d'Arnhem.

Cette « fameuse » route d'Arnhem, une nationale longue de 100 kilomètres, est bien vite surnommée, par les combattants alliés, la « *Hell's Highway* » (« Autoroute de l'Enfer », dans la langue de Molière), principalement, en raison de l'âpreté des combats

A gauche : « Babe » Heffron (1923-2013). (E. Heffron.)

Ci-contre : Bill Guarnere (1923-2014). (W. Guarnere.)

Bataille de la « *Hell's Highway* », dont elle constitue l'un des épisodes les plus sanglants.

A 10h25, le *Reg. HQ* du *506th PIR* atteint Uden, rattrapé, une heure plus tard, par un détachement fort de 175-200 hommes et trois tanks (des *Cromwell* britanniques), formant une *Task Force* bâtie autour

meurtriers qui se déroulent entre eux et les Allemands, ayant pour enjeu convoité la possession de cet axe routier stratégique. Dès le début de l'Opération « *Market-Garden* », les Allemands, bien plus nombreux et combatifs que prévu, comprennent que la clé du succès de l'offensive alliée réside dans la possession de cette route. En effet, progressant en file indienne, à la vitesse d'un escargot, sans flanc-garde, ni possibilité d'user d'un quelconque itinéraire de secours permettant de « déborder », par la gauche ou par la droite, n'importe lequel des barrages établis par l'ennemi (une aberration !), les véhicules du *XXXth Corps* et de sa colonne de ravitaillement, bien que soutenus par l'action des troupes aéroportées, demeurent éminemment vulnérables, quelque soit le point cardinal par lequel on les assaille !Or, c'est bien là tout le problème auquel les Alliés sont confrontés. Tout le long de la « *Hell's Highway* », pendant toute la durée de l'Opération « *Market-Garden* », les Allemands s'évertuent à bloquer les unités de pointes du *XXXth Corps* afin de générer des embouteillages monstrueux et de pouvoir attaquer, de préférence simultanément, la colonne de véhicules, par les côtés et par l'arrière. En même temps, le périmètre établi par les paras britanniques (à court de vivres et de munitions) à Arnhem est, peu à peu et méthodiquement, réduit, zone par zone, puisque encerclé et donc totalement, isolé, sans contact avec les troupes amies présentes au sud, qu'il s'agisse des paras américains ou du *XXXth Corps*. Bien entendu, le déroulement de la Bataille de Veghel/Uden intègre le cadre, plus large, de la

« Skip » Muck, Joe Toye et Don Malarkey. (*US Army*/Archives du *506th PIR*)

Tanks *Sherman* des *Irish Guards*, photographiés sur la *Hell's Highway*, au début de l'Opération « *Market-Garden* ». (*US Army*).

Chars britanniques de type *Cromwell*, photographiés sur la *Hell's Highway*, quelque part entre Eindhoven et Nimègue. (*US Army*.)

Embuscade sur la *Hell's Highway*. La fumée noire provient de l'incendie d'un véhicule détruit. Tout le long de cette route, les Allemands ont installé des positions camouflées équipées de canons antichars, tenant la chaussée sous leur feu. Comme les véhicules alliés ne peuvent pas quitter la route, il suffit de bloquer la tête de la colonne pour immobiliser tout le reste du convoi et l'assaillir par les flancs ! (*US Army*.)

En route pour Veghel, les paras du *506th PIR* utilisent des véhicules pris à l'ennemi pour se déplacer, comme en témoignent ces photos. (Tom Timmermans)

Ci-dessus, ci-contre et page suivante : paras de la *101st Airborne Division*, photographiés à Veghel, en septembre 1944. (Tom Timmermans.)

de la *HQ Company* du *2/506th PIR* et du *3rd Platoon* de la *Easy Co.*, placée sous le commandement du *Lieutenant-Colonel* Chase (*XO* du régiment).

En théorie, cette *Task Force*, dont le *Captain* Winters fait partie, devait être rejointe par le reste de la *Easy Co.* ainsi que par la *Fox Co.* (*2/506th PIR*), la suivant à pied. Cependant, une soudaine attaque allemande dirigée contre Veghel oblige ces deux unités à prêter main-forte aux hommes du *501st PIR* et donc, de fait, à demeurer sur place.

En début d'après-midi, observant le terrain depuis le sommet du clocher de l'église de Uden, un perchoir offrant une vue imprenable sur les alentours, Winters s'aperçoit vite que les Allemands se préparent à attaquer Veghel, pour couper la route d'Arnhem, mais aussi qu'une patrouille de reconnaissance ennemie avance vers Uden dans le but clairement affiché de « tâter le terrain ». Préférant éviter que l'adversaire ne s'en prenne aux positions que les paras occupent, faiblement, il faut bien l'admettre, à Uden, Winters prend la tête du *3rd Platoon* de la *Easy Co.* et se porte à la rencontre des Allemands. Lors d'une brève escarmouche, la patrouille allemande est anéantie. Conséquence directe : refroidis par la furie victorieuse de la contre-attaque menée par Winters, les Allemands s'imaginent, à tort, que Uden est solidement tenu par les Américains et concentrent leurs efforts dans leur tentative de conquête de Veghel !

Paras de la *101st Airborne Division* faisant le coup de feu, durant la Bataille de Veghel. (*US Army*.)

Quid du sort des troupes américaines retranchées dans Uden ?

Eh bien, jusque 17h00, le 23 septembre, elles demeurent isolées du gros de leurs forces, subissant tirs d'artillerie et tentatives d'incursion dans leur périmètre défensif de la part de plusieurs patrouilles allemandes, toutes repoussées. Au grand soulagement de leurs adversaires, ce fait dissuade, bien sûr, les soldats du *Reich* de « s'acharner » sur Uden.

Quid du sort des troupes américaines retranchées dans le secteur de Veghel ?

Tout d'abord, le 22 septembre, à 12h15, le commandant du *501st PIR*, dont le régiment est attaqué à l'est de Veghel, réclame l'assistance du *506th PIR* au *Colonel* Sink, avant que ce dernier n'ait atteint Uden, avec la majeure partie de son unité, et rejoint la *Task Force* Chase, expédiée là-bas, en avant-garde (*cf.* supra). De fait, Sink ordonne au *2/506th PIR* de se positionner au nord-est de Veghel, sur la ligne Beukelaar-Mariaheide afin de protéger la *Udenseweg*. Dans ce secteur, l'infanterie allemande monte à l'assaut, soutenue par quelques *Panzer*. Sous le feu de l'artillerie et des mortiers ennemis, les paras parviennent à endiguer momentanément le flux menaçant de l'avance des troupes d'Outre-rhin.

Ensuite, entre 14h00 et 16h00, en dépit de l'engagement au cœur de la bataille du *3/506th PIR*, les paras se voient contraints de se replier sur Veghel dont les habitants, terrifiés par l'intensité du bombardement et la fureur des combats, se terrent dans les caves, en priant pour leur salut. De plus, les Allemands lancent, sans crier gare, une autre attaque au nord-ouest de la localité, en direction du pont sur la rivière Aa. De fait, de ce côté-là, il faut, également, se battre pour colmater la brèche…

Enfin, à 16h00, l'arrivée du *327th Glider Infantry Regiment* permet de soulager les défenseurs de Veghel via le renfort de poids que celle-ci leur procure. Grâce à ces troupes fraîches, les Américains, jusque-là en très mauvaise posture, reprennent l'avantage contre un ennemi qui, finalement, bat en retraite en début de soirée…

Uden (23 septembre 1944)

Isolée à Uden, la *Task Force* Chase demeure en position défensive, autour de et dans cette commune, tout au long de la journée du 23 septembre. S'attendant à une attaque de *Panzer*, le *Captain* Winters ordonne à ses hommes de fortifier les habitations qu'ils occupent et de préparer des « cocktails Molotov » pour incendier, depuis les fenêtres des étages des maisons, les blindés ennemis, qui s'aventureraient à portée de jet.

Veghel (23 septembre 1944)

Pendant la matinée du 23 septembre, le *2/506th PIR* tient un front défensif au nord-est de Veghel. Ensuite, escorté de quelques tanks britanniques, il contre-attaque le long de la route de Uden et progresse sur une distance de deux kilomètres, ne rencontrant qu'une faible résistance. Finalement, aux environs de 18h00, tout le bataillon, rejoint par les membres de la *Task Force* Chase, rebrousse chemin pour se rendre à Heuvel et « nettoyer » ce village.

Bill Guarnere. (W. Guarnere.)

Uden (24 septembre 1944)

A 06h00, le 24 septembre, le *506th PIR* reçoit l'ordre de se rendre à Uden. Le régiment se met en route à 06h30 et arrive à Uden deux heures plus tard. Sur place, le *Colonel* Sink envoie le *1/506th PIR* occuper une ligne de défense au nord-ouest du bourg. Le *3/506th PIR* fait de même au nord-est. Le *2/506th PIR* se voit, quant à lui, maintenu en réserve, à Uden.

Veghel (25-26 septembre 1944)

A 00h30, Bob Sink est tiré de son profond sommeil par son ordonnance qui lui annonce que les Allemands ont coupé la route d'Arnhem, entre Sint-Oedenrode, une ville défendue par le *502nd PIR*, et Veghel, une commune occupée par le *501st PIR*. De la bouche de son aide de camp, Sink apprend, également, que la situation exige que le *506th PIR* se rende sur place pour aider le *501st PIR*. De fait, vers 01h30, après que Sink se soit entretenu avec sa hiérarchie par radio, les paras du régiment sont réveillés en sursaut et informés de l'extrême gravité de la situation. Certes, à ce moment, l'échec cuisant de l'Opération « *Market-Garden* » se profile à l'horizon comme une triste réalité. Néanmoins, il demeure vital de maintenir ouverte la route reliant Eindhoven à Arnhem afin d'éviter que ce qui s'apparente déjà à une défaite majeure ne se transforme en véritable désastre. En effet, si la route reste fermée, toute la chaîne logistique des unités alliées présentes entre Veghel et Nimègue sera brisée !

Il est près de 04h00 du matin quand la colonne du *506th PIR* quitte Uden, selon l'ordre de marche suivant, à savoir : *3/506th PIR*, *1/506th PIR*, *Reg. HQ & HQ Co.* et, enfin, *2/506th PIR*. Arrivé à quelques centaines de mètres au nord-ouest de Veghel, le régiment marque une halte, attendant que son chef reçoive des instructions claires et précises concernant la suite des événements...

A partir de 08h30, le *506th PIR* lance une violente contre-attaque destinée à réduire le saillant établi par les Allemands, au sud la ligne Eerde (où combat le *501st PIR*) – Zijtaart. Au début de cette action, le *2/506th PIR* reste en réserve, l'arme au pied. Toutefois, le bataillon ne tarde pas à être engagé sur le flanc gauche du régiment, en soutien de l'assaut que les blindés britanniques ont entrepris depuis le village de Koevering, en direction de Veghel.

Marchant en tête du *2/506th PIR*, la *Easy Co.* avance sous le couvert d'une forêt de pins, à l'est de la « *Hell's Highway* », dans le secteur de Hoogebiezen, accompagnée de deux chars britanniques, des *Sherman*. Avant d'ordonner de lancer l'assaut, Dick Winters, flanqué de Lewis Nixon, son éternel acolyte, mène une reconnaissance discrète. Suite à son observation du terrain, il conclut que le principal danger pour ses troupes réside dans le fait de s'exposer, au sortir du bois, au tir de l'ennemi, en terrain découvert. Pourtant, il impose à ses soldats de charger, adoptant la formation adéquate, en pareilles circonstances, et de chasser les Allemands de la route.

A peu près 400 mètres séparent la lisière de la forêt de la chaussée goudronnée. Arrivés à mi-chemin, les paras sont cloués au sol par le tir d'une mitrailleuse allemande. L'ayant repérée, le *S/Sgt.* Bill Guarnere ordonne à Don Malarkey de mettre son mortier en batterie et de la réduire au silence. Aussitôt dit, aussitôt fait ! Le premier obus tiré par le mortier détruit le nid de mitrailleuse allemand ! Malheureusement, nonobstant l'adresse au tir de Malarkey, la course vers l'avant de la *Easy Co.* est, bel et bien, interrompue par la tenace résistance adverse. De fait, le chef de corps intime à ses soldats l'ordre de se replier et de rejoindre le couvert du bois. Sur place, à l'ombre des conifères, Winters se dispute avec les chefs des chars qui refusent, obstinément, de se risquer à découvert. Malgré les protestations de l'officier américain, les deux *Sherman* demeureront, ce jour-là, désespérément, « inactifs »...

Ce n'est que le lendemain matin que la réduction du « Saillant de Veghel » aura lieu, suite à une action conjointe des *502nd* et *506th PIR*, aidés des blindés britanniques. A 12h00, les Allemands qui ont, définitivement, abandonné la partie, évacuent le secteur et s'égaillent dans la nature...

A 15h00, le 26 septembre, le *506th PIR* est de retour à Uden. Le régiment occupe et défend la localité...

Notes :

(1) 154 hommes répartis en une section de commandement et trois sections de fusiliers, désormais, chacune composée de quatre escouades.

(2) Ceci dit, notons tout de même, que certains parmi les blessés de Normandie, à peine de retour dans la compagnie étaient toujours convalescents ou, tout au moins, pas/plus au meilleur de leur forme !

(3) La *Panzer-Brigade 107* : Formée le 28 juillet 1944, sur base du noyau fourni par les reliquats de la *25. Panzergrenadier-Division*, l'unité est entièrement motorisée et compte une compagnie de commandement, un bataillon d'infanterie monté sur *Schützenpanzerwagen* (half-tracks), fort d'un bon millier d'hommes (5 compagnies de combat et 1 compagnie de service), un bataillon de chars (33 *Panzer V* « *Panther* » *Ausf. G* et 11 *Panzerjäger IV*) et une compagnie de réparation de *Panzer* (atelier de mécanique mobile) – Pour plus de détails, lire le remarquable rapport d'étude établi par l'expert Timo Worst sur *http://www.axishistory.com/axis-nations/152-germany-heer/heer-brigaden/4413-panzer-brigade-107*.

La charge héroïque

9

Derniers combats à Uden (30 septembre 1944)

Durant la journée du 30 septembre 1944, le *506th PIR* demeure retranché autour de et dans la bourgade de Uden, une zone où le régiment livre de rudes combats défensifs, depuis déjà plusieurs jours. Dans l'après-midi, le *Colonel* Sink est informé que, suite à l'échec et donc, de fait, à la clôture de l'Opération « *Market-Garden* » (*cf.* encadré ci-dessous), son unité doit se préparer à faire mouvement vers le nord, à destination d'une région de polders, située dans le delta du Rhin, un lieu du Gelderland enserré en deux cours d'eau, le Waal (au sud) et le Lek/Nederrijn (au nord), que les Hollandais surnomment « l'Île en terre ».

En route pour Nimègue (1er-2 octobre 1944)

Dans la matinée du 1er octobre, à 10h00, le *506th Regimental Combat Team* (*506th RCT = 506th PIR*, au complet, renforcé par le *321st Airborne Field Artillery Battalion*, 5 batteries du *81st Airborne Anti-Tank/Anti-Aircraft Battalion*, soit 16 (2x8) canons antichars de 57 mm et 36 (3x12) mitrailleuses lourdes *Browning M2* de 12,7 mm, ainsi que par la *Baker Co.* du *326th Airborne Engineer Battalion*) embarque dans des camions qui prennent la route de Nimègue, une cité occupée par les troupes de la *82nd Airborne Division*.

Arrivé sur place à 16h00, le *506th RCT* est placé en réserve, en attente de nouvelles instructions. Celles-ci ne tardent pas à arriver et l'unité apprend qu'elle devra relever une brigade britannique, au cœur de « l'Île en terre » (*cf.* supra), dès le lendemain.

La « Guerre des digues » (3-27 octobre 1944)

Le *506th RCT* quitte Nimègue, à 13h00, le 3 octobre, traversant le Waal via le pont conquis de haute lutte par la *82nd Airborne Division*. Vers 18h30, il atteint son point de rassemblement, sur « l'Île », dans le secteur de Zetten. Prenant la place de la *214th Infantry Brigade*, *43rd « Wessex » Infantry Division*, le *506th RCT* tient, dès 21h30, une ligne de front reliant Dodewaard à Heteren, en passant par Opheusden et Randwijk.

Une fois arrivée dans « l'Île », la *Easy Co.* installe son PC à Randwijk. Très vite, les paras s'aperçoivent qu'il ne s'agit pas d'un secteur « calme » et qu'ils vont devoir tenir une ligne de front démesurément étendue, au centre d'une région à la topographie particulière (polders, soit des terres de culture, artificielles et très fertiles, situées sous le niveau de la mer), quasiment désertée par les populations civiles et précédemment dévastée par les combats. En effet, avec 132 soldats, l'unité doit surveiller environ 3 kilomètres de digues, isolant des crues du Lek les riches et noires étendues agricoles situées au sud de celles-ci ! Comme Dick Winters ne dispose pas d'assez d'hommes pour établir une ligne de front continue, il affecte, en permanence, deux sections à la surveillance des digues aux endroits qu'il estime les plus susceptibles d'être choisis par l'ennemi en cas de tentative d'incursion au sud du Lek et garde une section en réserve, à Randwijk. En outre, il organise un système de patrouilles de 3 à 5 hommes, sélectionnés parmi toutes les sections de la compagnie, chargées, de jour comme de nuit, de surveiller le front, sur toute sa longueur, et de servir d'observateurs avancés pour l'artillerie (des centaines de canons de l'armée britannique sont présents dans « l'Île » et apportent leur soutien aux paras, sur base d'un simple appel radio).

Du 3 au 27 octobre, les paras de la *Easy Co*, tout comme leurs camarades d'ailleurs, se livrent à une pénible guerre de positions, baptisée « Guerre des digues », le long d'un front statique, victimes d'une météo automnale, grise, pluvieuse et froide. Se terrant dans des tranchées, sommairement creusées, et contraints à subsister sur base d'un ravitaillement limité, fourni par les Britanniques, les soldats américains améliorent, tant bien que mal, leur ordinaire à l'aide de lait (les vaches de la région ne demandent qu'à être traites), de légumes de saison et de fruit frais (pommes et poires), mais aussi de rations issues

Echec de l'Opération « Market-Garden »

Quelles sont les principales causes de l'échec cuisant de l'Opération « *Market-Garden* » ?

En bref et tout simplement :

1/ L'excès d'optimisme et de confiance (autrement dit : de la suffisance) de la part des stratèges alliés bercés par l'illusion que leur plan est infaillible ;

2/ La défaillance des services de renseignement alliés qui, entre autres, ont sciemment ignoré les informations émanant de la Résistance hollandaise ;

3/ La sous-estimation par les Alliés des forces réelles et de la combativité de l'ennemi ;

4/ La lenteur dans la progression des troupes qui, venant de Belgique, devaient, dans les trois, voire cinq jours rejoindre et relever les paras britanniques à Arnhem ;

5/ La mauvaise et trop courte planification de l'opération (une semaine, seulement, alors que le largage du *D-Day*, loin d'avoir l'ampleur de l'ensemble de celui de l'Opération « *Market-Garden* » a nécessité plus de six mois de préparation !) ainsi que le fait d'avoir visé « un pont trop loin » ;

6/ Le fait qu'un nombre important de zones de largage pour les paras et/ou d'atterrissage pour les planeurs sont trop éloignées des objectifs stratégiques à conquérir ;

7/ La capture des plans alliés par les Allemands dans l'épave d'un planeur ;

8/ La perte de l'effet de surprise en étalant les parachutages et les lâchers de planeurs sur quatre jours, notamment à Arnhem (trop d'hommes et de matériel à transporter avec un nombre insuffisant d'avions et de planeurs, sans compter que les forces aériennes alliées refusent, catégoriquement, d'effectuer plus d'une sortie par jour, par crainte d'une réaction offensive de la *Flak* et/ou de la *Luftwaffe* qui se montrerait génératrice de pertes élevées dans leurs rangs) ;

9/ Les mauvaises conditions météorologiques, à partir du 18 septembre 1944 ;

10/ La résistance acharnée de l'adversaire qui a fait preuve d'une combativité ainsi que d'une faculté d'adaptation et d'un esprit d'initiative remarquables.

de stocks allemands capturés (biscuits, fromage en tube et viande en conserve).

Pendant la « Guerre des digues », l'essentiel des combats se résume à tenir le front, principalement en repoussant les tentatives d'incursion de l'adversaire au sud du Lek, et à demander des tirs d'artillerie sur les positions ennemies, repérées au nord de ce dernier, ainsi qu'à patrouiller le long du front, une activité périlleuse, honnie des paras, car les « affrontements de rencontre », brèves escarmouches avec l'ennemi, se révèlent le plus souvent aussi brutaux que sanglants.

La charge héroïque (5 octobre 1944)

Dans la nuit du 4 au 5 octobre, vers 3h30, le *Sgt.* Art Youman ainsi que les soldats James Alley, Joe Lesniewski, Joe Liebgott et Rod Strohl quittent le PC de la *Easy Co.* et partent en patrouille, avec pour mission d'occuper un bâtiment proche d'un moulin à vent, au sud de la digue, au niveau d'un « carrefour », lieu de croisement entre la digue et la route (elle aussi « surélevée », c'est-à-dire bâtie au même niveau que la digue) reliant le hameau de Nijburg au ponton d'accostage du ferry permettant de traverser le Lek.

Arrivés au « carrefour », les paras tombent nez à nez avec un groupe de soldats allemands. Bien entendu, il s'ensuit une brève fusillade accompagnée de jets de grenades. Dans l'affrontement, Lesniewski, Liebgott et Strohl sont légèrement blessés, mais, hélas, Alley est plus grièvement atteint. En effet, suite à l'explosion d'une grenade, il est mutilé au visage et au bras par une trentaine d'éclats de métal brûlants. Cependant, l'envie de vivre, la montée d'adrénaline ainsi que la nécessité de se joindre, d'urgence, au mouvement de repli entamé par ses camarades lui donnent le courage et la force de courir très vite pour se mettre à l'abri !

A 4h20, le 5 octobre, la patrouille de Youman est de retour au PC de Dick Winters qui est alors informé de l'intrusion adverse dans son secteur, à 900 mètres à l'ouest de Heteren, à la jonction avec les lignes tenues par le *501st PIR*. Très vite, Winters, cernant, parfaitement, la gravité et l'enjeu de la situation, conclut que si les Allemands avancent vers le sud, jusque Nijburg, ils pourront menacer, directement Hemmen (PC du *2/506th PIR*) et, ensuite, Zetten (PC régimentaire), sans que l'on puisse les arrêter ! En outre, se dit-il, les « Boches » pourraient aussi attaquer le flanc gauche du *501st PIR* ! De fait, il décide de réagir, en se rendant, promptement, sur place, soit « au carrefour », à la tête d'un groupe de combat.

Laissant Alley aux bons soins d'un infirmier, Winters ordonne aux *S/Sgt.* Leo D. Boyle (1913-1997), de la *Co. HQ Section*, et Floyd Talbert, *Pl. Sgt.* du *1st Platoon*, de le suivre, accompagnés d'une quinzaine d'hommes du *1st Platoon*, réveillés en sursaut par Talbert, ayant, brusquement, fait irruption dans la grange où les soldats « piquent un roupillon », sans se douter de ce qui les attend.

Longeant le versant sud de la digue, Winters et son groupe progressent jusqu'à 250 mètres à l'ouest du « carrefour ». Soudain, une mitrailleuse allemande *MG42*, installée au sommet de la digue, ouvre le feu en direction du sud. Une saccade rauque résonne, déchirant le silence, et un jet orange de balles traçantes éclaire la nuit. Pourquoi les Allemands ont-ils déclenché ce tir inutile, dévoilant ainsi leur position ? Mystère...

Laissant le commandement du groupe de paras à Boyle et à Talbert, Winters se risque à partir, seul, en éclaireur. Passé de l'autre côté de la digue, il en dévale le versant nord en roulant au sol et, via un fossé courant le long de la base du remblai, il s'approche jusqu'à 25 mètres des Allemands occu-

Au premier plan, près de la jeep, le *Colonel* Sink, au centre, allumant sa cigarette. Photo prise au début de l'Opération *Market-Garden*. (*US Army*.)

pant la route et le « carrefour ». Quelques minutes plus tard, revenu auprès de ses soldats, il laisse deux hommes au sud de la digue pour surveiller ses arrières et son flanc droit puis emmène les autres soldats vers l'avant. Son idée est de placer le mortier servi par le *Sgt.* Warren H. Muck et le soldat Alex M. Penkala dans un fossé de drainage perpendiculaire à la route, à 150-200 mètres à l'ouest du « carrefour », d'installer la mitrailleuse du *Cpl.* « Pat » Christenson, au sommet de la digue, à 50 mètres des Allemands et, avec ses autres hommes, de canarder l'ennemi, à courte distance, par surprise, depuis la position qu'il a occupée au moment de sa reconnaissance.

Une fois son dispositif d'assaut en place, Winters tire avec son fusil *Garand*, imité par ses soldats. En même temps, Christenson « arrose » les Allemands avec sa mitrailleuse, tandis que Muck et Penkala expédient deux obus de mortier en plein sur eux. Foudroyés, une dizaine de *Landser* vacillent puis s'écroulent, mais, face à la riposte de leurs camarades tirant depuis la route, Winters et son groupe se retirent. Ils refluent, rapidement, vers l'ouest, par où ils sont venus, et se cachent dans le fossé où est positionné le mortier du *Sgt.* Muck.

Depuis cette position, à couvert, les paras répliquent et se remettent à tirer en direction des Allemands, présents au sommet du talus de la route. Pendant la fusillade, le *Cpl.* William H. Dukeman Jr. (alors âgé de 23 ans, puisque né le 3 septembre 1921) est tué par l'explosion d'une grenade à fusil. Un éclat l'a atteint dans le dos, au niveau de l'omoplate, et lui a perforé le poumon gauche ainsi que le cœur ; il est mort sur le coup.

Se servant de la radio convoyée par le *S/Sgt.* Boyle (l'un de ses bras droits et son sous-officier chargé des communications), Winters contacte son adjoint,

Deux paras de la *101st Airborne Division*, servant une mitrailleuse *.30*, photographiés, début octobre 1944, dans le secteur des digues, entre Randwijk et Heteren. (*US Army.*)

Ci-contre et page suivante : des paras du *2/506th PIR*, photographiés, en octobre 1944, durant la « Guerre des digues ». (*US Army.*)

Deux paras du *506th PIR*, photographiés au cœur de « l'Île », en octobre 1944. Tous deux sont armés d'un fusil *Garand*, mais celui de droite porte, également, une mitraillette *M3 Grease Gun*. (*US Army*.)

M3 Grease Gun. (Hermann Historica.)

Harry Welsh. Il lui demande d'ordonner au chef du *1st Platoon*, le *1st Lt.* Thomas A. Peacock (1920-1948), de le rejoindre avec le reste de sa section ainsi qu'avec une ou deux escouades du *Light Machine Gun Platoon* de la *HQ and Heavy Weapons Company* du *2/506th PIR*.

Au lever du jour, suite à l'arrivée des renforts, Winters dispose d'une section de fusiliers, au complet (moins les pertes subies, précédemment, cela va sans dire), renforcée d'une *LMG Section* (2x *LMG Squad*, soit 2 mitrailleuses *Browning M1919 .30*), soit environ 40 hommes. S'apercevant que son unité est en mauvaise posture et redoutant que l'ennemi ne tarde pas à s'en rendre compte, il préfère passer à l'attaque avant que les Allemands ne le contournent par le sud-ouest et ne l'assaillent sur son flanc droit, depuis le haut de la digue, mais aussi de face, depuis la route. Si c'était le cas, ses hommes et lui, pris au piège entre la digue et le Lek, n'auraient aucune chance de s'en sortir vivants. Profitant du fait que les Allemands n'ont pas réoccupé le sommet du talus de la route, ni le « carrefour » (une grave erreur), Winters ordonne donc une charge à la baïonnette, sous couvert de tirs de neutralisation de la part de ses mitrailleurs.

Menant l'attaque, le fougueux officier arrive le premier sur la route. Face à lui, en contrebas, se tient un jeune soldat *SS*. Sans hésiter, l'Américain l'abat, visant sa poitrine. Observant le paysage à l'est de la route, Winters remarque que le pré détrempé est rempli de fantassins de la *Waffen-SS* ; ils sont plus d'une centaine allongés sur le sol !

Rejoint par ses hommes, Winters continue à « tirer dans le tas », semant la panique parmi les *SS* qui tardent, étrangement, à répliquer. Depuis la route, les

Rod Strohl (1922). (F. Guth, via M. De Trez.)

Rod Strohl (1922) (R. Strohl/Archives du *506th PIR*.)

Ci-contre : Rod Strohl, au centre de la photo. L'homme agenouillé devant lui est Clarence Hester. (F. Guth.)

Ci-dessus : Dick Winters, au PC du *506th PIR*, à Schoonderlogt, en octobre 1944. (A. Krochka, via R. Winters.)

Ci-contre : veste de la tenue *M1943*, portée par Dick Winters (*cf.* photo prise à Schoonderlogt), précieusement conservée dans la collection privée de Michel De Trez. Une pièce unique, exposée au *December 44 Historical Museum* de La Gleize. (M. De Trez.)

A gauche : Joseph A. Lesniewski (1920-2012) (J. Lesniewski /Archives du *506th PIR*.)

per la retraite, mais aussi et surtout par le tir précis et meurtrier de l'artillerie allemande qui intervient sans crier gare, causant des ravages.

Face à une telle situation, Winters préfère donc se montrer raisonnable, se retirer et sauver la vie de ses hommes. De fait, il leur ordonne de se replier, en bon ordre, tout en combattant, vers le « carrefour » et le versant sud de la digue. De leur côté, surpris et sérieusement malmenés, les Allemands n'insistent pas et admettent, pour ainsi dire, leur « défaite ». Sans attendre, eux aussi battent en retraite, regagnant la rive nord du Lek par bateau...

Après coup, quelle conclusion apporter au récit de cette bataille ? Il s'agit là, sans nul doute, d'un haut fait d'armes, encore plus remarquable que la destruction de la batterie de Manoir de Brécourt (*cf.* chapitre 6) démontrant, une fois de plus, le courage et les compétences (valeur militaire) des paras. Au-delà du fait que Winters a clairement profité des failles du dispositif adverse (accumulation de bourdes monumentales), ses hommes et lui viennent de signer un

paras canardent l'ennemi ; c'est un véritable « tir aux pigeons » ! Toutefois, celui-ci ne dure pas car les Allemands se ressaisissent. En effet, après un début de débandade, vite enrayé par leurs cadres, les *SS* établissent une ligne de feu défensive, somme toute, assez efficace qui contraint les paras à se retrancher à l'ouest du parapet de la route...

Avec une seule section, Winters, sans le savoir au départ, vient de se frotter à une compagnie entière de *Waffen-SS* qui, à la faveur de la nuit, a traversé le Lek et se préparait à mener une attaque de diversion contre le village de Hemmen en soutien de l'assaut d'envergure que la *363. Volksgrenadier-Division* a engagé contre le *3/506th PIR* sur la ligne Dodewaard-Opheusden (l'objectif des Allemands est de reprendre « l'Île » aux Alliés) !

Profitant d'un instant de répit consécutif à la baisse d'intensité de la fusillade, Winters appelle l'artillerie à la rescousse afin qu'elle pilonne les positions allemandes. De plus, il contacte, toujours par radio, son chef de bataillon, Robert Strayer, qui lui promet l'envoi d'un peloton de la *Fox Co.*, en renfort. Une fois ce dernier arrivé, Winters reprend son offensive dont le but est de repousser les Allemands vers la digue et, en même temps, de prendre et de tenir le ponton d'accostage du ferry permettant de traverser le Lek pour « verrouiller » cet accès et priver l'ennemi de son usage.

Suivant la tactique d'assaut d'infanterie dite de « tirs et mouvements », agissant avec calme et habileté, les paras entament leur manœuvre. Sous la protection d'un groupe d'appui feu, un groupe d'assaut progresse. A chacune des étapes de l'avancée de l'ensemble des troupes, les deux groupes échangent leur rôle, se partageant ainsi, équitablement, la tâche.

Semblant, tout d'abord, promise au succès, l'attaque des paras, d'une audace frisant la témérité, est, malheureusement, vite contrée par l'engagement, dans la bataille, d'une seconde compagnie de *SS*, également présente sur place et dont les Américains n'ont pas soupçonné l'existence, qui menace de leur cou-

Floyd Talbert (ici avec le grade de *1st Sergeant*), à droite, en compagnie de Don Malarkey. Talbert, *Platoon Sergeant* du *1st Platoon*, était l'un des sous-officiers en qui Winters avait toute confiance. D'ailleurs, au sein de la compagnie, Talbert était considéré comme « l'Ange gardien » de Winters. (*US Army*/ Archives du *506th PIR*.)

parcours sans faute se soldant par ce qu'il convient d'appeler une « victoire ».

Assurément, nous parlons bien ici d'une action victorieuse. Au début de la bataille, une quarantaine de paras ont défié 120 à 150 Allemands (*cf.* supra) et,

Ci-dessus : à gauche, au premier plan, Skip Muck, regardant en direction du photographe. (*US Army*/ Archives du *506th PIR*.)

Ci-dessus, à droite : Alex Penkala, servant de mortier et adjoint de Skip Muck. (*US Army*/ Archives du *506th PIR*.)

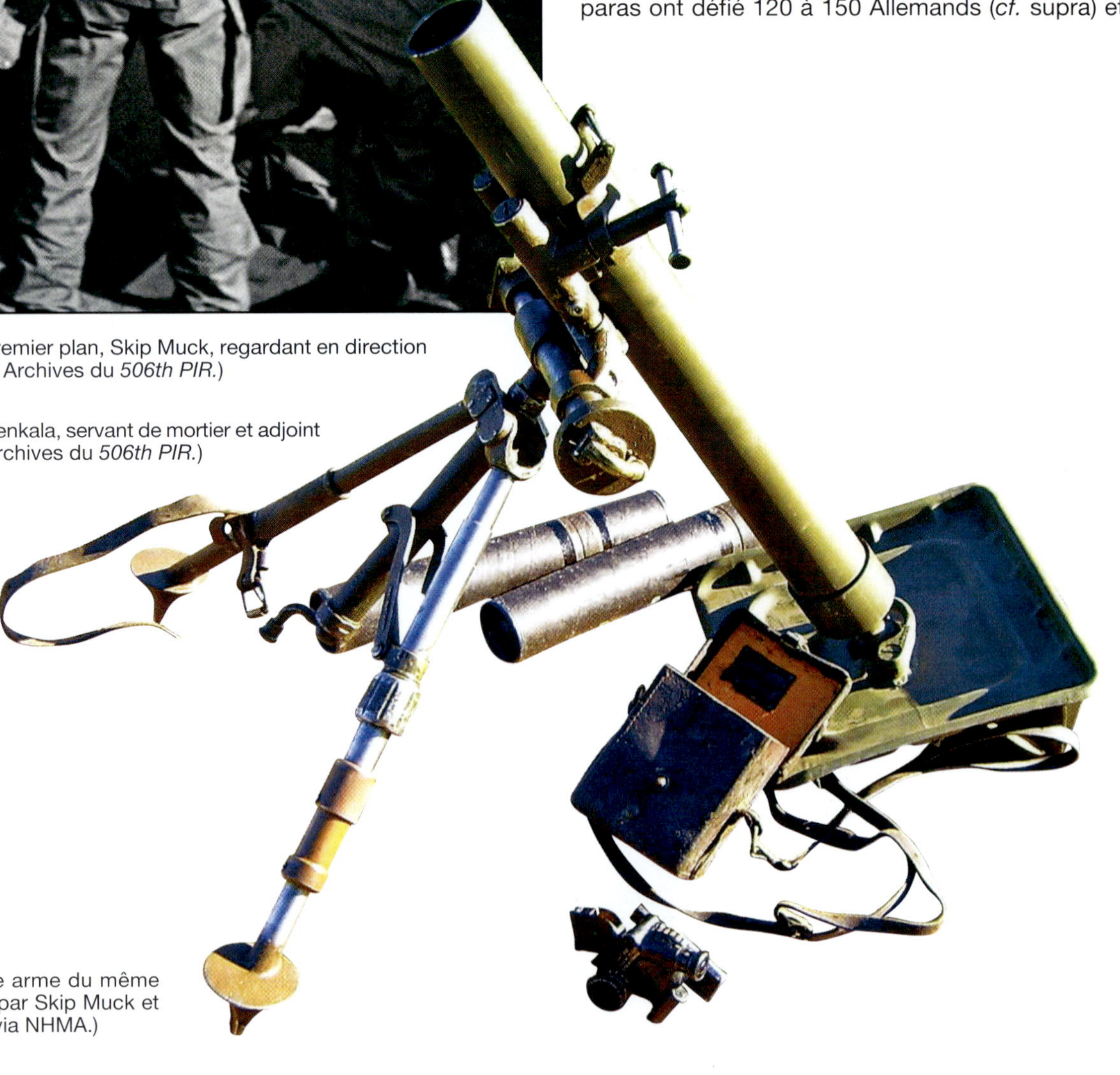

Mortier *M2* de 60 mm, une arme du même modèle que celui employé par Skip Muck et Alex Penkala. (M. Longue, via NHMA.)

Burton « Pat » Christenson (1922-1998). (B. Christenson/ Archives du *506th PIR.*)

Ci-contre : de gauche à droite, « Pat » Christenson, « Bull » Randleman et « Bill » Dukeman. Dessinateur et guitariste de talent, Christenson, formé à Toccoa, officie comme servant de mitrailleuse, au sein du *1st Platoon*, jusqu'à ce qu'il soit nommé sergent et chef d'escouade, à l'automne 1944. Soldat courageux et compétent, il participe à toutes les campagnes auxquelles prend part son unité. Ami intime de Dukeman, il éprouve beaucoup de peine suite à la disparition brutale de ce dernier. (B. Christenson/ Archives du *506th PIR.*)

ensuite, durant la seconde phase du combat, une soixantaine d'Américains affrontent presque 300 ennemis ! « Bilan du match » : victoire au point pour les paras. En effet, payant le prix d'un mort (Dukeman) et de 22 blessés, ils ont forcé les *SS* à « abandonner la partie », capturé 11, blessé 50 et tué 80 à 100 d'entre eux !

Toutefois, même si la manœuvre conduite par Winters, une parfaite application d'un *modus oprandi* mille fois répété à l'entraînement, s'est vue exécutée avec brio, cette dernière n'a pu se dérouler comme prévu et connaître une issue « heureuse » uniquement parce que les paras, en parfaite condition physique, braves, disciplinés, adroits au tir, aptes à se déplacer sur le terrain tel que prescrit par les règles de base de l'art du combat d'infanterie, ont pu bénéficier du soutien aussi efficace que rapide de l'artillerie britannique. Sans cela et face à un ennemi moins « empoté », il est certain que les choses se seraient passées autrement. Enfin, n'oublions pas non plus de noter que le « facteur chance » a, également, joué un rôle déterminant dans le succès remporté par les paras comme l'a reconnu et n'a eu de cesse de le souligner Dick Winters !

Etonnamment, suite à l'action du 5 octobre, le chef de la *Easy Co.* ne se voit attribuer aucune décoration. En revanche, il bénéficie d'une belle promotion : le *Colonel* Sink le nomme commandant en second du *2/506th PIR*, le 9 octobre.

Mitrailleuse *Browning M1919A6* calibre *.30* (7,62 mm). « Pat » Christenson utilise ce type d'arme, lors de l'action du 5 octobre 1944. (*Rock Island Arsenal*, via *US Army*)

William H. « Bill » Dukeman Jr. (1921-1944). (*US Army*/ Archives du *506th PIR*.)

Opération « *Pegasus* » (22 octobre 1944)

Le récit complet de cet événement constituant le corps du texte du chapitre 10 du présent ouvrage, notre lectorat est prié de consulter le contenu dudit chapitre.

Driel (28 octobre -25 novembre 1944)

Le 28 octobre, le *506th RCT* quitte, à proprement parler, la « ligne de front des digues » et se redéploie dans le secteur de Valburg ; le *Colonel* Sink installe son PC à Schoonderlogt. Quant à la *Easy Co.*, elle s'installe dans le voisinage de la commune de Driel, sur la rive sud du Lek, en face d'Oosterbeek (à l'ouest d'Arnhem), occupant un front en angle droit (« un coin », face au nord et à l'est), en remplacement d'une unité britannique.

A Driel, les paras renouent avec la « tradition d'un front statique », menant une pénible guerre de tranchées. Au-delà du *no man's land*, profond de 200 à 500 mètres, suivant les endroits, les Allemands ont adopté une stratégie similaire. Des deux côtés, seules des patrouilles nocturnes osent s'aventurer à découvert et, en bref, chacun des deux camps se contente de « garder l'adversaire à l'œil ». D'autre part, comme toujours en pareille situation (guerre de position le long d'un front fixe), d'incessants duels d'artillerie finissent par miner le moral des belligérants, pataugeant dans la boue glacée de leurs tranchées, soumis au frimas et à la morne grisaille automnale.

Dans la soirée du 31 octobre, le *1st Lt.* « Moose » Heyliger est grièvement blessé par le tir accidentel d'une sentinelle américaine alors qu'il se rend, en compagnie de Dick Winters, au PC de Harry Welsh,

Clarence O. « Clancy » Lyall (1925-2012) et Ed Joint, photographiés, ici, à Aldbourne, en juillet 1944. Clancy Lyall participe au saut du *D-Day*, comme mitrailleur, au sein de la *HQ Co.* du *2/506th PIR*. Lors de la prise de Carentan, il est blessé d'un coup de baïonnette dans le ventre alors qu'il pénètre dans une maison de la Rue Holgate (*cf.* chapitre 7, récit de la Bataille de Carentan). Heureusement pour lui, après avoir planté sa lame dans le corps du para, son agresseur hésite à poursuivre son assaut et Lyall trouve ainsi le temps de dégainer son pistolet pour abattre l'Allemand ! Après sa convalescence, Clancy est affecté, toujours comme mitrailleur, au *3rd Squad* du *1st Platoon* de la *Easy Co.*, une unité avec laquelle il terminera la guerre. Bien entendu, en tant que membre du *1st Platoon* de la *Easy Co.*, Lyall est présent lors du combat du 5 octobre au cours duquel il est, à nouveau, blessé, mais cette fois à la jambe. (C. Lyall/ Archives du *506th PIR*.)

alors en charge du *2nd Platoon*. Après une entrevue avec Welsh, les deux officiers ont prévu d'effectuer une tournée d'inspection des avant-postes. Hélas pour Heyliger, le mauvais sort en décidera autrement. En piteux état, le teint livide et inconscient, il est évacué vers un hôpital. Le chef de régiment le remplacera par le *1st Lt.* Norman S. Dike Jr., un bellâtre de haute stature à l'allure martiale, instruit et bien éduqué, d'apparence très sûr de lui qui, lors de son entrée en fonction, fera bonne impression…

Contrairement aux prévisions des stratèges alliés, la Campagne de Hollande s'est apparentée à une rude bataille, engendrant de lourdes pertes (2 118 tués pour l'ensemble de la *101st Airborne Division*). En quittant les Pays-Bas, à destination de Mourmelon (en France), le 25 novembre, la *Easy Co.* se voit réduite à 98 paras crasseux et fatigués. Les soldats William H. Dukeman Jr. (23 ans), James D. Campbell, Vernon J. Menze (20 ans), James W. Miller, William T. Miller et Robert Van Klinken (24 ans) sont morts au combat. Les lieutenants Robert B. Brewer, Lynn D. Compton, Frederick T. Heyliger et Charles A. Hudson ainsi qu'une bonne quarantaine d'hommes de troupes et de sous-officiers ont été blessés.

David K. Webster (1922-1961), photographié avec un groupe de civils hollandais, lors de la libération de Eindhoven. Etudiant la littérature à Harvard, Webster est, à l'origine, un membre de la *Fox Co.*, mais saute sur la Normandie avec la *HQ Co.* du *2/506th PIR*. Pour l'Opération *Market-Garden*, il demande à rejoindre la *Easy Co.* et se voit incorporé dans le *1st Platoon*. Avec Clancy Lyall et le soldat Mike Massaconi, il est servant de mitrailleuse (jouant le rôle de « mulet », il porte les caissons de munitions). Lors du combat du 5 octobre, il est blessé d'une balle dans le mollet. Convalescent, il « manque » la Bataille de Bastogne, mais, en revanche, il est présent lors de la Bataille de Haguenau. Assurément, Webster est un intellectuel, cultivé et sensible, épris de littérature. En tant que soldat, il se borne à accomplir son devoir, ni plus, ni moins, sans se porter volontaire pour aucune mission, ni jamais accepter de monter en grade et de devenir chef d'escouade. Après-guerre, il rédige ses mémoires, principalement à propos de son expérience de soldat. (Jan Siezen, via Bert Siezen et Ronald Bouwknegt.)

Le cimetière provisoire de Wolfswinkel (Breugel/Son) où reposent les dépouilles de la majorité des 2118 tués de la *101th Airborne Division*, tombés au champ d'honneur, durant la Campagne de Hollande. (*US Army*)

10 Opération « Pegasus »

Ci-dessus et ci-contre : Frederick T. « Moose » Heyliger (1916-2001). (*US Army*/Archives du *506th PIR.*)

Le *2nd Lt*. Edward D. « Ed » Shames, chef du *3rd Platoon* de la *Easy Company*. (1922). (Ed Shames, via Ian Gardner)

Ci-contre : le soldat Lester A. « Leo/Lee » Hashey (1925-2002). Il est l'un des remplaçants, affectés à la *Easy Co.* pour combler les pertes, après la Campagne de Normandie. Membre du *1st Platoon*, il sert sous les ordres du *Sgt.* Muck. Le 22 octobre 1944, il est désigné par son chef de compagnie pour participer à l'Opération *Pegasus*. Sur cette photo de studio le représentant, Hashey porte une tenue fort peu réglementaire et assez débraillée, à savoir : l'uniforme éculé (tenue de saut *M1942*) d'un camarade de section, le soldat Woodrow Robbins. (L. Hashey, via *Dead Man's Corner Museum.*)

Suite au départ de Dick Winters, nommé *XO* du *2/506th PIR*, le 9 octobre 1944, la *Easy Co.* est commandée par le *1st Lt.* Frederick Theodor « Moose » Heyliger (1916-2001). Cet excellent officier, ancien chef de peloton dans la *Easy Co.*, est transféré de la *HQ Company* du *2/506th PIR* où il a dirigé, jusque-là, la section de mortiers du bataillon.

Le 20 octobre, Heyliger est convoqué au PC du *Colonel* Sink qui lui annonce que la *Easy Co.* va être chargée de mener une opération de sauvetage de paras

britanniques, de résistants hollandais ainsi que d'aviateurs américains abattus, cachés sur la rive nord du Lek, à l'ouest et au nord-ouest d'Arnhem, dans le secteur de Ede-Renkum. En effet, lors de l'Opération *Market-Garden*, la *1st Airborne Division* britannique, a perdu 8 000 hommes sur les 10 500 engagés au nord du Rhin (parmi eux on compte 6 000 prisonniers et 1 500 tués). A la mi-octobre, environ 500 soldats de Sa Gracieuse Majesté se dissimulent encore dans les habitations et les forêts, avec le concours de civils et de membres de la résistance batave. Bien entendu, vu les risques engendrés par la traque féroce que mènent les Allemands pour les capturer, il devient vital d'en extirper le plus possible de cette « souricière », dans les plus brefs délais ! Avec l'accord de sa hiérarchie et le concours du *Lieutenant-colonel* David Dobie, un officier de la *1st Airborne Division* qui a traversé le Lek à la nage, le 16 octobre, parvenant aussi à garder le contact avec un important groupe de fugitifs en péril (résistants et paras), isolés en territoire ennemi, via des radios et/ou le téléphone, Sink monte une audacieuse, mais périlleuse, opération de secours afin d'exfiltrer, de nuit, 139 hommes désireux de rejoindre les lignes américaines.

A 21h30, dans la nuit du 22 au 23 octobre, après un briefing précis sur le déroulement de l'Opération « *Pegasus* » (nom de code de la manœuvre d'évacuation/sauvetage), ceux que l'on appellera, bientôt, les « évadés » se regroupent par section d'une vingtaine d'hommes et se mettent en route. Progressant en silence, par différents itinéraires, ils rejoignent un premier point de rassemblement, sur la rive nord du Lek, au sud-ouest de Renkum, vers minuit. Dans l'ensemble, aucun incident n'est à déplorer, sauf une brève escarmouche avec une patrouille allemande durant laquelle un soldat ennemi trouve la mort, tandis qu'un fuyard est repris.

A 00h30, les bateaux transportant les paras de la *Easy Co.*, accompagnés de Dobie et de quelques hommes du Génie de l'armée britannique, arrivent au point de rendez-vous. Heyliger et deux autres officiers, Ed Shames et Harry Welsh, ainsi que 17 soldats, choisis par celui-ci, participent à l'expédition. Une fois sur la rive nord du Lek, Heyliger ordonne d'établir un périmètre défensif et de se préparer à accueillir les « évadés ». Sur le flanc droit des paras, Walter Gordon installe sa mitrailleuse. Une autre « machine à coudre » de calibre *.30* est mise en batterie sur le flanc gauche. D'autre part, les paras s'enterrent, sommairement, et guettent les alentours, à l'affût du moindre bruit et mouvement suspect.

Une fois le point d'accueil sécurisé, Heyliger et Dobie émettent, via une lampe torche équipée d'un filtre rouge, en morse, le « signal V de la victoire », en direction du groupe des « évadés ». Ces derniers leur ayant répondu, ils décident de les rejoindre afin de les guider vers l'endroit précis des berges du fleuve où stationnent les canots.

Dans l'obscurité (pas de lune, ce soir-là), détrempés par la bruine et tremblant de froid, Heyliger et Dobie, précédés par le soldat Ralph I. Stafford, leur éclaireur, marchant en tête, l'arme au poing, avancent, lentement et silencieusement, à travers le brouillard.

Jusqu'à ce qu'ils rencontrent le premier para britannique, règne une tension extrême (à tout moment peut surgir une patrouille allemande). Heureusement, celle-ci décrut, sensiblement, une fois le contact physique établi avec le groupe des « évadés ». Sans tarder et furtivement (dans ce genre d'opération la rapidité et la discrétion demeurent la clé du succès), tous se replient vers le lieu d'accostage des bateaux où ils sont attendus par les paras de la *Easy Co.*, trépignant nerveusement d'impatience car pressés de « foutre le camp » avant d'être repérés.

Ci-contre : Edward J. « Babe » Heffron (1923-2013). Le 22 octobre 1944, Babe, comme l'appellent ses amis, est désigné par son chef de compagnie pour participer à l'Opération *Pegasus*. (E. Heffron.)

Hormis le temps perdu par les paras britanniques à embrasser et à congratuler leurs homologues d'outre-Atlantique, l'opération d'évacuation est rondement menée puisqu'à 2h00 du matin, le 23 octobre, 138 « évadés » ainsi que tous les membres de leur escorte sont de retour dans les lignes alliées, rassemblés, sains et saufs, au PC de la *Easy Co.*, à Randwijk ! Seul bémol à noter : la perte de l'un des fuyards (un déserteur de la *Wehrmacht* d'origine russe), en cours de route (*cf. supra*), ainsi que le tir sporadique d'une mitrailleuse et d'un mortier allemands dont les projectiles se sont perdus dans la nuit, manquant, de très loin, leur cible, impossible à localiser dans le noir d'encre.

Bien entendu, le succès de l'Opération « *Pegasus* » est applaudi et, copieusement, « arrosé » par les paras. Le formidable exploit des soldats de la *Easy Co.* est même salué en haut lieu, l'unité étant citée à l'ordre du régiment. Quant à « Moose » Heyliger, il sera décoré, par les Britanniques, de la *Military Cross*, une médaille décernée pour « bravoure et mérite militaire ».

A droite : Walter S. « Smokey » Gordon Jr. (1920-1997), mitrailleur au *3rd Platoon* de la *Easy Company*. (W. Gordon/Archives du *506th PIR*.)

Ralph I. Stafford (1924-1995), membre du *1st Platoon* de la *Easy Co.*, éclaireur lors de l'Opération *Pegasus*. (*Forth Worth Star-Telegram Collection, Special Collections, The University of Texas at Arlington Librairies*, Arlington, Texas, via Cathy Spitzenberger.)

Walter Gordon, mitrailleuse en main. (F. Guth, via M. De Trez.)

11 Bastogne : Trente jours sous la neige et le feu

Ci-dessus : paras de la *101st Airborne*, photographiés en grande conversation avec une civile française, au Camp de Mourmelon, début décembre 1944. (*US Army.*)

Ci-dessous : « Les acolytes » : Dick Winters et Lewis Nixon, au Camp de Mourmelon. (*US Army*, via R. Winters.)

Le *506th Parachute Infantry Regiment* au repos à Mourmelon

Après avoir participé à l'opération « *Market-Garden* » et combattu plus de deux mois en Hollande, le *506th PIR*, ainsi que l'ensemble de la *101st Airborne Division*, est expédié, au repos, dans le nord-est de la France, au camp de Mourmelon, une ville de garnison située près de Reims, dans des casernements de l'armée française.

Le *2/506th PIR* prend ses quartiers au camp de Mourmelon dans la nuit du 25 au 26 novembre 1944. Une fois installé, tout le bataillon s'attelle à l'indispensable corvée de lessive, de nettoyage des armes et de remise en état de ses équipements, un labeur vite compensé par le plaisir de retrouver la vie sereine de l'arrière, loin du front, et de pouvoir, à nouveau, jouir de la dégustation de repas chauds, de bonnes nuits de sommeil passées dans un lit, d'uniformes propres, de douches et de séances de rasage quotidiennes ainsi que des distributions de courrier reprenant dès le 30 novembre. En revanche, les hommes seront vite déçus de se voir interdire les permissions à Reims ou à Paris,

Easy Company

Company HQ

Company CO : 1st Lt. Norman Dike (jusqu'au 13/01/45), puis *1st Lt.* Ronald Speirs

Company XO : 1st Lt. Sterling Horner

Co. 1st Sgt.: 1st Sgt. Carwood Lipton

1st Platoon :

Plt. CO : 1st Lt. Thomas Peacock (jusqu'au 04/01/45), puis *1st Lt.* Jack Foley

Platoon Sgt. : S/Sgt. Floyd Talbert

Sergeant Guide: Sgt. Johnny Martin

1st Rifle squad : Sgt. Burton Christenson

2nd Rifle squad : Sgt. Denver Randleman

3rd Rifle squad : Sgt. Robert Rader

Mortar squad : Sgt. Warren Muck

2nd Platoon :

Plt. CO : 1st Lt. Lynn Compton (jusqu'au 03/01/45), *1st Sgt.* Carwood Lipton

Plt. XO : 1st Lt. Jack Foley (jusqu'au 04/01/45)

Platoon Sgt. : S/Sgt. William Guarnere (jusqu'au 03/01/45), puis *S/Sgt.* Donald Malarkey (à partir du 04/01/45)

Squad leaders : Sgt. Bernard S. Cunningham, *Sgt.* Charles E. Grant, *Sgt.* Donald Malarkey (*Mortar Squad*) et *Sgt.* Joseph Toye.

3rd Platoon :

Plt. CO : 2nd Lt. Edward Shames

Platoon Sgt. : S/Sgt. Amos J. Taylor, puis *S/Sgt.* Paul C. Rogers (à partir du 14/01/45)

Squad leaders : Sgt Kenneth D. Mercier, *Sgt.* Paul C. Rogers (*Mortar Squad*), *Sgt.* Clarence M. Tridle et *Sgt.* Arthur C. Youman.

une sanction pourtant justifiée par l'alcoolisme, l'indiscipline et l'inconduite régnant dans les rangs des paras lors de leurs « sorties », menant à de trop nombreux et regrettables excès, tels que des bagarres et des déprédations, sans parler des outrages, voire des agressions, commis à l'encontre de la gent féminine, qu'il s'agisse de civiles françaises ou de militaires américaines…

Dès le début du mois de décembre, la reprise de l'entraînement coïncide avec l'arrivée, en masse, des nouvelles recrues, en majorité des « bleus » âgés de 18 ou 19 ans. Ainsi, au 15 de ce mois, la *Easy Com-*

Série de portraits de soldats de la *Easy Company*. De gauche à droite : Hank Zimmerman, Floyd Talbert, Herbert Suerth, Bill Wingett, Ed Mauser, Forrest Guth, Rod Bain, Georges Luz, Bill Guarnere, Earl Mac Clung, Johnny Martin, « Bull » Randleman, Ralph Trapuzzano, « Skinny » Sisk, « Burr » Smith, Carwood Lipton, Eugene Roe, Don Malarkey, Joachim Melo et « Gordy » Carson. (Archives du *506th PIR*.)

Mis en état d'alerte, suite au succès de la percée allemande dans les Ardennes, les paras (ici des hommes du *502nd PIR*) se préparent à gagner le front. (*US Army*.)

pany, aux ordres du *1st Lieutenant* Norman S. Dike (1), annonce, dans un rapport adressé à l'état-major du bataillon (plus précisément, au *Btn. S-1*, soit l'officier chargé des questions de personnel), qu'elle dispose de 75% de son effectif théorique en hommes de troupes et sous-officiers (2), mais que, par contre, le nombre d'officiers est en surplus. En effet, en prévision des lourdes pertes en officiers subalternes que la compagnie serait susceptible de subir lors des combats à venir, cet excédent de cadres permet d'aligner, comme officiers : le commandant de compagnie et son second, deux lieutenants par section (le chef de section et son adjoint) ainsi qu'un lieutenant de réserve…

16 décembre 1944 – Le *2/506th PIR* est mis en état d'alerte

Tard dans la soirée du 16 décembre, une estafette vient se présenter au PC du *2/506th PIR* pour informer le *Btn. S5 (XO)*, le *Captain* Winters, que les Allemands venaient de réussir une percée dans les Ardennes belges et que, sur ordre du chef de régiment, le bataillon doit se préparer à faire mouvement, avec armes et bagages, à partir du lendemain matin. En réalité, Winters est déjà au courant de la situation car le *Btn. S3*, le *Captain* Lewis Nixon, et lui ont veillé à la radio et, balayant toutes les fréquences, écouté les messages destinés au PC divisionnaire, relatant les difficultés rencontrées par l'*US Army*, sur le front des Ardennes. Toutefois, Winters n'en remercie pas moins poliment l'estafette et, l'invitant à se retirer, lui ordonne de rendre compte au *Colonel* Sink qu'il accuse bonne réception de l'ordre à exécuter et que ce dernier sera transmis à la troupe, dès l'aube, le lendemain.

17 décembre 1944 – *Le 2/506th PIR* se prépare à gagner le front

En l'absence du *Lieutenant-colonel* Strayer, parti en permission en Angleterre, Winters a été, provisoirement, nommé à la tête du *2/506th PIR* comme « officier commandant faisant fonction ». A ce titre, il ordonne de réveiller les hommes dès les premières lueurs du jour et les informe de la situation, une fois clos le *briefing* des officiers (état-major, chefs de compagnie et de section).

Dans l'attente d'autres instructions et de l'ordre de départ, le principal souci de Winters reste alors d'équiper et d'armer correctement son bataillon. Le problème majeur rencontré par ce dernier est qu'il n'y a ni dépôt d'armes, ni stocks de munitions et de fournitures à Mourmelon. Le bataillon ne dispose donc que des armes, munitions et autres fournitures ramenées de Hollande, autrement dit, d'une dotation ridicule n'atteignant même pas le strict minimum requis, en pareille situation. En outre, aucun équipement, ni aucune tenue d'hiver n'ont été livrés. De fait, Winters ordonne à ses hommes de se débrouiller comme ils peuvent pour s'équiper au mieux et presse vivement ses officiers de prospecter dans toute la base et de réquisitionner le plus de matériel possible. Hélas, en dépit de leurs efforts, officiers et soldats demeurent tous, y compris les plus chanceux ou les plus débrouillards, inadéquatement vêtus pour affronter la rigueur annon-

Les paras du *2/506th PIR* en train d'embarquer dans les camions de transport en partance pour Bastogne. (*US Army*.)

cée des frimas de l'hiver et insuffisamment armés pour combattre efficacement l'ennemi.

Néanmoins, le moral est au beau fixe et tous se montrent prêts à en découdre à nouveau avec l'adversaire, comme en témoigne ici le *1st Sergeant* Carwood Lipton, adjudant de la *Easy Company* : « *Lorsque nous partons pour Bastogne, nous manquons de vivres, de munitions et de vêtements chauds, mais nous avons la certitude que notre haut commandement se débrouillera, d'une manière ou d'une autre, pour nous faire parvenir le ravitaillement dont nous avons grandement besoin. De fait, à ce moment-là, pour nous, il n'est pas question de faillir à notre devoir et nous sommes donc déterminés à nous battre* » (3).

18 décembre 1944
En route vers les Ardennes

L'ordre de quitter le camp de Mourmelon et de rejoindre le front des Ardennes belges ne tarde pas ; il parvient au *2/506th PIR*, à 20h30, le 17 décembre. Ceci dit, si la région (zone géographique), but du long et périlleux périple qui s'annonce est connue, en revanche, la destination exacte du bataillon, demeure, elle, un mystère complet. « *Où vont-ils bien nous emmener cette fois ?* », se demandent les paras. « *Dans quel damné guêpier va-t-on se fourrer ?* », s'interrogent encore ses derniers...

Le lendemain, en fin d'après-midi, vers 17h30, 380 camions, destinés au transport d'urgence des 12.000 hommes de la *101st Airbone Division (4)*, commandée, *ad interim*, par le *Brigadier-general* Anthony Mac Auliffe (5), sont entrés dans le camp de Mourmelon. Afin de se protéger du froid, les paras, prêts au départ et à embarquer dans les camions, ont enfilé leur tenue *M1943* ou *M1942*, en popeline de coton, par-dessus la chemise réglementaire, le pull-over en laine de dotation et le pantalon en drap de la tenue de sortie. Les plus chanceux disposent, en plus, d'une capote de drap ou du blouson de la tenue *M1941*. En outre, certains portent le blouson d'hiver des équipages de blindés, mais, au moment d'embarquer dans les camions, bonnets, écharpes, gants, tricots, caleçons longs, chaussettes d'hiver et *snow boots* brillent toujours par leur absence (6)...

A 20h30, le dernier homme ayant embarqué, le convoi quitte Mourmelon en direction du nord, vers le front. Toutefois, la destination exacte est encore, à ce moment-là, méconnue. En effet, même le commandant de la division ignore toujours où cette dernière devra combattre. Ce n'est qu'en cours de route qu'il en sera informé...

Le convoi emmenant la *101st Airborne Division* emprunte de mauvaises routes, le trajet se révélant des plus pénibles. En effet, entassés comme du bétail et serrés comme des sardines, les paras se trouvent placés dans l'inconfort le plus complet et, en permanence, fortement secoués par les chaos de la route. Les chauffeurs des camions ont pour instruction de rouler sans jamais s'arrêter, à pleine vitesse, tous feux allumés et ce malgré le danger d'une collision frontale toujours possible ou bien d'une attaque aérienne.

Les camions stoppent à quelques kilomètres à l'ouest de Bastogne, près du village de Mande-Saint-Etienne, à 4h du matin, le 19 décembre. Les hommes en descendent afin de se ranger de part et d'autre de la route et d'entamer leur progression à pied, en colonne, vers l'est. Là, un curieux spectacle s'offre à leurs yeux : des hordes de *GI's*, fuyards paniqués, se hâtent de progresser dans la direction opposée, propageant les pires rumeurs. Selon eux, il se révèle impossible de repousser l'ennemi, visiblement en nette supériorité numérique et matérielle, mais, cependant, les paras, habitués aux situations difficiles, ne se laisseront pas impressionner, ni décourager pas leurs propos défaitistes. Pragmatiques, ces derniers entreprennent même de se servir en armes et en munitions auprès des fuyards qui sont, pour la plupart, trop heureux de se voir délestés de leurs moyens de défense.

Une fois chargés, les camions, en long convoi, quittent Mourmelon. (*US Army.*)

En agissant de la sorte, ils se libèrent en même temps, de toute obligation de combattre. Ceci dit, sous l'impulsion des officiers de la *101st Airborne Division*, une partie de ces soldats en débandade sont repris en main et se résignent à aider les paras à résister. Les autres, quant à eux, se dépêchent de reprendre leur fuite vers l'ouest...

Au moment de quitter Mande-Saint-Etienne, vers 6h30, le *Captain* Winters, informe les hommes de la *Easy Company* de la mission qui leur est assignée. En 2004, le *T/5* (*Cpl.*) Forrest Guth, membre du *3rd Platoon*, se souvient et nous raconte : « *A ce moment-là, notre chef de bataillon, le Captain Winters, nous réunit pour un briefing. Il nous apprend que nous nous trouvons en Belgique, près de Bastogne. Il précise même que toute la division va former un périmètre défensif, infranchissable, tout autour de la ville et ajoute que le Colonel Sink nous ordonne de tenir coûte que coûte. A l'est et au nord, le canon tonne et le froid, très vif, nous fait grelotter. Bien sûr, nous sommes tous anxieux et nous nous attendons à subir, à nouveau, l'épreuve d'une dure bataille, mais nous gardons chacun confiance en nous ainsi qu'en nos frères d'armes. Et puis, la peur, bien que présente, n'enlève pas le danger ; alors à quoi cela sert-il de se laisser submerger par la peur et de paniquer ? Donc, comme on fait dans ces cas-là, nous prendrons les mesures qui s'imposent en pareille situation : obéir aux ordres, creuser notre trou et attendre en guettant l'arrivée de l'ennemi*» (7).

Bastogne

Centre commercial d'un peu plus de 4.000 habitants en 1944, la bourgade belge de Bastogne est située sur un plateau couvert de vastes étendues de forêts. Moins accidenté que le reste du relief ardennais, ledit plateau présente surtout des collines en pente douce avec des bois de conifères. Ces dernières constituent, avec les villages environnants, les seuls points d'appui solides à partir desquels défendre la localité. De plus, Bastogne est également un carrefour important de la région ; six routes s'y entrecroisent, donnant accès aux villes voisines. Toutefois, sans minimiser ici son importance, il n'en demeure pas moins vrai que, au départ, l'agglomération ne représente qu'un maigre enjeu stratégique pour les Allemands et ce avant de devenir rapidement un abcès de fixation majeur...

La 2. *Panzer-Division* s'approche de Bastogne et attaque Noville

Le 17 décembre, au moment même où le *2/506th PIR* achève ses préparatifs en vue de son départ pour le front (*cf. supra*), les autorités militaires américaines imposent un *black-out* ainsi qu'un couvre-feu aux Bastognards. Malgré les bruits de bataille venus du nord et de l'est, ceux-ci restent calmes et l'atmosphère plutôt détendue, mais, hélas, les premiers obus allemands ne tardent pas à pleuvoir sur la ville, provoquant la panique. Venu du Grand Duché du Luxembourg, le *47. Panzer-Korps* s'approche dangereusement de Bastogne. Afin de le contrer, les Américains comptent bien installer des barrages routiers sur tous les principaux itinéraires suspectés d'être empruntés par les Allemands. De plus, la *101st Airborne Division* est en route pour renforcer la garnison de la ville, tout comme le *Combat Command B* de la *10th Armored Division,* rappelé en hâte et commandé par le *Colonel* Roberts, ainsi que quelques autres unités, notamment des groupes d'artillerie et de DCA.

Le Team Desobry (CCB, 10th Arm. Div.)

Commandant : *Major* William Robertson Desobry (1918-1996)

Composition :

HQ Co., 20th Arm. Inf. Btn.
B Co., 20th Arm. Inf. Btn.
B Co., 3rd Tank Btn (Sherman)
1x Plt., D Co., 3rd Tank Btn (Stuart).
1x Plt., C Co., 609th Tank Dest. Btn.
1x Plt., D Troop, 90th Recon. Squadron.
1x Plt., C Co., 55th Arm. Eng. Btn.

Paras du *2/506th PIR*, photographiés à leur arrivée à Bastogne. Ils progressent en direction du nord, vers le Bois-Jacques, Foy et Noville. (*US Army*.)

Le 18 décembre, la *2. Panzer-Division* se remet en route car ses ordres sont de ne pas traîner dans Clervaux (au Grand Duché du Luxembourg). Durant sa progression, elle se heurte à plusieurs îlots de résistance et, à deux kilomètres de Longvilly, elle dévie vers le nord. Alors que la ville de Bastogne est presque sans défense, les *Panzer* la contournent, laissant à l'infanterie le soin de prendre la localité.

En fait, le chef de division, l'*Oberst* Meinrad von Lauchert, obéit aux ordres et suit la route qu'on lui a assignée, inconscient de commettre là une grave erreur. Après un trajet éprouvant sur des routes secondaires exécrables, la localité de Bourcy est occupée sans combat, mais il en sera tout autrement pour le village de Noville.

Noville se situe sur un plateau, à mi-chemin entre Bastogne (à 8 km) et Houffalize. La grand-route, actuellement N30, reliant ces deux localités est toute droite et bordée d'arbres des deux côtés. A environ 2,5 km au sud de Noville, se trouve le village de Foy, blotti au fond d'un vallon ; Bourcy, à peu près équidistant, se situe à l'est.

Le *Colonel* Roberts envoie à Noville le *Major* Desobry car l'état-major du *8th Army Corps* a désigné le village comme un avant-poste de la défense de Bastogne, à la limite de portée de l'appui d'artillerie stationnée dans la ville. Il lui intime l'ordre de tenir à tout prix. Desobry et son *Team*, comptant 400 soldats et se composant d'une compagnie d'infanterie motorisée, de troupes de reconnaissance, d'unités antichars, du génie, d'infirmiers et d'une compagnie de 15 chars *Sherman*, se mettent en route dans la nuit du 18 au 19 décembre, direction l'inconnu. Dès la sortie de Bastogne, ces hommes comprennent que de durs combats les attendent. Des deux côtés de la route, des soldats isolés se replient sur Bastogne. Certains n'avaient plus d'armes, ni même de casque et tous sont unanimes : l'ennemi arrive, balayant tout sur son passage...

Desobry découvre le village endormi, noyé dans la brume et balayé par le vent. Personne, pas d'Allemands ni d'Américains. Il poste alors ses troupes sur

Paras du *506th PIR*, photographiés en marche sur la route reliant Bastogne à Noville. (*US Army*.)

Le *Major* William Robertson Desobry (1918-1996), photographié, ici, avec le grade de *Captain*, en 1943. (W. Desobry, via *US Army*.)

les hauteurs autour de Noville, ordonnant des reconnaissances dans toutes les directions par où pourrait arriver l'ennemi. Il impose également à ses hommes de rallier tous les fuyards et de bloquer les routes. Vers 4 h du matin, une colonne blindée se fait entendre, venant de Bourcy. « Halte ! » - crient les sentinelles. Il s'agit d'Allemands ! Il s'ensuit alors un violent combat et chacun des adversaires se replie sur sa position de départ…

Vers 10 h, le brouillard se lève. Desobry est face aux *Panzer* qui, encerclant Noville, se lancent dans un assaut concentrique. En même temps, la *Panzer-Lehr-Division*, arrivée à Niederwampach, cherche à pénétrer dans Bastogne, par l'est, en passant par Neffe et Wardin. Elle finira par contourner la ville par le sud…

Les combats pour Noville retardent les *Panzer*, Desobry le sait. Il est aussi conscient qu'il ne tiendra pas longtemps et demande donc l'autorisation de se retirer. Sa requête est immédiatement rejetée par ses supérieurs. En même temps, des parachutistes de la *101st Airborne Division* se dirigent vers lui ; les renforts approchent, mais vont-ils se révéler suffisants pour contenir l'ennemi ? Entouré de collines sur trois côtés, prises par les Allemands, Noville n'est pas facile à défendre. De plus, les Américains sont en nette infériorité numérique…

A midi, le *1/506th PIR* arrive à Noville et contre-attaque, dès 14h30. L'artillerie allemande se met alors à pilonner rageusement la localité. Le *Lieutenant-colonel* La Prade (commandant du *1/506th PIR*) et Desobry ont établi leur PC dans une maison du centre du village. Soudain, un obus éclate devant le bâtiment, tuant La Prade et blessant grièvement Desobry qui s'écroule, inconscient, sur le sol…

Comme des troupes allemandes contournent le village, la situation du *Team Desobry* et des paras devient vite désespérée. La seule voie rapide de fuite vers le sud, c'est-à-dire, la nationale vers Bastogne, est aussi attaquée par la *Wehrmacht*, tout comme le village de Foy, défendu par le *3/506th PIR*.

Evacué en ambulance vers le poste de secours de la *101st Airborne Division*, à « Barrière Hinck » (à l'ouest de Bastogne, sur la route de Marche), Desobry est capturé par le groupe de reconnaissance de la *2. Panzer-Division*. Dès le 20 décembre, tout le personnel médical de la *326th Medical Company* se retrouve donc captif. Les Américains abandonnent Noville en ruines le même jour et les hommes du *506th PIR* se replient vers Foy (occupé par la *Wehrmacht*, le 22 décembre) avec les survivants du *Team Desobry*, talonnés par l'ennemi. Von Lauchert, libéré par la chute de Noville, lance alors sa division vers l'ouest, en direction de la Meuse…

En haut : vue du centre de Noville, avant-guerre. (G. Nicolas.)

Ci-contre : le village de Noville, photographié depuis le hameau voisin de Cobru, durant l'hiver 1943-1944. (Rigaux-Grandjean, via G. Nicolas.)

Ci-contre : vue aérienne de la localité de Noville, sur la route reliant Bastogne à Houffalize. (*US Army*.)

Dick Winters. (R. Winters.)

Ci-contre : sommairement enterrés, ces *GI's* ont établi une ligne de défense précaire et guettent l'arrivée des Allemands, dans le secteur de Bastogne, au début de la bataille. Notons bien que la neige n'est pas encore tombée... (*US Army.*)

Ci-dessous : soldats du *Team SNAFU*, en marche vers le front. (*US Army.*)

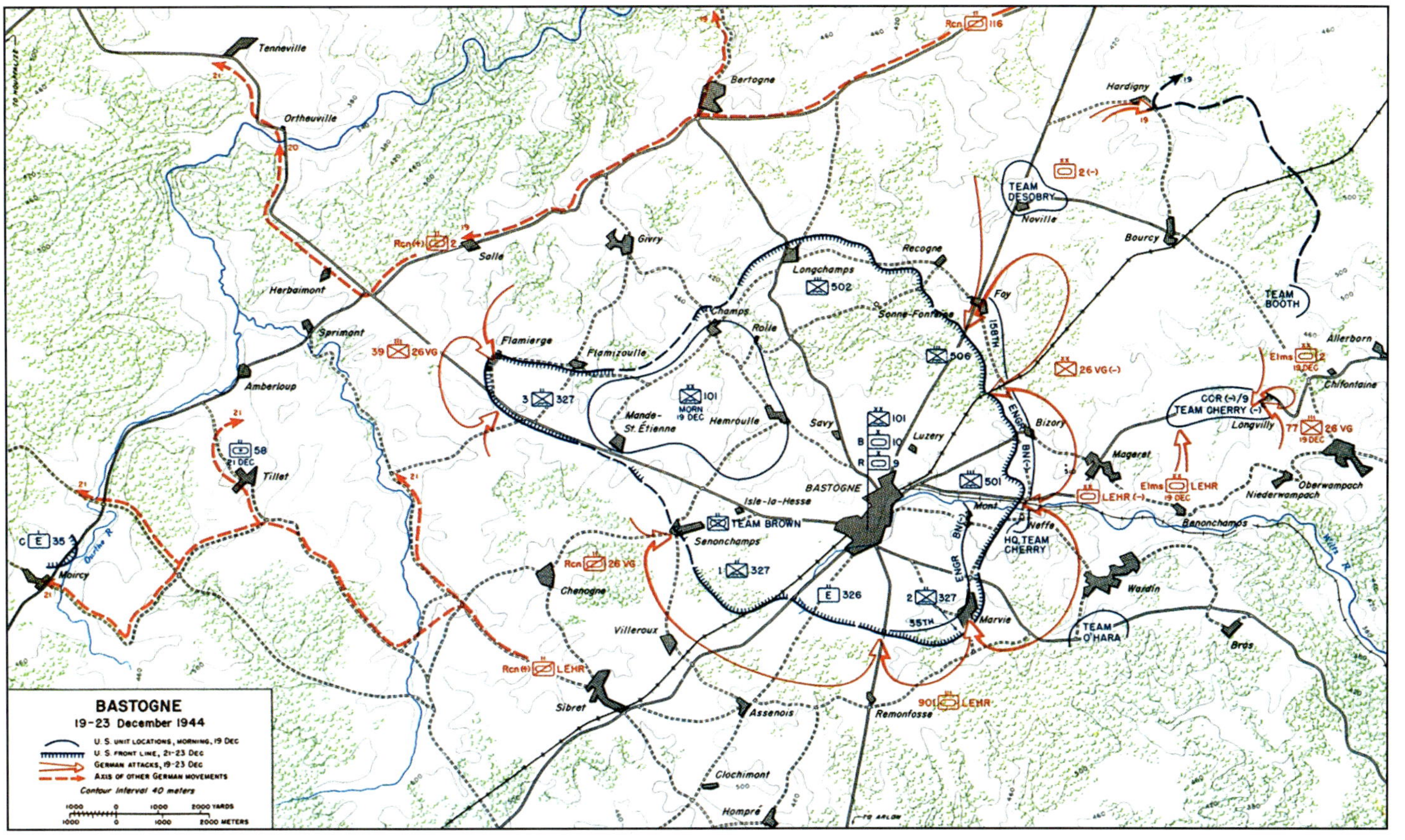

La défense de Bastogne et l'encerclement (19-31 décembre 1944)

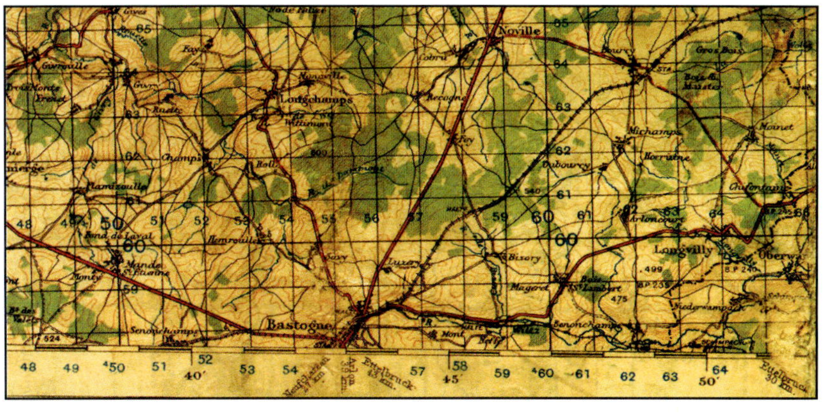

19-20 décembre

Une fois rassemblé, le *506th PIR* se met en route vers Bastogne. Sink reçoit des nouvelles de ce qui se passe à Noville, où le *Team* Desobry est en difficulté (*cf. supra*), avec ordre d'y envoyer des renforts ; le *1/506th PIR* se hâte donc vers le nord afin de rejoindre le plus vite possible le *Team* Desobry. Quant au reste du régiment, le *3/506th PIR* tiendra Foy, avec le *2/506th PIR* en réserve.

Les paras atteignent Noville assiégé le 19 décembre à midi ; ils réussiront à contenir l'ennemi jusqu'au lendemain en fin de journée avant de se replier en vitesse vers Foy et puis Bastogne (*cf. supra*). Alors qu'ils traversent Bastogne, les paras se voient offrir du café et du vin chaud par les civils sortis dans les rues pour les accueillir…

Au nord, le bruit de la bataille s'amplifie. Les hommes s'inquiètent du manque de munitions. Bien sûr, ils ont récupéré celles des fuyards, mais cela demeurait insuffisant. Mis au courant de l'arrivée des paras, le *2nd Lieutenant* Georges Rice, *S-4* du *CCB* de la *10th Armored Division*, a sauté dans sa jeep afin de rejoindre le dépôt de Foy où il surcharge un camion *GMC* de munitions et de grenades. Il retourne ensuite à la sortie de Bastogne, les paras remontant la route pouvant alors se servir au passage. Rice continuera ses allers et retours jusqu'à ce que tous soient servis et emportent autant de munitions qu'un homme peut en transporter. C'est aussi à cette occasion que Dick Winters, se rendant compte, qu'il ne possède plus que son poignard, son « poing américain » ainsi que son *Colt .45*, se procure très vite un fusil *M1 Garand* ainsi qu'une cartouchière. Ainsi armé, il se sent nettement mieux et à nouveau prêt à se battre…

Après la perte de Noville et de Foy, le *506th PIR* se voit assigner une ligne de défense allant du hameau de Recogne à une petite gare appelée « Halte de Bizôry ». A sa droite, se trouve le *501st PIR* et, à sa gauche, le *502nd PIR*. Le *Colonel* Sink place le *3/506th PIR* dans les bois face à Recogne, jusqu'à la route reliant Bastogne à Houffalize. A l'est de cette nationale, le *2/506th PIR* tient un front s'étendant jusqu'à la gare de Bizôry, en contact avec le *501st PIR*. Durement éprouvé à Noville, où il a perdu 212 hommes (32% de ses effectifs), le *1/506th PIR* est, quant à lui, tenu en réserve.

Le *Lieutenant-colonel* Strayer a, finalement, réussi à rejoindre son poste, en catastrophe, mais il déléguera son autorité à son adjoint. En effet, la plupart du temps, il sera requis par d'autres fonctions et, après la mutation du *Reg. S5 (XO)* au PC divisionnaire, il devra souvent remplacer Sink, également occupé à seconder « les huiles » de la *101st Airborne Division*…

Sur le front tenu par le *2/506th PIR*, la *Easy Co.* forme l'aile gauche, la *Fox Co.* occupe le centre et la *Dog Co.* se trouve à l'aile droite, avec la *HQ Co.* en réserve. Pas certain d'être placé au bon endroit et les ordres manquant de précision, Dick Winters envoie son collègue et ami Lewis Nixon (*Btn. S-3*) vérifier

En haut : carte – Bataille de Bastogne, 19-23/12/1944. (*US Army.*)

Ci-dessus : carte – Bastogne, Bizory, Bois-Jacques, Foy, Noville : secteur où combattit le *506th PIR*. (Mark Bando.)

Ci-dessus : *GI* en train de creuser son « *foxhole* », au cœur d'un bois. (*US Army.*)

Ci-dessus, à droite : le monument/mémorial érigé à l'entrée du Bois-Jacques, en souvenir des combats qui s'y sont déroulés, pendant la Bataille des Ardennes. (M. Longue.)

Ci-contre : lassés de se battre, ces soldats de la *Wehrmacht* se sont rendus aux paras. (*US Army.*)

auprès du *Major* Hester (*Reg. S-3*) si les dispositions qu'il vient de prendre sont les bonnes. Nixon reviendra vite au PC avec une réponse positive. En outre, Winters se rendra aussi vite compte que ses effectifs sont trop faibles pour assurer l'imperméabilité de sa ligne. La preuve en est que, le matin du mercredi 20 décembre, se produit un événement aussi inattendu que cocasse : un *Landser*, sans arme ni paquetage, pressé de soulager un besoin naturel vient s'accroupir à moins de 30 mètres du PC du *2/506th PIR* !

L'homme s'est perdu dans le brouillard et a traversé les avant-postes puis les lignes américaines sans se faire repérer pour enfin échouer, par hasard, au PC du *2/506th PIR*. A la fois étonné et amusé, Winters le laisse finir puis, ayant épaulé son fusil et mis en joue l'Allemand, il lui ordonne de se constituer prisonnier. Ahuri, le jeune homme, qui n'a, d'ailleurs, rien d'un

A gauche : Ralph F. Spina (1919-2007). (R. Spina/Archives du *506th PIR.*)

Ci-contre : Forrest Guth, dans son « foxhole », au Bois-Jacques. (F. Guth.)

foudre de guerre, se rendra immédiatement et sans opposer de résistance. Il sera expédié à la section de renseignement du régiment et il s'y montrera même extrêmement bavard…

Le jour même, dans l'après-midi, les paras s'attendent à une attaque qui ne viendra pas. En effet, la *2. Panzer-Division* n'insiste pas car elle a ordre de foncer vers l'ouest et le temps perdu à Noville lui fait déjà défaut. Le retard et les pertes causées aux Allemands à Noville par le *Team* Desobry se révéleront donc décisifs…

Les hommes du *2/506th PIR* s'enterrent alors dans un bois de pins jouxtant les prés descendant vers Foy ainsi que le chemin forestier séparant sa partie nord-est du reste du Bois Jacques. Ils creusent leurs *« foxholes » (8)* à la lisière nord de la forêt, derrière une ligne d'avant-postes, le PC du bataillon se trouvant dans le champ à la lisière sud…

20 décembre – « Hinkle », la mésaventure de Babe Heffron et Ralph Spina

Le soldat allemand capturé par Dick Winters n'a pas été le seul à s'égarer dans le brouillard, comme le prouve la mésaventure arrivée au soldat Edward « Babe » Heffron et à l'infirmier Ralph Spina.

Dans l'après-midi du 20 décembre, comme il manque déjà de fournitures et de matériel médicaux, Spina, sur ordre de son collègue Eugene « Doc » Roe, se rend à Bastogne pour voir ce qu'il peut y grappiller, proposant à Babe Heffron de l'accompagner dans sa quête de médicaments, plasma, bandages et autres seringues de morphine. Une fois sur place, les deux hommes, ayant pu, mais hélas pas en suffisance, se procurer ce qu'ils sont venus chercher, en profitent pour avaler un repas chaud et, à la nuit tombante, se résignent à rejoindre les premières lignes et leurs camarades, à pied…

Malheureusement pour eux, dans le soir d'encre et la brume opaque, nos deux compères se perdent et, s'enfonçant à travers bois, se fourvoient sur la direction à suivre. Soudain, marchant d'un bon pas, Heffron perd l'équilibre et s'affale au fond d'un trou, piétinant une masse informe qui se révèle être une sentinelle adverse endormie !

Violemment tiré de son sommeil par la brutale chute du *GI*, le soldat allemand peine à se redresser sous le poids de celui-ci qui, vite remis de sa surprise, s'empresse de saisir la main que lui tend Spina et, s'extirpant du trou, s'empresse de détaler au triple

A gauche : paras du *506th PIR*, en position dans leur trou, au Bois-Jacques. (Archives du *506th PIR.*)

Ci-contre : « Popeye » Wynn et Hank Zimmerman, le jour de Noël 1944. (Archives du *506th PIR.*)

galop. En 2004, Babe Heffron se souvient de l'incident : « *Quand je suis tombé dans son trou, le Boche a sursauté et s'est écrié* "Hinkle ? Hinkle ist das du ?" (9). *Après coup, je me suis dit que j'aurais pu descendre ce salopard, mais, sur le moment, j'ai opté pour un repli précipité. D'ailleurs, j'ai sans doute eu raison car Spina et moi avons été pris pour cible durant notre course. Finalement, remis de nos émotions, nous avons retrouvé le chemin de nos lignes* » (10).

21 décembre – L'hiver s'installe sur la région de Bastogne

Jusqu'au 21 décembre, le temps s'est révélé mauvais, mais, hormis quelques flocons fondants, aucune neige n'est encore tombée. En effet, la température se maintient autour de zéro degré le jour ; c'est surtout la nuit qu'il gèle. Durant toute cette période et, excepté quelques sporadiques éclaircies, le ciel reste gris, peuplé de gros nuages bas. Un brouillard givrant et opaque, véritable « purée de pois », stagne au sol limitant la visibilité. De plus, une fine bruine glacée tombe par intermittence, alternant avec des chutes de neige fondante. Evidemment, les sensations provoquées par le froid se retrouvent accrues par le souffle de la bise hivernale.

En revanche, dès le 21 décembre, il commence à neiger et le vent se lève. La neige est molle et tombe sans arrêt ; il y en aura très vite près de 30 cm. Il gèle à pierre fendre. Bastogne est encerclée, coupée du reste du monde. Jour et nuit, l'artillerie allemande pilonne l'intérieur du périmètre et les défenseurs attendent, transis de froid, l'assaut de l'ennemi.

A cette époque de l'année, il ne fait jour que de 8 à 16 heures, mais cependant, malgré le brouillard, les snipers ennemis sévissent avec une redoutable précision. De fait, il vaut donc mieux rester à couvert sous peine de « se faire allumer ». Les seize heures de nuit glaciale sont encore plus pénibles à supporter : à force de rester immobiles, les hommes finissent par geler dans leur trou où ils éprouvent le plus grand mal à trouver le sommeil. De plus, la nourriture manque (11) ainsi que les médicaments et autres fournitures médicales.

Le mauvais temps interdit aussi à l'aviation d'intervenir, c'est-à-dire de bombarder l'adversaire et de parachuter du ravitaillement. Pour la première fois, les Américains connaissent une expérience similaire à ce que la *Wehrmacht* a connu sur le Front de l'Est. Il leur est interdit de faire du feu et leur tenue inadaptée au climat n'immunise pas contre les attaques du froid. De fait, à force de grelotter sans cesse, ils usent une énergie qu'ils ne parviendront pas à renouveler à cause du manque de nourriture et s'affaiblissent. Ed Shames, chef du *3rd Platoon* nous raconte : « *A Bastogne, le climat est pire que l'ennemi et, en même temps, il est aussi notre pire ennemi. Nous sommes littéralement gelés ; la morsure du froid est atroce. Celle-ci me fait si mal que, une nuit, tout engourdi et meurtri, j'ai même bien failli prendre la dose de morphine se trouvant dans ma trousse de premier secours pour calmer la douleur ! Nous sommes vite devenus faibles, à cause de la disette (due à la pénurie de nourriture) et tout crasseux. Les hommes de ma section sont tous de bons soldats ; je suis très fier d'eux. Quand je dis ça, je pense tout particulièrement à des gars comme Shifty Powers, Paul Rogers, Forrest Guth, Rod Strohl, Earl Mac Clung ou encore Buck Taylor et Jim Alley. C'est dur, mais tous tiennent le coup, se montrent obéissants, courageux et responsables, même si c'est vrai que je dois toujours être sur leur dos et souvent les engueuler pour maintenir le moral et la discipline. A ce sujet, je leur donne un ordre permanent, souvent difficile à exécu-*

Fin décembre 1944 ou début janvier 1945, le soldat Richard D. Moellenkamp, de la *Dog. Co.*, photographie quelques-uns de ses frères d'armes, au Bois-Jacques. (R. Moellenkamp/Archives du *506th PIR*.)

Il n'existe que très peu de photos prises durant les combats du Bois-Jacques, dans le secteur tenu par le *506th PIR*. Heureusement pour nous, le « *Mess* » - *101st Airborne Division Museum* de Bastogne expose la majeure partie de la riche collection de *Militaria* (pièces d'époque) de M. Frank Ottelet, dans le cadre d'une mise en scène vivante à visage humain qui nous replonge bien dans « l'ambiance des événements ». A découvrir, absolument ! (M. Longue/collection F. Ottelet, avec le concours de J. Bona.)

Eugene G. « Doc » Roe (1922-1998), infirmier dans la *Easy Company*. (E. Roe/Archives du *506th PIR.*)

Ci-contre : casque et sacoche d'infirmier de l'*US Army*. (R. et J. Balland.)

Infirmier de la *101st Airborne*. (M. Longue/collection F. Ottelet, avec le concours de J. Bona.)

ter dans de telles conditions, soit celui de rester propre, d'être rasé tous les jours et de conserver une allure martiale. Oui, en effet, je ne voulais pas d'une section de soudards débraillés et hirsutes ; avoir fière allure, ça permet de conserver sa dignité et un bon moral, mais aussi et surtout sa combativité. Tout ça nous aide à impressionner l'ennemi, en cas de rencontre ! Même quand nous recevons la mission de partir en patrouille (une tâche risquée et honnie des soldats), je trouve toujours des volontaires pour m'accompagner (12). *Non, vraiment, mes hommes accomplissent là plus que leur devoir, y compris dans le feu des combats car là, c'est sûr, ils ne se sont jamais dégonflés !* » (13).

En outre, les incessants tirs de mortiers ou d'artillerie en ajoutent encore à la tension croissante régnant parmi les paras. En effet, notons qu'une zone boisée est le pire endroit où essuyer un tir de barrage. Les arbres, en explosant, multipliaient l'effet destructeur des éclats d'obus. En 2004, soixante ans après les événements, Forrest Guth se rappelle ces instants tragiques et témoigne : « *Nous avons très peur de ces tirs de barrage. Les obus explosent et déchirent les arbres dont les troncs sont bien plus gros que ceux que l'on peut voir aujourd'hui. Ce sera pour nous le pire moment de la guerre* » (14).

Après chaque bombardement, les hommes se préparent à repousser les assauts allemands et partout retentit le même cri : « *Infirmier !* ». Eugene « Doc » Roe, l'un des infirmiers de la *Easy Company*, très courageux et très populaire, s'illustre tout particulièrement dans le secours aux blessés. Armé seulement d'une seringue de morphine et de quelques pansements, il porte toujours secours à ses camarades et ce sous le feu ennemi, au mépris du danger. Le *2nd Lieutenant* Foley le recommandera même pour la *Silver Star*, mais pour une raison inconnue, il ne sera, hélas, jamais décoré. Notons encore que, ne pouvant être évacués pour cause d'encerclement, de nombreux blessés graves succomberont faute de soins adéquats. Les bombardements et les attaques allemandes mettront le moral des défenseurs de Bastogne à rude épreuve, mais, pourtant, ils tiendront bon…

21 décembre – Le *1st Platoon* de la *Easy Company* part en patrouille

Le matin du 21 décembre, le *1st Lieutenant* Peacock, chef du *1st Platoon* demande au *Sgt*. Martin de réunir,

Ci-contre : la « Halte de Bizôry ». Ce bâtiment servit de poste de secours et de commandement aux paras du *506th PIR*. (M. Longue.)

Ci-dessous : l'ancien site de la voie de chemin de fer, à côté de la « Halte de Bizôry » devenu, aujourd'hui, un sentier de promenade. C'est dans cette direction que le *1st Platoon* de la *Easy Co.* s'engagea, avant de tourner à gauche et de pénétrer dans le secteur allemand du Bois-Jacques, lors de la patrouille du 21/12/1944. (M. Longue.)

à son PC, tous les sous-officiers de la section. Immédiatement, les sergents Christenson, Muck, Rader et Randelman se présentent au *briefing*.

Peacock leur annonce que la section va partir en patrouille, au-delà des lignes ennemies pour reconnaître les positions adverses et faire des prisonniers. L'heure de départ est fixée à 13h, après qu'une messe de bénédiction et d'absolution générale pour tout le *1st Platoon* ait été célébrée par le Père Maloney, aumônier du régiment. En quittant le PC de la section, après la fin du *briefing*, le *Sgt.* Christenson remarque que Peacock semble fort nerveux et indécis et que, en outre, il a omis de préciser quel sera son plan d'attaque…

Peu avant 13h, la section se met en route et, se rendant à l'aile droite du *2/506th PIR*, gagne la voie ferrée au niveau de la gare de Bizôry. De là, elle emprunte le tracé des rails et s'avance vers le nord-est sur une distance d'environ 300 mètres. Quittant le chemin de fer, elle pénètre ensuite dans les bois, chaque groupe avançant en colonne par deux précédé de deux éclaireurs, cherchant le contact avec l'ennemi. Soudain, le silence est rompu, déchiré par le son

Ci-contre : une rue de Bastogne, dévastée par les tirs de l'artillerie allemande. (*US Army.*)

Ci-dessous : deux paras de la *101st Airborne*, photographiés dans une rue de Bastogne. (*US Army.*)

rauque et saccadé du tir d'une mitrailleuse allemande. Immédiatement, le soldat John Julian s'effondre, mortellement atteint d'une balle dans la gorge qui lui sectionne la veine jugulaire et le larynx. Suite à cela, tous les *GI's* se mettent à couvert et répliquent en ouvrant le feu, tel Robert « Burr » Smith qui « arrose » copieusement les positions ennemies avec sa mitrailleuse...

Sous le feu et la pression adverses, la patrouille américaine ne s'attarde pas et se replie. En fin de compte, cette mission de reconnaissance se solde par un demi échec. Certes, les paras ont localisé les positions allemandes, mais ils ne sont pas parvenus à ramener des prisonniers. De plus, le *1st Platoon* compte un mort (John Julian) et un blessé (le soldat James Welling).

22 décembre 1944 –
La ville de Bastogne est encerclée...

Durant la Bataille de Bastogne, les Américains manquaient d'hommes pour tenir la ligne de front ; c'est un fait historique établi. Avec les débris de la *28th Infantry Division* et du *Combat Command R* de la *9th Armored Division* présents auprès des survivants des trois *Teams* du *Combat Command B* de la *10th Armored Division*, de la *101th Airborne Division* ainsi que des unités d'artillerie et de DCA chargés de tenir la ville assiégée, le *Brigadier-general* Mac Auliffe organisa un nouveau *Combat Team*, comptant environ 800 hommes, qui servirait de réserve au cas où la situation l'exigerait. Ce dernier reçut le nom de *Team SNAFU* pour « *Situation Normal, All Fucked Up !* » (Situation normale, c'est le bordel !).

Le 21 décembre 1944, un détachement du *Team SNAFU*, accompagné d'une batterie de DCA et du *Team Pyle* (14 chars et 60 fusiliers du *CCR* de la *9th Armored Division*), partit renforcer la compagnie du *327th Glider Infantry Regiment* ainsi que le *Team*

Brown (issu du *CCB* de la *10th Armored Division*) qui tenaient le village de Senonchamps, situé au sud-ouest de Bastogne, entre Chenogne (à 3 kilomètres) et la route nationale Marche-Bastogne.

Les combats de ce jour qui se déroulèrent à Sibret, à Senonchamps et à la gare de Bizôry firent croire aux défenseurs de Bastogne que l'encerclement était déjà total, alors que ce ne fut chose faite que le lendemain. Ceci dit, la situation devenait critique pour les Américains et notamment pour les *327th GIR* et *326th Airborne Engineer Battalion* dont les lignes étaient démesurément étendues, de Marvie à Fla-

Vue, vers le nord, de la principale artère du centre-ville de Bastogne. Photo prise pendant le siège de la cité. (*US Army.*)

mierge. Un repli stratégique s'imposa et les *GI's* se retranchèrent dans Mande-Saint-Etienne.

Le 22 décembre 1944, 18.000 hommes décidés tenaient le bastion de Bastogne. Face à eux, environ 20.000 soldats de la *26. Volksgrenadier-Division* et du *Panzergrenadier-Regiment 901* de la *Panzer-Lehr-Division*.

Les villages situés autour du périmètre, pris et repris de nombreuses fois, furent le théâtre de sanglants combats. La *Wehrmacht* réussit parfois à réduire le cercle et à pénétrer la défense adverse, comme lors de l'attaque de Noël contre le village de Champs, mais jamais elle n'atteignit la ville de Bastogne. A chaque fois, les troupes allemandes furent rejetées sur leur ligne de départ. L'erreur allemande avait été de ne pas attaquer en force sur tout le pourtour du périmètre américain en même temps. Mac Auliffe, quant à lui, fit efficacement soutenir ses troupes par l'artillerie et garda en réserve les trois *Teams* du *CCB* de la *10th Armored Division* afin de les lancer à la contre-attaque au moment opportun. En outre, il choisit d'adopter une défense mobile ; en plus du courage des *GI's*, le lecteur retiendra, enfin, que l'amélioration de la météo permettant à l'aviation de ravitailler les assiégés et de bombarder les Allemands joua un rôle primordial dans la victoire américaine à Bastogne, mais aussi sur l'ensemble du front des Ardennes...

22 décembre – « *Nuts !* »

Le 22 décembre, le *Brigadier-general* Mac Auliffe repousse, par son célèbre « *Nuts !* », l'offre de reddition de l'ennemi. « *Nuts !* » - Traduction littérale : « *Des noix !* » ; à prendre dans le sens de « *Des clous !* ». « *Nuts to you !* » - expression argotique américaine

Ci-contre : le général Anthony C. Mac Auliffe (1898-1975), l'homme qui a dit « *Nuts !* ». (*US Army.*)

Ci-dessus et ci-dessous : largage de ravitaillement par les *C47* sur le périmètre assiégé de Bastogne. (*US Army.*)

Ci-contre : « Buck » Taylor. (A. Taylor.)

A droite : Forrest Guth. (F. Guth.)

qui se traduit par : « *Va te faire enculer !* ». En bref, avec des mots choisis disons que, à la proposition de reddition de l'ennemi, Mac Auliffe répond, avec verve, d'un seul mot commençant par un M et comptant cinq lettres, paraphrasant ainsi l'expression du général français Cambronne, au soir de la Bataille de Waterloo…

Du 22 au 26 décembre, les paras continuent à lutter, souvent au corps à corps, contre un adversaire tout aussi déterminé et qui ne cesse de se renforcer : au *Panzergrenadier-Regiment 901* de la *Panzer-Lehr* et à la *26. Volksgrenadier-Division* viennent s'ajouter d'autres unités de la *Wehrmacht*, tenues jusque-là en réserve, notamment la *15. Panzergrenadier-Division*. La situation empire de jour en jour et les hommes se demandent s'ils ne vont pas tous y rester. Rations et munitions s'épuisent. Le 23 décembre, il ne reste, d'ailleurs, plus à la compagnie E qu'une cartouchière par homme, une caisse de munitions par mitrailleuse et 2 ou 3 obus par mortier. Aux tirs de barrage et aux escarmouches quotidiennes s'ajoute aussi le manque de sommeil et de nourriture qui devient vite alarmant. En effet, les hommes s'épuisent de plus en plus. A force de combattre et de lutter contre le froid, les soldats dépensent une énergie qu'ils n'arrivent pas à renouveler (ce qui est déjà le cas durant les premiers jours du siège, *cf. supra*). Sans les outils appropriés, il leur est impossible de se construire des abris et leur trou n'offre qu'une protection aléatoire, aussi bien contre le froid que contre les projectiles adverses. Le commandement allié en ayant bien pris conscience, il se hâte donc de trouver une solution permettant de lever le siège de Bastogne. Aucune réserve n'est, malheureusement, disponible. Le haut commandement allié s'interroge alors sur la question suivante : quelles troupes envoyer au secours de la *101st Airborne Division* et surtout qui placer à leur tête ? Afin de délivrer Bastogne, le *Lieutenant-General* Bradley fera, finalement, appel au général le plus combatif de l'armée américaine, l'homme au franc-parler aussi rude que sa verve acerbe et que son langage cru, portant colts aux côtés, George S. Patton Jr., chef de la *3rd Army* *(15)*.

23 décembre – L'espoir vient du ciel

Le 23 décembre, suite à une embellie générale dans le nord de l'Europe, les conditions météorologiques s'améliorent et, dans la région des Ardennes, le temps s'éclaircit, la brume se dissipant. Bien entendu, l'aviation alliée s'empresse de prendre l'air et d'apporter son soutien aux troupes au sol…

Certes, il fait toujours aussi froid, mais le ciel au-dessus de Bastogne s'azure, quittant son manteau de grisaille, et, vrombissant sourdement, des essaims de chasseurs-bombardiers apparaissent dans le ciel, mitraillant et bombardant, à la roquette, à la bombe ou au napalm, les positions allemandes, tout autour du périmètre défensif américain…

Évidemment, les paras applaudissent ces raids destructeurs, mais pas autant que le largage de ravitaillement qui s'ensuit, leur redonnant espoir ainsi qu'un regain de moral combatif. En effet, ce jour-là, 260 bimoteurs *C-47*, les fameux *Dakotas*, survolent Bastogne en formation serrée et le ciel ne tarde pas à s'emplir et se colorer de dizaines de parachutes ; les avions larguent 334 tonnes de ravitaillement et de munitions sur Bastogne.

24 décembre – La blessure de « Smokey »

Aux premières lueurs de l'aube, la veille de Noël, Dick Winters parcourt les premières lignes pour réveiller ses hommes et inspecter la ligne de front. Arrivant sur les positions tenues par le *3rd Platoon* de la *Easy Company*, commandé par le *2nd Lieutenant* Ed Shames,

Ci-dessus : « Smokey » Gordon. (W. Gordon/Archives du *506th PIR.*)

Ci-dessus, à droite : gamelle, couverts et réchaud à alcool des soldats de l'*US Army*. (R. et J. Balland.)

Ci-contre : pour préparer son café du matin, ce soldat utilise de la neige fondue, récoltée à même les branches d'un sapin. (*US Army.*)

il rencontre Walter « Smokey » Gordon, mitrailleur de son escouade.

A cette heure bien matinale, Smokey, tapi dans son *foxhole*, est en train de se préparer une tasse de café. En effet, il conserve du café moulu dans une boîte de grenades et, chaque matin, le dilue dans de l'eau chaude (neige fondue), préparée à l'aide de son réchaud de campagne.

Subitement, des coups de feu claquent, provenant des avant-postes ; ce qui annonce une attaque allemande. Courant d'un trou à l'autre, le *Platoon Sergeant*, le *S/Sgt.* Amos Taylor, ordonne alors aux hommes de se préparer à repousser l'ennemi. Smokey et son pourvoyeur, le soldat Stephen Grodzki, mettent leur mitrailleuse en batterie. Dans les trous voisins, Forrest Guth, Earl Mac Clung, Shifty Powers et Paul Rogers se saisissent également de leurs armes et ouvrent le feu à l'approche de l'ennemi…

Durant cet engagement, Smokey est grièvement blessé : une balle l'atteint à l'épaule droite, le traversant de part en part, lui frôlant la colonne vertébrale, et il s'effondre, paralysé, le visage livide et à demi inconscient, au fond de son trou. Après avoir abattu le tireur ayant touché Smokey, Rogers et Powers se portent au secours de leur camarade, aidés de Jim Alley. En même temps, Guth et le *S/Sgt.* Taylor appellent l'infirmier Roe qui, ayant rapidement examiné Smokey et constaté la gravité de sa blessure, décide de le faire évacuer. En 2004, Amos Taylor se souvient de ces instants tragiques et nous raconte : « *Smokey est salement touché et nous sommes tous très inquiets pour*

Ci-dessus : vue sur l'intérieur d'une infirmerie de campagne, durant le siège de Bastogne ; les blessés, entassés les uns sur les autres, dorment à même le sol glacé, sur de la paille ! (*US Army.*)

Ci-contre : reconstitution d'un poste de secours. (M. Longue/collection F. Ottelet, avec le concours de J. Bona.)

Ci-dessous : vue sur un cimetière provisoire américain de Bastogne. Ce sont des prisonniers allemands qui inhument les dépouilles dans des fosses communes. (*US Army.*)

Ci-dessus : « Shifty » Powers. (D. Powers.)

Ci-contre : face au feu des *GI's*, l'assaut ennemi a échoué. Le soldat américain, présent au premier plan, recharge son arme (un fusil *Garand*), devant les cadavres allemands étendus, raides, dans la neige. (*US Army.*)

lui. Le sniper qui l'a atteint a été, à son tour, tué net par Shifty Powers. Celui-ci, originaire de Virginie, est un chasseur né, un coureur des bois à l'œil de lynx et l'une des plus fines gâchettes que j'aie jamais rencontrées. Avec un fusil dans les mains, il fait toujours preuve d'une grande dextérité et manque rarement sa cible. D'ailleurs, nombre de Boches l'ont appris à leurs dépens » (16) .

Roe, Rogers et Alley traînent ensuite Smokey vers l'arrière, à une cinquantaine de mètres à l'intérieur du bois. Là, Roe lui administre les premiers soins, le panse, lui fait une injection de morphine et le met sous perfusion (plasma), aidé de Carwood Lipton, venu aux nouvelles, et ce avant qu'une jeep n'emmène le blessé à Bastogne…

Après la bataille, remportée par les Américains, Lipton dénombrera 38 cadavres d'Allemands, étendus devant les positions de la *Easy Company (17)*, mais, cependant, l'unité a encore subi de lourdes pertes. Parmi les rangs des paras, on compte, une fois de plus, de trop nombreux morts et blessés, dont Smokey Gordon ainsi que le *1st Lieutenant* Harry Welsh,

« La cavalerie arrive ! Tenez bon, les gars » ! – Tanks *Sherman* de l'armée du général Patton, photographiés au sud de Bastogne, durant leur avance vers le nord. (*US Army.*)

La Bataille des Ardennes fut un affrontement titanesque, une guerre totale d'une extrême brutalité, aussi féroce qu' inutile, se déroulant dans l'Enfer Blanc d'un hiver des plus rigoureux. Durant un mois, sous la neige et le feu, les Ardennes furent le théâtre d'une tragédie dont l'un des aspects les plus dramatiques demeure, sans conteste, outre le taux élevé de pertes civiles et militaires, la dévastation de la région.

Groupes de fantassins américains progressant, péniblement, au cœur des contrées vallonnées, boisées et enneigées des Ardennes belges, durant l'hiver 1944-1945, au cœur de l'Enfer Blanc. (*US Army.*)

GI's, au combat, dans un bois des Ardennes. (*US Army*)

Ci-dessus : cadavre gelé d'un soldat américain tombé au champ d'honneur. Dans beaucoup de cas, des dépouilles de soldats des deux camps, abandonnées sur le terrain, réapparaissent au printemps, avec la fonte des neiges. N'étant plus gelées, elles sont putrescentes et devront vite être inhumées, une tâche rebutante, mais nécessaire, souvent accomplie par les civils des environs. (*US Army.*)

Ci-dessous : belle vue sur un paysage campagnard des Ardennes, début janvier 1945. Au premier plan, un champ enneigé. Au fond, une colline boisée (forêt de pins). Sortir des bois, à découvert, et progresser à travers champs c'était, sans nul doute, s'exposer au tir de l'ennemi… (*US Army.*)

Ci-dessus : *GI's* photographiés au cœur d'un village en ruines, repris, de haute lutte, à l'adversaire. (*US Army*)
Ci-dessous : montée au front d'une unité de paras de la *101st Airborne Divison* quittant le centre ville de Bastogne. (*US Army*)

Ci-dessus : en pleine tempête de neige, ce groupe de paras escorte un tank, roulant au pas, sur un étroit sentier forestier. (*US Army.*)

Ci-dessous : « *Frozen Christmas* ». Belle photo du *Sgt.* Opanowski dans son abri, prise le 25 décembre 1944, sur le front, dans le secteur du périmètre défensif de Bastogne. (*US Army.*)

Ci-dessus : *« A la graille, soldats ! »*. Escouade de *GI's* photographiée à l'heure de repas. (*US Army.*)
Ci-dessous : colonne américaine en marche dans le secteur de Bastogne. (*US Army.*)

Le général Taylor, à droite, reconnaissable aux étoiles peintes sur son casque, photographié, Place du Carré, à Bastogne, après la levée du siège. (*US Army*)

Btn. S2, également présent lors de ce combat et assez sérieusement atteint par un tir de mortier...

25 au 27 décembre – La fin du siège de Bastogne

Le jour de Noël, la *Luftwaffe* se permet de venir bombarder Bastogne, son raid ajoutant un lot de souffrance supplémentaire au martyr des civils et des paras encerclés et apportant un surcroît de destructions dans la ville, déjà précédemment copieusement pilonnée par l'artillerie allemande.

Le lendemain, une bonne nouvelle est annoncée par le PC de la *101st Airborne Division*, à savoir que, en avant-garde de la *3rd Army* et de la *4th Armored Division*, le *37th Tank Battalion* du *Lieutenant-colonel* Creigthon Abrams est parvenu à briser l'encerclement allemand, établissant la jonction avec les troupes du *327th Glider Infantry Regiment*, à Assenois, au sud de Bastogne. De fait, le siège de la ville est levé et les renforts arrivent, mais, cependant, la bataille n'en est pas pour autant terminée...

Le 27 décembre, le *Major-General* Taylor et son second, le *Brigadier-general* Higgins, rejoignent Bastogne et y retrouvent le reste de l'état-major divisionnaire, dont Mac Auliffe à qui Patton vient de remettre la *Distinguished Service Cross* pour avoir repoussé de son « *Nuts !* », le 22 décembre, l'offre de reddition de la *Wehrmacht*. Enfin, notons que, suite à sa résistance héroïque, la *101st Airborne Division* est entrée dans la légende et que ses membres sont devenus, pour le public américain, les « Bâtards amochés du bastion de Bastogne » (18).

Le point de rupture (1-13 janvier 1945)

Le *506th PIR* se prépare à la contre-attaque

Durant tout le siège de Bastogne, le *506th PIR* est resté sur la défensive et a encaissé les coups, repoussant toutes les tentatives adverses de percer sa ligne de défense. Après une telle épreuve et avec l'arrivée de la relève, les paras pensent alors qu'ils quitteront bientôt la ligne de front pour rentrer à Mourmelon. Hélas, il en sera tout autrement. En effet, à partir du moment où son offensive se révèle mise en échec, l'armée allemande relance ses troupes (*Waffen-SS* compris) dans une nouvelle offensive sur Bastogne et ce afin d'empêcher Patton de couper la retraite aux unités avancées vers la Meuse. C'est pourquoi, alors que la « *Leibstandarte* » frappe au sud de la ville, vers Assenois, les *9.* et *12. SS Panzer-Divisionen* ainsi que la *340. Volksgrenadier-Division* attaquent, respectivement, les *502nd*, *501st* et *506th PIR*, au début du mois de janvier, mais, à nouveau, en vain...

Lorsque le *Major-General* Taylor annonce que la *101st Airborne Division* va participer à la contre-offensive ordonnée par Eisenhower, les hommes n'en croient pas leurs oreilles ; sont-ils donc les seuls soldats disponibles sur le front ardennais ? En réalité, les Américains ne disposent pas d'assez de divisions d'infanterie pour mener une guerre sur deux fronts. Les Allemands ayant quitté leur abri de la ligne *Siegfried*, il y a là occasion à saisir. En effet, plus il y aura d'Allemands mis hors de combat sur la rive occidentale du Rhin, plus ce sera facile de les vaincre sur l'autre rive. Les Allemands laissent leur sentiment qu'il faut à tout prix chasser l'ennemi du territoire national déjà occupé l'emporter sur leur sens stratégique. Ils favorisent ainsi le plan allié car, en toute logique, ils auraient dû se retirer derrière le Rhin en détruisant les ponts derrière eux. Parfois, un repli stratégique vaut mieux que de résister jusqu'au bout sur des positions intenables. Comme l'a souligné George Patton : « *On ne gagne pas une guerre en mourant pour son pays mais en faisant ce qu'il faut pour que ceux d'en face meurent pour leur pays* » - et c'est bien là ce que les Alliés comptent faire.

Il n'y a donc pas de temps à perdre. Les *82nd* et *101st Airborne Divisions* doivent rester au front et contre-attaquer au plus vite. Les *1st*, *2nd* et *4th Infantry Divisions*, débarquées en France les 6 et 7 juin 1944, sont également concernées par cette décision et feront de même…

L'accalmie de Noël ne durera pas ; la météo redevient vite exécrable. La température chute jusqu'à -20°C et la visibilité au sol n'excède pas quelques mètres. La progression dans les denses bois de sapins avec un sol recouvert de 30 cm de neige se révèle des plus pénibles et les prés, n'offrant pas de couverts, exposent aux tirs adverses. C'est dans ces conditions qu'il faudra attaquer un ennemi déterminé à résister et solidement retranché. De plus, les bois ne présentent aucun point de repère ; on risque de s'y perdre et il faut s'orienter à la boussole avec une visibilité quasi nulle ! Enfin, la seule route menant vers le nord, sous le feu des canons antichars ennemis, est recouverte d'une triple couche de verglas et de neige…

2 janvier – L'attaque du Bois Jacques ou la « Marche des 1.000 yards »

Le 2 janvier, le *2/506th PIR* reçoit l'ordre de nettoyer la partie du Bois Jacques à l'est de Foy. Durant cette avancée sur près d'un kilomètre à travers bois, les paras essuient des tirs sporadiques de mitrailleuses allemandes, mais, en définitive, ils ne rencontrent que peu ou pas de résistance. Du côté des pertes, on compte juste, dans leurs rangs, deux blessés légers…

Le lendemain, dans l'après-midi, Winters ordonne à la *Easy Co.* et à la *Fox Co.* de retourner sur leurs anciennes positions. La *Easy Co.* laisse un groupe du *1st Platoon* avec la *Dog Co.*, réduite à 50% de son effectif normal, pour surveiller et tenir le terrain fraîchement conquis…

Le pistolet de Hoobler

Dans la *Easy Company*, l'événement de la journée du 2 janvier demeure la rencontre du *Cpl.* Don Hoobler (*1st Platoon*) avec un officier allemand à cheval, en patrouille de reconnaissance dans le Bois Jacques.

Surprenant le cavalier ennemi, au détour d'un sentier forestier, Hoobler l'abat d'un coup de fusil alors que celui-ci tente de prendre la fuite. Fouillant le cadavre, Hoobler s'empare alors de l'arme de poing du défunt, très probablement un pistolet *Luger P08*. Heureux comme un gamin, totalement exalté, Hoobler passera toute la journée à courir de trou en trou pour conter le récit de son exploit à tous ses camarades et leur montrer le pistolet pris à l'ennemi. Malheureusement pour lui, en le rangeant dans sa poche, il se tire, accidentellement, une balle dans la jambe ; celle-ci, hélas, le blesse mortellement. En 2004, à propos de ce drame regrettable, Forrest Guth nous raconte : « *Ce pauvre Hoobler cherche un Luger depuis la Normandie et se montre fou de joie d'en avoir, enfin, dégotté un. Toutefois, sur ce coup-là, il joue vraiment de malchance : il se blesse en jouant avec le pistolet au moment de le glisser dans sa poche. La balle lui sectionne l'artère fémorale, mais comme il porte deux pantalons enfilés l'un sur l'autre, nous ne constatons pas immédiatement qu'il se vide de tout son sang. Hoobler meurt peu après son arrivée au poste de secours sans que nous ne puissions rien tenter pour le sauver* » (19).

Le récit le plus courant de cette triste anecdote désigne un tir du « fameux *Luger* » comme étant à l'origine du décès de Hoobler. Toutefois, il est également fort possible que ce soit une autre arme, un pistolet belge calibre *.32* (capturé en Hollande) ou encore un *Colt 45* de dotation, qui ait été impliquée dans l'accident fatal.

3 janvier 1945 – Un tir de barrage frappe durement le *2nd Platoon*

Pendant que le *2/506th PIR* a nettoyé les bois à l'est de Foy, le *1/506th PIR* est venu combler la brèche causée par son départ et prendre sa place au sud du

Donald B. Hoobler (1922-1945). (D. Hoobler/Archives du *506th PIR*)

A droite : Joe Toye (1919-1995). (J. Toye/ Archives du *506th PIR*.)

A droite : Bill Guarnere, photographié, ici, de retour aux USA, en 1945, le jour de ses noces. (W. Guarnere.)

village. Or, les Allemands ont déjà bombardé la position avec de grosses pièces et il y a des cratères d'obus et des arbres déchiquetés partout. Du coup, à leur retour, les hommes du *2/506th PIR* se tiennent tous sur leurs gardes et s'appliquent à approfondir leur trou, tout en renforçant leur couverture.

Sur place, le *1st Sgt.* Lipton se met à observer Foy à la jumelle, essayant de repérer les canons adverses, mais, hélas, sans succès. Un peu plus tard, alors qu'il coupe des branches pour le camouflage de son *fox-*

hole, l'artillerie allemande, dans un bruit de roulement de tonnerre, tire, tout à coup, une série de salves meurtrières, se déchaînant sur la position de la compagnie E. Surpris, Lipton n'aura pas le temps de rejoindre son trou et doit se tapir sur le sol à l'endroit où il se trouve, priant que les obus l'épargnent, ces derniers pleuvant de toute part, labourant le sol et explosant les sapins. Durant ce bombardement, le *Sgt.* Joe Toye, l'un des chefs d'escouade du *2nd Platoon*, sort de son trou pour ordonner à ses hommes de rester à couvert et sera gravement touché. En effet, de petits éclats d'obus le mutilent aux bras, à l'estomac et à la poitrine, un plus gros lui sectionnant la jambe droite...

Le bombardement cesse au bout de quelques minutes ; partout des hommes appellent à l'aide. Lipton retourne vite à son trou se saisir de son fusil car il s'attend à une attaque d'infanterie. Il ordonne aussi aux hommes de se tenir prêts et de rester à couvert...

De son côté, Joe Toye hurle à la mort, implorant qu'on vienne le chercher. N'écoutant que son courage, au mépris du danger, son ami, le *S/Sgt.* Bill Guarnere, se précipite vers lui et se met à le traîner à l'abri. Soudain, le bombardement reprend de plus belle, redoublant de violence et d'intensité. Un obus éclate près des deux hommes, déchiquetant la jambe droite de Bill Guarnere qui, en 2004, nous précise : « *Au moment où j'entends Joe appeler au secours, je me dis que je ne peux pas l'abandonner à son sort et je m'arrache de mon trou pour l'aider. Néanmoins, les Boches ont bien calculé leur coup en décidant de marquer une pause afin d'inciter les hommes à sortir des trous pour secourir les blessés. C'est pourquoi, quand le tir de barrage recommence, Joe et moi nous sommes retrouvés coincés, à découvert et vulnérables, donc, en d'autres termes, en bien mauvaise posture. Vous savez : un proverbe de soldat dit que quand un obus est pour vous, vous ne l'entendez pas venir. Eh bien, celui qui m'a arraché la jambe droite, je ne l'ai pas entendu arriver* » (20).

Suite au bombardement, le chef de compagnie, le *1st Lt.* Dike, prend la fuite, complètement terrorisé, à la limite de l'apoplexie. Restant sur place, bien décidé à suppléer ce dernier, Lipton ordonne aux hommes indemnes de s'occuper des blessés et de surveiller le front. Bien qu'ils soient tous morts de peur, tous obéissent et restent à leur poste ; aucune « désertion » ne sera donc à déplorer. Les brancardiers, quant à eux, évacuent Toye et Guarnere ainsi que les autres blessés. Par contre, les morts sont laissés sur place et gèleront rapidement. Malheureusement, le *1st Lt.* Lynn « Buck » Compton, chef du *2nd Platoon*, ne supportera pas la vue du carnage. En effet, cet officier, très proche de ses soldats, s'attriste fortement de voir sa section décimée et, son moral brisé par l'horreur de la situation, il sombre, provisoirement, dans un état névrotique, sous le coup de l'émotion. Officier compétent et courageux, Compton, a reçu la *Silver Star* pour son action au Manoir de Brécourt (6 juin 1944), tout comme Toye et Guarnere qui sont ses amis. Une fois à l'infirmerie, il se calmera et reprendra ses esprits, mais les médecins le jugeront pourtant inapte à reprendre son poste. De plus, il souffre également de graves gelures aux pieds ; ce qui représente une raison supplémentaire de le garder loin du front. En 2004, Buck Compton nous confie, se remémorant les faits : « *Je déteste repenser à ce jour, tout comme en parler. C'est pour moi un très mauvais souvenir parce que ça m'a toujours affecté, au point de me déchirer les tripes, de voir mes hommes tomber* » (21). Ed Shames, nous a aussi, neuf ans plus tard (en 2013, donc), relaté l'incident en question et nous donne ici sa version des faits, en même temps qu'il exprime son opinion : « *Ce que j'en pense ? Pour moi, l'attitude de Buck Compton, ce jour-là, s'apparente à ce que le code de justice militaire définit sous le terme de couardise, aggravé d'un abandon de poste ; ce qui revient à dire que ce dernier s'est rendu coupable de désertion, purement et simplement ! Je rappelle : il a vraiment perdu son sang-froid. Même Georges Luz, au moment où Compton quittait son poste, a couru vers lui, en l'invectivant, l'a sommé de se ressaisir et de s'occuper de sa section, lui précisant que sa conduite était indigne d'un officier. Hélas, Compton a refusé d'entendre raison. D'ailleurs, j'ai même envisagé, un court instant, moi aussi de le rappeler à l'ordre, si nécessaire, en le menaçant de mon arme, mais j'y ai renoncé car il semblait vraiment au bout du rouleau (blême, secoué de spasmes nerveux, il avait le regard vide et tremblait comme une feuille) et je devais accorder toute mon attention au commandement de ma section. Enfin bref, quoi qu'il en soit, aujourd'hui, je continue de penser qu'on aurait dû le traduire en cours martiale !* » (22). Il s'agit là, sans aucun doute, d'un jugement sévère et de durs propos qui n'engagent que l'opinion et la responsabilité de celui qui les proféra, mais, toutefois, ces derniers nous poussent, tout de même, à réfléchir. Quelle part de vérité doit-on y déceler ? Avant toute chose, il nous semble primordial que Ed Shames n'appréciait pas Buck Compton, au point même de le mésestimer, car tout les opposait, y compris et surtout leur personnalité respective ainsi que leur vision de la fonction d'officier et leurs méthodes de commandement. D'autre part, même s'ils se connaissaient de nom et de vue, Shames et Compton n'avaient que rarement rencontré l'opportunité de se côtoyer, de se découvrir l'un l'autre et d'apprendre à s'apprécier, antérieurement à l'affectation de Shames à la *Easy Co.*, en octobre 1944. En outre, il demeure également évident que Compton n'était plus le même homme depuis qu'il avait été blessé en Hollande et que, peut-être, il avait atteint là l'extrême limite de sa résistance physique et psychologique...

D'après Dick Winters, la terreur des bombardements, l'angoisse permanente d'être tué ainsi que la pression croissante à laquelle sont soumis les hommes depuis le 19 décembre font alors cruellement sentir leur effet

A gauche : « Buck » Compton. (L. Compton.)

Ed Shames (ici, en 1943, avec le grade de *S/Sgt.*). (*US Army*/Archives du *506th PIR*, collection Bob Webb Jr., via Ian Gardner.)

A droite : Warren H. « Skip » Muck (1922-1945). (R. Smith, via S. Finn.)

néfaste sur le moral des troupes. Il ajoute même que la situation est encore plus pénible pour les officiers devant prendre des décisions sous la pression alors qu'ils manquent tous de sommeil, souffrant aussi de dysenterie et de malnutrition (23) .

Début janvier, notamment suite aux pertes subies par le *2nd Platoon*, Winters s'inquiète du moral et de la santé mentale de ses hommes, mais aussi de la relative faiblesse du commandement au niveau des chefs de section car dans la *Easy Company*, la situation se révèle préoccupante (24)...

Eviter le point de rupture en préservant le moral des hommes et l'autorité de la chaîne de commandement de la *Easy Company*

Les lieutenants Welsh et Compton ont été évacués (*cf. supra*). Pour l'état-major du *2/506th PIR*, force est de constater que ces deux officiers, absents, vont donc faire gravement défaut dans les jours à venir. Avec le lieutenant Peacock parti en permission spéciale et deux autres officiers subalternes réfugiés à l'infirmerie sous de douteux prétextes, Winters ne peut plus compter que sur les lieutenants Shames et Foley. A cette pénurie de cadres s'ajoutent l'incompétence et l'absence du chef de compagnie, le *1st Lt.* Dike. Le chef du *2/506th PIR* décide donc de charger Lipton et les sous-officiers restants d'assurer la continuité du commandement, en liaison et sous les ordres des lieutenants restants. L'ordre est certes implicite, mais tous ont compris l'importance de maintenir le moral et l'autorité dans une situation très pénible. De plus, pour rien au monde, ils n'auraient accepté de décevoir leur ancien chef de compagnie, unanimement admiré et respecté. De fait, grâce à eux ainsi qu'à l'esprit de corps, au dévouement et à l'abnégation des soldats de la *Easy Company*, le pire sera évité.

En 1991, Dick Winters confie à Stephen Ambrose : *« A Bastogne, je finis par être persuadé que j'allais écoper. Tôt ou tard, mon tour viendrait. Je n'ai jamais eu peur de craquer. Je suis alors juste persuadé d'être tué ou blessé »* (25). Tout comme Lipton, il craint que les hommes atteignent le point de rupture, ce qui risque d'arriver à tout moment. Une fois le point de rupture atteint, la vigilance chute et le moral s'effondre. C'est dangereux et destructeur. Winters veut éviter cela à tout prix car il sait qu'il reste encore des combats à livrer. Les psychiatres militaires ont établi que ceux qui ne craquent pas perdent, au fil du temps, de leur efficacité. Alors que l'expérience s'accroît, le sentiment d'invulnérabilité disparaît laissant sa place à la prudence. Or, dans certaines situations de guerre, cette dernière, sous une forme excessive, peut se révéler préjudiciable et générer l'échec d'un assaut, risquant ainsi de compromettre toute opportunité de remporter la victoire...

Alex M. Penkala (1924-1945). (A. Penkala/Archives du *506th PIR*.)

La contre-attaque : les combats de Foy et Noville (13-17 janvier 1945)

La situation de la *101st Airborne Division* début janvier

Début janvier 1945, la *101st Airborne* occupe un front étroit au nord de Bastogne. Toutes les unités divisionnaires épuisées se sont regroupées afin de se réorganiser. La division se retrouve flanquée de deux divisions blindées : la *11th Armored Division*, venant du secteur de Chenogne, se positionne sur son flanc gauche, à l'ouest, et la *6th Armored Division*, sur son flanc droit, à l'est. Le *506th PIR* occupe le Bois Jacques et, après la reprise des crêtes situées entre Longchamps et Monnaville, les *502nd PIR* et *326th Airborne Engineer Battalion* sont envoyés au repos à l'arrière des lignes américaines. Le *501st PIR* se tient toujours sur le front dans le secteur de Bizôry – Mageret. Quant au *327th Glider Infantry Regiment*, il est également retiré du front et tenu en réserve. La *11th Armored Division* se prépare à attaquer vers le nord afin d'atteindre Houffalize ; mais, avant tout, il faut dégager la route et reprendre les villages de Foy et Noville, toujours tenus par les Allemands...

5 janvier

Le 5 janvier, le *2/506th PIR* est placé en réserve du régiment, au sud de Foy, toujours aux mains de la *Wehrmacht*. Les bois de pins forment un U autour du village, niché dans une petite vallée traversée par la route d'Houffalize. De fait, si on désire rejoindre Foy depuis le couvert de la forêt, il faut se risquer à progresser à travers prés et champs séparant le village du bois...

9 janvier

Ce jour-là, la *Easy Co.* est appelée à renforcer les troupes nettoyant les bois au sud de Recogne et les hommes se doutent que l'ordre d'attaquer Foy ne tardera pas à arriver. Comme lors de la « Marche des 1.000 *yards* », les Américains ne rencontrent que peu ou pas de résistance ennemie...

Au soir du 9 janvier, alors que les paras finissent de creuser leur trou, un violent tir de barrage martèle, soudainement, leur position. Le *T/4* (*Sgt.*) Georges Luz, surpris à découvert, se jette au sol et rampe vers son

A gauche : Georges Luz (1921-1998). (G. Luz/Archives du *506th PIR*.)

Ci-contre : Don Malarkey. (D. Malarkey/Archives du *506th PIR*.)

trou. Dans le fracas des explosions, il distingue les voix du *Sgt.* Warren « Skip » Muck et de Alex Penkala qui l'appellent à grands cris pour l'inviter à se réfugier avec eux car leur *foxhole* est plus proche. Luz préférera pourtant rejoindre son trou et s'y terrer jusqu'à la fin du bombardement…

Lipton, quant à lui, partage son trou avec le *Sgt.* Robert Mann (radio de la *Company HQ Section*) et le *Cpl.* Forrest Guth. Soudain un obus de gros calibre atterrit à moins de 50 cm d'eux. Par miracle, ce dernier, défectueux, se fiche dans le sol sans exploser, épargnant ainsi la vie des trois hommes. Par contre, au sein du *3rd Platoon*, plusieurs hommes sont blessés ; aidé du *Sgt.* Rogers, Ed Shames prévient les secours et organise leur évacuation en *jeep* sanitaire.

Muck et Penkala n'auront pas la chance de Guth, Lipton et Mann. Un projectile s'écrase sur leur trou, la déflagration les réduisant en miettes. Dans ce genre de situation, c'est le destin qui décide. Il n'y aucun endroit plus sûr qu'un autre, la mort frappe brutalement et au hasard, sans aucun discernement. Les deux hommes, vétérans du Jour-J, sont tués sur le coup ; ce qu'on retrouvera d'eux repose encore aujourd'hui en terre ardennaise au fond d'un cratère d'obus hâtivement recouvert d'une mince couche de terre par leurs compagnons d'armes voici soixante-six ans. C'est une des caractéristiques des funérailles militaires : de par leur simplicité poignante, elles n'en sont que plus émouvantes…

Enfin, retenons encore que, après l'évacuation de Toye et Guarnere (grièvement mutilés, *cf. supra*) ainsi que celle de Buck Compton (victime de graves engelures et d'une névrose de guerre), la mort brutale de Muck et Penkala sera un nouveau coup dur pour le *Sgt.* Don Malarkey car tous ces hommes comptent parmi ses meilleurs amis dans la compagnie…

13 janvier – L'attaque de Foy

Le *Major-general* Taylor, soucieux de repousser les Allemands, désire vivement s'emparer de Noville. Ceci dit, pour prendre ce village, il a besoin d'un appui de blindés ne pouvant progresser que par la route. Il faut donc, au préalable, reprendre Foy. Le *2/506th PIR* reçoit vite l'ordre d'en déloger l'ennemi, pour le 13 janvier au matin. C'est pourquoi, Winters ramène son unité au sud-ouest de Foy et expose son plan à ses subordonnés, précisant que seule la *Fox Company*, trop éprouvée, ne participera pas à l'attaque. Suivant les ordres de Winters, la *Easy Company* doit prendre sa position de départ dans le bois au sud-ouest de Foy et mener l'assaut sous couverture des tirs des mortiers et des mitrailleuses de la *HQ Company*, avec, en réserve, la *Dog Company*. La *Item Company* du *3/506th PIR* attaquera le long de la route d'Houffalize. Le *1/401st GIR (26)* lancera simultanément un assaut à l'est du village, en même temps qu'une autre attaque d'envergure contre le village de Bourcy, toujours à l'est de Foy, est planifiée par l'état-major divisionnaire (*cf.* encadré, ci-dessous).

Pour le reste, il n'y a pas foule de moyens de procéder : il faut que les hommes progressent à découvert à travers les 800 mètres de prés enneigés séparant Foy de la lisière du bois. Ensuite, ils devront chasser

La prise de Bourcy

Bourcy est libéré par les soldats du *2/502nd PIR*. Après avoir tenu sa position durant le siège de Bastogne, le *502nd PIR* contre-attaque dans les secteurs de Champs, Longchamps et Monnaville les 3 et 4 janvier 1945. Le *502nd PIR* est alors soutenu par des éléments du *327th Glider Infantry Regiment* et par le *326th Airborne Engineer Battalion*. Relevées par la *11th Armored Division*, ces troupes sont, ensuite, envoyées au repos.

Le 2 janvier, le *2/506th PIR* nettoie la partie nord-est du Bois Jacques, mais les Allemands reprennent le terrain aux *GI's* quelques jours plus tard. Deux bataillons du *502nd PIR* seront donc chargés d'attaquer le long du chemin de fer menant à Bourcy, les compagnies A et C du *327th GIR*, affectées à la protection du flanc gauche du *502nd PIR*, avançant à travers le bois et reprenant le terrain perdu suite à une rude bataille.

Le 13 janvier, le *2/502nd PIR* remonte au front au nord-est du Bois Jacques. L'ordre d'attaquer Bourcy, au matin du 17 janvier, ne tarde pas à arriver. Un tir de barrage précède l'assaut des paras soutenus par quelques chars *Sherman* qui mettent en déroute les blindés allemands positionnés à l'entrée du village. En réalité, les Allemands avaient évacué Bourcy vers le 13 janvier, laissant une faible arrière-garde protéger leur repli. Les Américains occupent Bourcy, dans l'après-midi, et y capturent 84 soldats adverses.

Ci-contre : schéma de l'attaque de Foy (M. Longue)

A droite : à gauche de la dame anglaise, main dans la poche, se tient Norman Dike. (J. Reeder, via Ian Gardner)

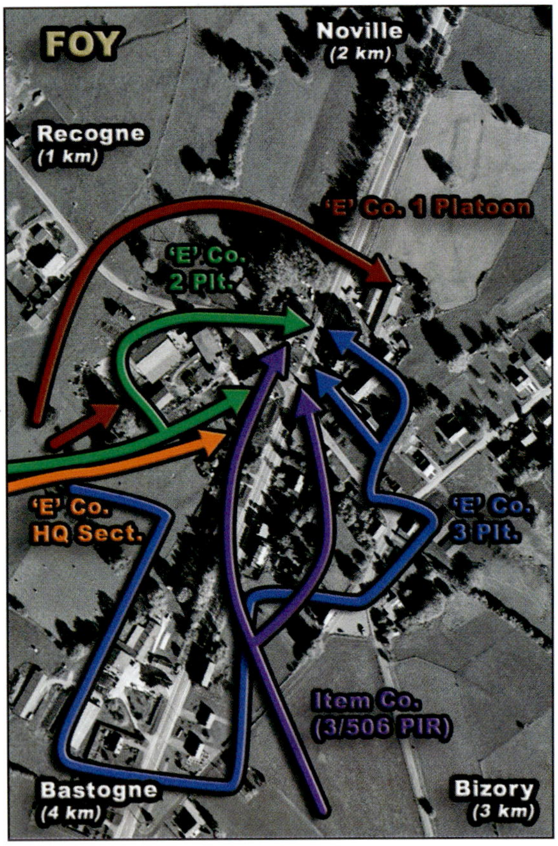

Jack E. Foley (1922-2009). (J. Foley/Archives du *506th PIR*.)

Ronald C. Speirs (1920-2007), photographié, ici, durant la Bataille de Bastogne. Sur ce cliché, on remarque qu'il tient son arme, un puissant PM *Thompson*. (*US Army*/ Archives du *506th PIR*.)

Le *Captain* Speirs, en 1945. (*US Army*/Archives du *506th PIR*.)

Ronald Speirs, jeune homme, avant qu'il ne s'engage dans les paras. (R. Speirs, via *Friends of Easy Company, 506th PIR*.)

l'ennemi de la localité, à coups de grenades et de baïonnettes, maison par maison.

Durant le trajet couvrant la distance entre son point de départ et les premières maisons du village, la *Easy Co*. avancera suivant un axe l'amenant, à terme, à l'extrême ouest/sud-ouest de Foy. Les hommes se déploieront en colonnes, sur un front large d'une centaine de mètres : *1st Platoon* au nord (donc, à l'extrême gauche), *2nd Platoon* au centre, avec, en retrait derrière lui, la *Company HQ Section*, et, enfin, le *3rd Platoon* au sud (tout à fait à droite du dispositif).

A 8h45, l'assaut est lancé. Depuis son poste d'observation, le *Captain* Winters scrute l'avance de la *Easy Co.*, couverte par le tir des mortiers et mitrailleuses de la *HQ Company*. L'allure est soutenue malgré l'épaisseur de la couche de neige et les hommes progressent d'un bon pas. Soudain, les défenses allemandes, jusque-là muettes, ripostent ; quelques coups de fusils, isolés, claquent et résonnent, en provenance, du village, mais sans causer de pertes.

Par contre, une fois que les paras se sont approchés à bonne distance des positions allemandes, obus de canons et de mortiers, tir de snipers et de mitrailleuses s'abattent sur les assaillants qui tentent de se disperser et de trouver un couvert, aussi menu soit-il...

Malheureusement pour sa compagnie, Norman Dike n'ayant aucun plan d'opération à l'esprit se voit pris de panique et perd le contrôle de la situation. Alors qu'il s'interroge sur quel type de manœuvre il doit s'appuyer pour s'en sortir, il s'aperçoit que son flanc gauche est totalement dégarni et que le *1st Platoon* a disparu de son champ de vision. A cet instant, il commet une erreur fatale : il ordonne aux hommes de stopper à découvert ! Toute la compagnie représente alors une cible idéale. Winters, bouillonnant de rage, ordonne par radio d'avancer, mais Dike reste planté là, amorphe, incapable de réagir ; il vient, tout simplement, de craquer et des hommes vont tomber à cause de son incompétence...

Où est donc le *1st Platoon* ? C'est très simple, la section a tout simplement été ralentie, dans son avance, par une série d'obstacles, à savoir : les barrières d'un complexe d'enclos à bestiaux, au milieu duquel se trouvent des étables et des cabanons en bois qu'il faut fouiller, un par un. L'inspection des lieux aura retardé le *1st Platoon* de longues minutes fatales...

Dès que ladite inspection, un incident au cours duquel les paras *abattent* trois Allemands qu'ils viennent de capturer, est terminée, toute la section (qui ne compte plus que 22 hommes, cadres compris) rejoint le reste de la compagnie. Peu après, son chef, le *1st Lt.* Foley, se rend auprès du commandant de compagnie

A gauche : Frank Perconte. (F. Perconte/Archives du *506th PIR*.)

Ci-contre : le *T./Sgt*. Don Malarkey, en 1945. (D. Malarkey/Archives du *506th PIR*.)

et lui demande quels sont ses ordres et quel est son plan de bataille…

Maintenant rejoint par tous ses chefs de section qui le somment de prendre une décision, Dike finit par suggérer, sans conviction, que le *1st Platoon* tente une manœuvre de contournement par le nord, sous couvert d'un tir de soutien du reste de la compagnie. Réprouvant l'ordre, Foley ne se permet cependant pas de désobéir à son supérieur. Retrouvant ses soldats, y compris le *Sgt.* Martin, il se lance à l'attaque du village, par le nord. Lors de cette action, plusieurs hommes tomberont, morts ou blessés, à l'instar de Frank Perconte, atteint d'une balle dans la fesse…

Voyant, dans ses jumelles, que seul le *1st Platoon* est en mouvement et ne parvenant toujours pas à joindre directement Dike par radio, Winters saisit son fusil et se précipite vers le pré, bien décidé à reprendre le commandement de « sa chère *Easy* » et de la mener à l'assaut du village comme il l'avait fait lors de l'attaque de Carentan, le 11 juin 1944. Pourtant, après un bref instant, sa raison reprend le dessus sur ses sentiments. Il se dit alors, en lui-même : *« Nom de Dieu ! Dick, tu commandes le bataillon ; tu ne peux pas faire ça ! »*. S'interdisant d'y aller, il rebrousse chemin. C'est alors que, de retour dans le bois, il tombe nez à nez avec le *1st Lt.* Ronald Speirs, un des chefs de section de la *Dog Company*.

Winters connaît bien l'homme et sa réputation. Ce dernier est un chef de section dur, agressif, courageux et plein de ressources. Il lui ordonne immédiatement de rejoindre la *Easy Co.*, de prendre la relève de Dike et de mener l'attaque.

Au terme d'une course effrénée, Speirs retrouve la *Easy Co.* et, après que Lipton lui ait exposé la situation, il aboie ses ordres. Selon lui, le *1st Platoon* doit achever l'action qu'il vient d'entreprendre, mais il faut le soutenir en l'accompagnant vers le centre du village. Rapidement, Speirs fait signe aux deux autres sections d'avancer et maintenir la pression sur l'ennemi.

Finalement, les paras se sortent de cette mauvaise passe et se ruent dans le village chassant les Allemands au corps à corps, faisant même 69 prisonniers parmi les membres de l'unité d'infanterie ennemie chargée de tenir Foy et de couvrir ainsi la retraite de leurs camarades vers Noville.

« Buck » Taylor, en compagnie de sa jeune épouse, Elaine. (A. Taylor.)

Don Malarkey nous raconte le combat, vécu ici avec les hommes du *2nd Platoon* : *« Durant l'attaque de Foy, nous progressons, à travers les prés, sous le feu ennemi, complètement à découvert. J'occupe alors, en tant que Platoon Sergeant ainsi qu'en l'absence du 1st Sergeant Lipton, parti s'entretenir avec le chef de compagnie, le poste de "Platoon Leader faisant fonction" pour le 2nd Platoon. En d'autres termes et en bref : je joue, là, le rôle dévolu, normalement, à un officier. De fait, j'assume donc l'énorme responsabilité qui incombe à tout chef de corps, soit celle d'accomplir sa mission, avec le minimum de pertes.*

Contrairement aux autres sections, notre avance n'est pas arrêtée par des clôtures en fils de fer barbelés ou des barrières de bois, mais bien par des murets de pierre, hauts d'environ un mètre. Cependant, bien que ceux-ci nous ralentissent, ils nous procurent l'avanta-

ge, non négligeable concernant nos chances de survie, de nous offrir une bonne protection contre les balles de l'ennemi ainsi que les éclats d'obus ; c'est pourquoi, bien conscient de ce fait, j'ordonne à mes hommes de s'approcher du village, par bonds successifs, de couvert en couvert.

Arrivés au dernier muret, à l'orée de Foy dont les premières maisons se dressent, maintenant, à une petite centaine de mètres devant nous, les hommes, collés l'un à l'autre, s'accroupissent, en attendant mes ordres.

Soudain, je me risque à lever le nez par-dessus le muret pour observer les alentours et inspecter le terrain que nous allons devoir traverser avant d'atteindre les bâtiments, à la recherche d'un poste de tir adverse, occupé par une mitrailleuse ou un tireur embusqué.

N'ayant pas repéré de danger immédiat, mais redoutant, tout de même, une embuscade, je fais appeler, auprès de moi, chacun des quatre chefs d'escouade que compte la section. Je leur tiens le discours suivant : "Bon, les gars, nous y voilà. Comme vous le savez, notre mission est d'investir la partie ouest du village de Foy. Vous connaissez la manœuvre : par

En haut : la Chapelle Sainte-Barbe, au centre de Foy. (M. Longue.)

Ci-dessus et ci-contre : la maison Gaspard, à Foy. La vieille bâtisse porte encore, sur ses murs, les stigmates de la guerre (traces d'impacts de balles). (M. Longue.)

groupe de trois ou quatre hommes, nettoyez le secteur, maison par maison. Sécurisez chaque position à conquérir à la grenade et abattez tous les Boches que vous rencontrerez ! Briefez, rapidement, vos hommes ! A l'assaut, à mon commandement ! Exécution !".

A l'issue de ce court briefing, je me retourne pour interpeller le type présent juste derrière moi. Il s'agit d'un tout jeune soldat, remplaçant de surcroît, dont je ne me rappelle pas le nom vu qu'il est nouveau, mais dont je sais bien qu'il est membre de la section pour l'avoir déjà vu, auparavant, alors que j'étais responsable de la Mortar Squad du 2nd Platoon. Je lui dis alors, sur un ton aussi autoritaire que rassurant : "Préparez-vous, trooper. Vous y allez le premier ! En avant !". Sans hésiter, l'homme se lève et, se ruant à l'assaut, se met à courir vers le village. A peine s'est-il exposé, à découvert, qu'une mitrailleuse allemande crépite rauquement et le fauche d'une brève rafale. Atteint par cinq à six balles, en pleine poitrine, il s'écroule, en gémissant. Son sang colore la neige qui rougeoie, tout autour de lui. Fou de terreur et de douleur, il implore l'aide d'un médecin. Comme il est étendu tout près de moi, j'arrive à l'attraper et à le tirer, à l'abri, derrière le muret. Contre ce dernier les balles ricochent avec un bruit sec ; bien qu'il soit parvenu à descendre l'un des nôtres, le mitrailleur allemand, a, néanmoins, commis une grave erreur, en ouvrant le feu, trop tôt, nous dévoilant ainsi sa position et se privant de l'opportunité de décimer toute la section, au cas où il aurait attendu que nous soyons tous sortis de derrière le muret ! Malheureusement pour le blessé, il est trop tard ; mortellement touché, il meurt dans mes bras, au bout de quelques minutes. Faute de soins adéquats, il a, hélas, succombé. En effet, comme, à ce moment, la compagnie compte, déjà, plusieurs pertes (trois ou quatre hommes à terre, morts ou grièvement blessés), les infirmiers sont, littéralement, débordés. Tous, en général, et Eugene Roe, en particulier, s'efforcent de courir d'un blessé à l'autre, au péril de leur vie, mais sans pouvoir sauver ces malheureux qui agonisent, en suppliant qu'on les soulage de leur souffrance... Suite à l'incident que je viens de décrire (un tué au combat et mon axe de progression compromis, pris sous le feu adverse), je décide d'emprunter une autre voie afin de pénétrer au cœur de la localité qu'on nous a assigné pour objectif. Via un repli prudent, suivi d'un détour, nous nous positionnons de manière à fondre sur les Boches par où ils ne nous attendent pas. Heureusement, notre approche furtive est un succès et nous nous lançons à l'assaut des bâtiments, exploitant une faille du dispositif défensif allemand...

Notre attaque se révèle aussi rapide que brutale et, il faut bien l'admettre, nous négligeons de nous montrer cléments envers l'ennemi, durant les corps à corps. En outre, je me souviens aussi, très clairement, que, ayant progressé à l'intérieur du village, nous nous retrouvons face à une construction en pierre qui, selon moi, devait être une grange et, si pas, en tout cas, une dépendance de l'une des petites fermes parsemant le secteur. Enfin bref, quoi qu'il en soit, j'envoie un caporal, accompagné de cinq hommes, faire le tour de cette bâtisse par la gauche tandis que j'emmène le reste de mon groupe contourner l'édifice par la droite. Seulement voilà, le problème est que, à cet instant, avant d'atteindre le prochain couvert, nous devons traverser une zone ouverte, nous exposant à un éventuel tir ennemi...

Vue sur la maison Gaspard, au cœur de Foy, en janvier 1945. (*US Army.*)

« Shifty » Powers, tireur d'élite de la *Easy Company*. (D. Powers.)

Avant d'avancer, j'annonce à mes hommes que je prends la tête et que j'ouvre la route, leur ordonnant de me couvrir. Immédiatement, le soldat derrière moi me retient par le bras et me lance, non sans témoigner là d'une bravoure certaine : "Sergent, n'y allez pas ! Vous commandez la section ; ce ne serait vraiment pas raisonnable. Imaginez que cette imprudence vous amène à vous faire tuer. S'il vous plaît, laissez-moi vous remplacer et partir en éclaireur...". Etonné, mais aussi impressionné par le cran qu'il faut pour prendre une telle initiative, au cœur d'une bataille, je lui réponds, aussitôt : "Ok, soldat, puisque vous êtes volontaire, partez en éclaireur. Nous vous couvrirons, autant que faire se peut, depuis notre position".

Quelques secondes plus tard, après avoir pris une grande inspiration, l'homme se précipite vers l'avant, mais à peine a-t-il couru quelques pas, qu'un coup de feu claque ; il s'effondre, tué net. Je viens là de perdre un deuxième homme. De rage, je fonce, tête baissée, et me jette sur le sol. En rampant jusqu'au cadavre, j'aperçois un jeune soldat allemand, debout, l'arme au poing, posté dans l'encadrement d'une fenêtre, dans la maison juste en face de moi. Sans lui laisser le temps de réagir, j'ouvre le feu avec ma mitraillette Thompson et l'abats d'une rafale en plein visage, mon tir lui faisant, carrément, exploser le crâne ! Oh, mon Dieu, que de sang versé là ; une matière visqueuse et brunâtre, déchet humain, sordide amalgame d'éclats d'os et de cervelle a giclé sur les murs avant de se répandre en flaque écarlate sur le sol...

Enfin, parvenue au centre de Foy, ma section rencontre un groupe de paras, menés par un officier auquel je me présente, réglementairement, avant de me placer sous ses ordres. Il s'agit du Captain Gene L. Brown, commandant de la Item Company du 3/506th PIR. Sans attendre, il me demande de lui faire un rapport au sujet de notre action. Mon compte rendu à propos du dur combat que nous venons de mener est concis et précis. Ma conclusion est simple : mission accomplie, au prix de deux tués au combat, au sein de ma section...

Je n'aimais pas de voir mes hommes se faire tuer et c'est très dur d'avoir à supporter l'idée qu'on ne peut pas porter secours à ceux qui en ont besoin, au moment opportun, même si on en est empêché par le fait qu'on est soi même, en mouvement, sous le feu ennemi, en train de subir une attaque. Cela m'a posé de graves problèmes, de l'ordre du trouble psychologique post-traumatique, des années durant, après guerre, car les souvenirs reviennent, sans cesse, dans les cauchemars et on ne les oublie jamais ! ». (27)

Du côté du *3rd Platoon*, son commandant, Ed Shames, s'est montré plus malin que les autres officiers. Comprenant, immédiatement, qu'une attaque frontale vers le centre de Foy est suicidaire, il ramène sa section

Ed Shames et Paul Rogers, son fidèle ami et *Platoon Sergeant*, photographiés, en Autriche, à l'été 1945. (Ed Shames, collection Karen Mac Gee, via Ian Gardner.)

Ci-contre : l'épave du *Panzer IV* allemand, détruit au bazooka par Ed Shames et Paul Rogers. A l'arrière-plan, on aperçoit la Chapelle Sainte-Barbe. (J. Gaspard, via Ian Gardner.)

Ci-dessous : quelques-uns des 69 soldats de la *Wehrmacht* capturés à Foy, en marche vers l'arrière du front. (*US Army*.)

A droite : Carwood Lipton. (F. Guth.)

en arrière et contourne le village par le sud. Ensuite, face à une plus légère opposition que celle que rencontrent ses homologues de la *Easy Co.*, il pénètre dans Foy par l'est, en limitant les pertes. Couronnée de succès, son approche prudente et audacieuse l'amène en face de la maison de Monsieur Joseph Gaspard, occupée par les Allemands et dans le grenier de laquelle se dissimule un sniper qui ouvre le feu sur ses hommes.

Ce dernier immobilise longtemps les paras par un tir aussi précis que meurtrier. Parmi les pertes figurent le *Cpl.* Francis Mellett (né en 1920), abattu d'une balle en plein front et le *S/Sgt.* Amos Taylor, grièvement touché à la jambe.

Le sniper sera, à son tour, éliminé par Shifty Powers, dont les talents d'observateur et de tireur hors pair se manifestent, à nouveau, lors de cette action. En effet, alors que personne n'arrive à repérer le tireur isolé, Shifty le localise et indique sa position à Earl Mac Clung qui tire sur lui avec un lance-grenades. Se sachant découvert, face au danger, l'Allemand évacue son refuge et, en se redressant pour fuir, s'expose à la vue de ses adversaires. Dès qu'il entre dans sa ligne de mire, Shifty le tue d'une balle dans la tête, au premier coup de feu.

Une fois la maison Gaspard « nettoyée », le *3rd Platoon* se remet en route, en direction du carrefour, au centre de Foy. Là, Ed Shames est informé de l'arrivée des renforts de la *Item Company*, lancée dans la bataille depuis 10h15. A cet instant, la victoire semble acquise, mais l'arrivée inopinée d'un *Panzer IV*, au détour d'un coin de rue, force les paras à reculer de quelques dizaines de mètres et à se tapir dans les bâtiments environnants. S'aventurant vers eux, en grondant, le *Panzer* est détruit, au bazooka, par Ed Shames et Paul Rogers...

A partir de 11h00, la *Fox Co.* du *2/506th PIR* ainsi que des unités du *3/506th PIR* sont envoyées à Foy pour, tout d'abord, soutenir et, dans un deuxième temps, relever les paras luttant au cœur du village. Vers 16h00, toute résistance allemande cesse à Foy qui est alors déclaré « sécurisé », même si des obus allemands continuent de tomber sur le village. Certes, les Allemands ont résisté habilement et avec ténacité ; les pertes sont lourdes dans les rangs américains, à cause de cette résistance, mais aussi de l'incompétence de Norman Dike. Outre leur bravoure personnelle, c'est seulement grâce à l'intervention de Ronald Speirs ainsi qu'au soutien de la *Item Co.* que la *Easy Co.* s'empare, finalement, de Foy, au terme d'une lutte féroce et épique.

Noville en ruines, au printemps 1945. (G. Nicolas.)

Le limogeage de Dike

Après la prise de Foy, où 6 soldats de la *Easy Co.* ont été tués, le *2/506th PIR* est tenu en réserve avec ordre de prendre du repos, à l'arrière des lignes et Winters peut sérieusement s'occuper du cas de Dike. Le *Colonel* Sink ayant donné son accord, Winters relève Dike de son commandement et le remplace, officiellement, par Speirs qui, bien que borné, méfiant et n'admettant pas la névrose de guerre, est un excellent officier d'infanterie, comme le confirme ici Forrest Guth : « *Winters est le meilleur commandant de compagnie que nous avions eu, mais, néanmoins, Speirs est un vrai soldat et également un très bon chef. Il est sévère, certes, mais juste. Nous l'apprécions et le respectons, autant que Winters* » (28). En outre, lors de l'attaque de Foy, Speirs, déjà décoré de la *Silver Star*, a fait preuve d'un aplomb et d'un sang-froid absolu, se couvrant de gloire. De fait, sa promotion se justifie parfaitement...

Le 14 janvier, les Allemands attaquent à nouveau et reprennent, momentanément, Foy au *3/506th PIR* qui, avec l'aide des blindés et de l'artillerie, contre-attaque vigoureusement et parvient à les chasser des ruines fumantes du village...

15 janvier – La reprise de Noville et de Rachamps

Après la bataille de Foy, Sink informe Winters que le *506th PIR* doit reprendre Noville et pousser, si possible, jusqu'à Houffalize dont s'approche alors l'avant-garde de la *1st Army*. A cet instant, Winters se demande pourquoi sa hiérarchie impose ce nouveau sacrifice à son unité épuisée et décimée par un mois de féroces combats. Comme nous l'avons expliqué précédemment, la *101st Airborne Division* fait les frais de la politique de mobilisation limitée menée par l'administration Roosevelt. De plus, à cette époque, les Américains doivent se hâter de couper la retraite aux Allemands afin de détruire le plus possible d'unités adverses...

Remis en mouvement, le *2/506th PIR* passe par Recogne et Cobru afin de prendre sa position de départ, à environ un kilomètre à l'ouest de Noville, abandonné par le *Team Desobry* un mois auparavant (*cf. supra*).

La nuit précédant l'attaque, Lipton et un radio s'aventurent jusqu'à une grange située à l'entrée de Noville. Bien cachés à l'intérieur de celle-ci, ils scrutent tous deux les environs, l'oreille aux aguets. C'est ainsi qu'ils perçoivent des bruits de moteurs ronronnant dans la nuit et distinguent des silhouettes de chars *Sherman*. Intrigué et se demandant si les blindés américains venant par la grand-route ne se sont pas emparés de Noville, Lipton mène une reconnaissance solitaire jusqu'au cœur du village. Il découvre alors, sans se faire remarquer, que des blindés ennemis occupent toujours Noville. Il constate également que les chars américains aperçus à la jumelle depuis la grange ne sont, en fait, que les épaves de ceux du *Team Desobry*. Lipton note aussi que les cadavres gelés des soldats tués en décembre gisent toujours dans les rues et les ruines…

L'attaque est déclenchée à l'aube du 15 janvier. La *Easy Company* occupe le centre du village à midi, au moment où les blindés américains, venant de Foy, y entrent en canonnant les dernières poches de résistance allemandes. Les combats ont été féroces, mais n'ont entraîné que des pertes légères. De plus, l'aviation et l'artillerie américaines ont efficacement soutenu les troupes au sol.

Une fois sa mission accomplie, le *2/506th PIR* établit un périmètre défensif autour du village. Noville, objectif du *506th PIR* depuis le 20 décembre 1944, est enfin aux mains des Américains. C'est alors que des civils à l'allure spectrale émergent de leurs cachettes. Les habitants, crasseux, abasourdis et affamés, peuvent enfin sortir des caves et congratuler leurs libérateurs auprès desquels ils ne manquent pas de quémander de l'eau et des vivres…

Sur ordre de Sink, Winters enverra encore la *Easy Co.* nettoyer le hameau voisin de Rachamps, une mission vite accomplie, en fin d'après-midi. Suite à la prise de Noville et de Rachamps, la route d'Houffalize s'ouvre donc aux blindés de la *3rd Army* qui, dans cette ville,

Le centre dévasté du village de Noville, en janvier 1945. On aperçoit l'épave d'un Sturmgeschütz. (*US Army*.)

Les pertes de la Easy Company à Bastogne

Tués au combat :
Pvt Hayes, Harold G.
Pvt Huges, Richard J.
Pvt Julian, John T.
Cpl Mellett, Francis J.
Sgt Muck, Warren H.
Pvt Neill, Patrick H.
Pfc Penkala, Alex M.
Pfc Sawosko, Carl C.
Pvt Shindell, John E.
Pvt Webb, Harold D.
Pvt Webb, Kenneth J.

Décédé accidentellement :
Cpl Hoobler, Donald B.

Décédé à la suite de ses blessures :
Pfc Herron, A.P.

Grièvement blessés au combat :
Pvt Garrard, William
Cpl. Gordon, Walter S.
S/Sgt Guarnere, William J.
Pvt Harrell, Thomas F.
Pvt Melo, Joachim
T-5 Perconte, Frank J.
2nd Lt. Shames, Edward D.
Pvt Sheehy, John C.
Pfc Smith, Garland
Pfc Smith, George H.
Pvt Smith, John D.
Pfc. Suerth, Herbert J.
S/Sgt Taylor, Amos J.
Sgt Toye, Joseph D.

Légèrement blessés au combat (blessure nécessitant, tout de même, une évacuation) :
T-5 Bain, Roderick G.
Pvt Carillo, Alex
Cpl. Carson, Gordon F.
1st Lt. Dike, Norman S.
Pfc Eggert, Walter F.
Pfc Freeman, Brad
Pfc Guy, Lloyd
Sgt Hale, Earl
Pvt Hashey, Lester A.
Pfc Hendrix, Walter L.
Pfc. Howell, William A.
Cpl Joint, Edward
Pfc. Lyall, Clarence O.
Pvt Mac Cauley, Carl F.
Pfc Matz, Leo
Pfc Mauser, Edward
Pvt Mauzerall, Arthur
Pvt Minne, Elmer
Pfc Sisk, Wayne A.
T-5 Smith, Campbell T.
Cpl. Smith, Robert B.
Sgt Tridle, Clarence M.
Pvt Welling, James W.
Pvt Whitton, Ovid J.
Sgt Youman, Arthur C,

Bilan :

La *Easy Co.* est entrée en Belgique avec 127 soldats et, durant la bataille (soit après la rupture de l'encerclement de Bastogne), elle reçut, en renfort, 24 réservistes. A son départ de Bastogne, on compte dans la compagnie 13 morts et 39 blessés, dont 14 grièvement atteints, soit 52 hommes hors de combat, sans compter les 21 soldats, sous-officiers et officiers sujets à une dépression nerveuse (névrose de guerre), malades ou victimes de graves engelures. Au total, le chiffre des pertes de la *Easy Co.* à Bastogne s'élève donc à 73 hommes sur les 151 qui ont, effectivement, participé aux combats dans ce secteur, en partie ou dans leur entièreté !

Le chiffre des pertes du 506th PIR à Bastogne

Effectifs au 16/12/1944	Tués	Blessés	Prisonniers ou disparus	Rescapés
2130	119	670	59	1282

Au total, le *506th PIR* perdit **848** hommes à Bastogne, soit **39,81%** de ses effectifs.

Blessé au combat

Témoignage de Herbert J. Suerth Jr.

PFC, 3rd Platoon, Easy Co., 2/506th PIR

Le soldat Herbert Suerth (20 ans) est une nouvelle recrue, lorsqu'il rejoint le *506th PIR*, en route pour Bastogne. Affecté à une section de fusiliers, sous les ordres de Ed Shames, Herbert combat au côté des vétérans de Normandie ou de Hollande. Malheureusement pour lui, il sera blessé par un tir d'artillerie, au Bois-Jacques, début janvier 1945...

Il nous raconte : « *Ce jour-là, nous sommes surpris, à découvert, par un très violent tir de barrage. L'artillerie boche met le paquet ! Mes souvenirs sont assez confus, mais je me rappelle, tout de même, très clairement, que je suis à la recherche d'un abri quand la pluie d'obus éclatant avec fracas se rapproche de moi. Soudain, il y a une explosion ; je suis projeté au sol par un souffle ardent et aveuglé par un flash lumineux. Lorsque j'ouvre les yeux, je me rends compte que je suis totalement sonné par le choc et que mes oreilles sifflent. Autour de moi, tout semble bouger au ralenti. Je suis allongé sur le dos, dans la neige, incapable de me relever, en dépit d'efforts désespérés pour me redresser. Je ressens une intense douleur aux jambes. Je vois bien que je suis touché et que je saigne, abondamment, mais, ma position couchée m'empêche de constater, avec certitude, l'étendue de la gravité de mes blessures. A cet instant, je m'imagine que j'ai perdu mes jambes. En même temps, je me dis en moi-même : « Mon Dieu ! Je suis mort ou, du moins, je suis en train de succomber ! » En bon catholique, j'ai prié et dis mon acte de contrition. Ensuite, me croyant perdu, j'ai pensé à ma mère et je me suis dis : « Que va-t-elle devenir ? La pauvre femme ne s'en remettra jamais car je suis son fils unique ! »*.

Herbert a les deux jambes brisées, criblées d'éclats d'obus. En piteux état, il est évacué sur un brancard et envoyé dans un hôpital militaire, à l'arrière du front. Il survivra à ses blessures au prix d'un séjour long de 18 mois dans différents hôpitaux, en Europe et aux USA, et devra, ensuite, réapprendre à marcher...

Norman Dike, un officier controversé

Fils de magistrat, Norman Staunton Dike Jr. est né le 19 mai 1918, à Brooklyn (New York).

En 1937, à l'issue de ses études secondaires, il s'inscrit à la *Brown University* où il obtient son diplôme, en juin 1941. En même temps qu'il accomplit son service militaire, Dike continue à suivre des cours à la *Yale Law School*, jusque fin janvier 1942, date à laquelle, nommé *2nd Lieutenant*, il entre en « service actif », au sein de l'*US Army*, dans un régiment de cavalerie.

Formé à la *Cavalry School* de *Fort Riley* (Kansas), Dike est promu *1st Lieutenant*, en décembre 1942 et se porte volontaire pour rejoindre les *Airborne Troops*. Ayant obtenu son brevet d'officier parachutiste, il est muté à l'état-major du *506th PIR*.

Bien que certaines sources affirment qu'il participe à la Bataille de Normandie, qui plus est en prenant part aux combats, Dike, à l'inverse d'Herbert Sobel, n'est pourtant pas repris sur la liste des officiers du *506th PIR* recommandés pour l'attribution du *Combat Infantryman Badge (CIB)*, rédigée par le *Reg. S1*, à l'issue de celle-ci. Néanmoins, en septembre 1944, il occupe le poste d'*Assistant Reg. S2* (adjoint du *Major* William Leach, lui-même non récipiendaire du *CIB*).

Sans qu'on ne sache vraiment pourquoi, mais, apparemment pour « avoir activement contribué à la défense des positions de son unité », Dike est décoré de la *Bronze Star*, à la suite de la Bataille de Veghel-Uden (22-26 septembre 1944), l'un des épisodes de la longue série d'affrontements auxquels participe le *506th PIR*, dans le cadre de l'Opération « *Market-Garden* ». D'ailleurs, la remise de cette médaille lui vaut même la faveur d'obtenir un poste à l'état-major divisionnaire dont il est le « protégé ».

En novembre 1944, Dike est transféré au *2/506th PIR*, afin « d'acquérir de l'expérience au front », et nommé commandant de la *Easy Co.*, en remplacement de Fred Heyliger, grièvement blessé, accidentellement, par le tir fratricide d'une sentinelle américaine. Grand et beau garçon, d'allure martiale et semblant sûr de lui, il fait, au départ, bonne impression, mais, très vite, montre ses limites et son inexpérience en tant que chef d'unité ; ce qui lui attire l'antipathie de ses soldats ainsi que de ses chefs de section (surtout Ed Shames).

Durant la Bataille de Bastogne, Dike dirige toujours la *Easy Co.*, mais sans jouir de la confiance et du respect de ses subordonnés. Bien que, selon toute vraisemblance, il se soit rendu coupable, à plusieurs reprises, d'un manque cruel d'esprit d'initiative, abandonnant, trop souvent, la direction des opérations à ses chefs de section, voire de couardise, Dike est, à nouveau, sur recommandation de l'état-major divisionnaire, décoré de la *Bronze Star* pour « avoir porté secours, sous le feu ennemi, à trois de ses soldats blessés », le 3 janvier 1945.

Lors de l'attaque de Foy, Dike ne se montre pas à la hauteur de ses responsabilités, ni de sa tâche, et, dans le feu de l'action, apparaît comme pris de panique. Légèrement blessé par balle à l'épaule droite, Dike saisit l'occasion d'être évacué à l'arrière du front par des brancardiers, une fois remplacé à son poste par Ronald Speirs.

Publiquement désavoué par Dick Winters (qui le méprise, ouvertement) et Bob Sink, Dike, une fois guéri, est nommé *Assistant Reg. S3*, puis, toujours « sous protection », promu *Captain*, aide de camp et secrétaire personnel du général Taylor, chef de la *101st Airborne*...

Après guerre, démobilisé en septembre 1945, Dike sert comme officier de réserve (y compris au Japon et en Corée), atteignant le grade de *Lieutenant-colonel*, en 1957. Dans le civil, il exerce le métier d'avocat et de businessman dans le secteur pétro-minier.

Etabli en Suisse, dès 1960, enrichi par ses activités et, également, retraité de la *CIA* (membre actif de 1951 à 1953), il décède à Rolle, le 23 juin 1989, des suites d'une longue maladie.

A l'instar de Herbert Sobel, Dike demeure un personnage controversé dont le nom reste, à jamais, attaché au drame qui s'est joué lors de l'attaque de Foy, le 13 janvier 1945...

fera prochainement, sa jonction avec la *1st Army*, venue du nord...

Bilan de la Bataille de Bastogne pour la *Easy Company*

Après 30 jours passés en Belgique, sous la neige et le feu, la *Easy Company* est réduite à 63 officiers, sous-officiers et soldats (voir encadré page suivante, consacré au bilan des pertes). Les pertes subies durant la Bataille de Bastogne sont aussi lourdes que celles dénombrées en Normandie ; après ces terribles combats, la moitié des hommes manquent à l'appel.

Au sein du *1st Platoon*, sur les 40 hommes présents à l'arrivée en Belgique, il ne reste, d'ailleurs, plus qu'un seul officier, le lieutenant Jack Foley, et 11 hommes en état de combattre, soit l'équivalent d'une escouade. En effet, 28 hommes sont tombés, tués ou blessés, dont, notamment, Hoobler, Julian, Muck et Penkala, tous les quatre morts. Quant au régiment, le *506th PIR*, ce dernier a perdu environ 40% de son effectif, soit près de 850 hommes.

Le 17 janvier 1945, la *101st Airborne Division* est relevée par la *17th Airborne Division* et quitte le front des Ardennes. Bien entendu, tous les hommes s'imaginent qu'ils repartent pour Mourmelon, mais non car on les enverra à Haguenau pour aider à tenir le front face à l'offensive lancée par les Allemands en Alsace (opération *Nordwind*)...

Jack Foley, en 1945. (*US Army*/Archives du *506th PIR.)*

En haut : L'ancienne gare dite « Halte de Bizory » et le monument/mémorial érigé à la « gloire » des paras de la *Easy Co.*, à la lisière sud du Bois-Jacques, photographiés en 2005. (M. Longue.)

Ci-dessus, ci-contre et en haut de la page suivante : les « *Foxholes* » du Bois-Jacques, vestiges des combats soumis au passage du temps, tels qu'ils étaient visibles en 2004, encore relativement bien préservés. (M. Longue.)

16 décembre 2004 – 60e anniversaire

Le 16 décembre 2004, dans le cadre des festivités marquant le 60e anniversaire de la Bataille des Ardennes, nombre de vétérans étaient de retour à Bastogne. A cette occasion, Matthieu Longue a pu rencontrer, lors d'une journée mémorable, cinq anciens soldats ayant combattu dans les rangs de la *Easy Company*.

1. Bill Guarnere et Babe Heffron.

2. Matthieu Longue avec Earl Mac Clung et Shifty Powers.

3. Matthieu Longue, Marie-Hélène Catherine (épouse Longue et mère de Matthieu), Robert et Monique Ferglou-te, Babe, Bill et Shifty.

4. Matthieu Longue, Marie-Hélène Longue-Catherine avec les époux Fergloute, Buck et Shifty.

Notes :

(1) Norman S. Dike (né en 1918) avait pris le commandement de la compagnie durant la campagne de Hollande. Issu des bureaux de l'état-major divisionnaire, dont il était le protégé, cet officier, visiblement incompétent pour commander une compagnie d'infanterie au combat, était détesté par ses subordonnés qui l'affublèrent du sobriquet irrévérencieux de « *Foxhole Norman* », soit « Norman le planqué ».

(2) A cette date, la compagnie comptait 127 hommes, cadres compris. Environ un tiers de l'effectif total de la compagnie se composait de « bleus ». Parmi les deux tiers de vétérans, 60% seulement faisaient partie de l'effectif d'origine, recruté en 1942 et qui participa au saut du 6 juin sur la Normandie. Les 40% restants étaient arrivés en remplacement des morts et blessés des combats de juin et de juillet 1944 et n'avaient combattu qu'en Hollande. Notons également que seul l'effectif d'origine de la compagnie avait subi un excellent entraînement au combat – le plus rigoureux de l'armée américaine et ce dans les plus pénibles conditions possibles – durant les 22 mois d'instruction précédant le saut du *D-Day*.

(3) Carwood Lipton, souvenirs de guerre, propos rapportés par sa veuve, Marie Hope Lipton, *in* lettre à l'auteur, en date du 20/07/2004.

(4) Certes, la division était au repos et il était prévu qu'elle passe l'hiver au chaud, à l'arrière du front, pour reconstituer ses forces et s'entraîner en vue du « grand saut » sur Berlin, prévu pour le printemps 1945. Cependant, l'*US Army*, ne disposant pas de réserves stratégiques, fut contrainte d'expédier la *101st Airborne Division* sur le front pour colmater les brèches ouvertes par les Allemands.

(5) En l'absence du *Major-general* Taylor, parti à Washington pour préparer la suite des opérations aéroportées en Europe auprès du grand état-major de l'*US Army*, et de son second, le *Brigadier-general* Higgins, occupé à Londres à donner des conférences sur l'opération « *Market-Garden* », Mac Auliffe, chef de l'artillerie divisionnaire, assumait le commandement de la *101st Airborne Division*.

(6) L'ampleur et la violence de la contre-offensive allemande dans les Ardennes avaient totalement surpris et désemparé l'*US Army* qui n'avait pas prévu une campagne d'hiver, y compris et surtout pour la *101st Airborne Division*. De fait, la merveilleuse logistique américaine se trouva sérieusement prise en défaut et incapable de réagir dans les temps concernant la question de la fourniture d'équipements d'hiver, du moins pas avant la fin de janvier 1945, dans le meilleur des cas...

(7) Propos tirés des témoignages oraux et écrits confiés par Forrest Guth à l'auteur, au travers d'une interview et d'un long échange de correspondance datant de l'automne 2004.

(8) *Foxhole* : littéralement « trou de renard » et, par extension « terrier ». Dans le jargon des militaires : « Trou individuel ». Une partie de ces trous sont toujours visibles aujourd'hui dans le Bois Jacques.

(9) « Hinkle ? Hinkle, est-ce que c'est toi ? ».

(10) Edward Heffron, confidence à l'auteur, Bastogne, 16/12/2004.

(11) Pour se nourrir, les hommes puisèrent dans le maigre stock de rations K dont ils disposaient. Sinon, pour le reste, les cuistots leur servaient, une fois par jour, une tasse d'une soupe tiédasse, maigre bouillon de haricots blancs rabougris.

(12) Contrairement à la majorité de ses homologues, Ed Shames partait en patrouille s'entourant de quelques volontaires ou d'hommes qu'il avait désignés pour l'accompagner. Par contre, la plupart des officiers, eux, ordonnaient plutôt à leurs hommes de partir en patrouille et de venir, ensuite, présenter leur rapport, à l'issue de celle-ci. Dans certains cas, ces gradés furent contraints de suivre l'exemple de Ed Shames, d'imiter ses méthodes, pourtant risquées. C'est pourquoi quelques-uns lui en tenaient rigueur.

(13) Edward Shames, confidences à l'auteur, 07/2013.

(14) Forrest Guth, confidence à l'auteur, Bastogne, 24/09/2004.

(15) Agressif et haut en couleurs, Patton était un fin tacticien et un meneur d'hommes. Sa devise : « *Toujours avancer et ne jamais s'enterrer !* ». Bien qu'il fût très pieux, Patton était connu pour la rudesse de son langage et pour son vocabulaire imagé. Un jour, un journaliste de l'armée porta à sa connaissance que le peuple américain était intrigué par ses révolvers à crosse en nacre. Sèchement, Patton, vexé, lui répondit : « *C'est de l'ivoire, cher monsieur. Seul le patron d'un bordel minable oserait porter des pistolets à crosse en nacre !* ».

(16) Amos Taylor, interviewé par l'auteur, à Bastogne, le 24/09/2004.

(17) Mener un assaut frontal à découvert contre les positions de la *E. Co.* était une erreur de la part des Allemands puisqu'ils s'exposaient ainsi au feu des *GI's*. D'autre part, durant la Seconde Guerre mondiale, on n'était jamais certain de l'emporter dans un duel de mousqueterie livré contre l'infanterie américaine. En effet, les *GI's* étaient, pour la plupart, armés du très robuste, efficace et précis fusil semi-automatique *M1 Garand* leur procurant une puissance de feu et une cadence de tir très avantageuses. Enfin notons encore que, à l'instar de Shifty Powers, de nombreux *GI's*, notamment les Texans, étaient habitués à manier des armes depuis leur enfance (pratique de la chasse et du tir sportif) et donc, de fait, se révélaient d'excellents tireurs...

(18) Selon les propres mots de l'histoire officielle de la division : « *La formation de cette légende a été rendue possible par le soin tout particulier que les média américains ont pris à décrire, quotidiennement, cet îlot de résistance, isolé au centre de la marée allemande, mais aussi de la pire débâcle qu'a jamais connue l'armée américaine. Le Ministère de la Guerre ayant très vite identifié l'unité tenant Bastogne, les hommes de la 101st Airborne sont alors devenus, pour le public, les martyrs du bastion de Bastogne* ». La presse de l'époque n'aura de cesse de vanter le courage et le mérite de ces hommes encerclés et affamés que les Allemands n'arrivent à vaincre. Cette légende occultera totalement la présence d'une partie de la *10th Armored Division* dans la poche de Bastogne ainsi que la résistance tout aussi acharnée de la *82nd Airborne* dans la région de Werbomont – Trois-Ponts – Cheneux face aux *Waffen-SS* de la « *Leibstandarte* » ainsi que les combats qu'elle mène contre la *9. SS- Panzer-Division « Hohenstaufen»*. Le souvenir de Bastogne éclipsera, de même, la courageuse défense du saillant de Saint-Vith par les *106th Infantry*, *9th* et *7th Armored Divisions* ainsi que la défense héroïque de la crête d'Elsenborn par les *2nd* et *99th Infantry Divisions*. Indubitablement, il y aura donc bien un phénomène évident d'hypermnésie autour de la Bataille de Bastogne ; soit dit, bien entendu, sans médire, ni minimiser le courage des « *Screamings Eagles* » qui ont défendu le « Fort Alamo ardennais ».

(19) Forrest Guth, interviewé par l'auteur, à Bastogne, le 24/09/2004.

(20) William Guarnere, interviewé par l'auteur, à Bastogne, le 16/12/2004.

(21) Lynn Compton, interviewé par l'auteur, à Bastogne, le 16/12/2004.

(22) Edward Shames, confidence à l'auteur, 07/2013.

(23) Stephen E. Ambrose, *Frères* d'armes, Albin Michel, 2002, page 235.

(24) La *Easy Co.* souffrait d'une pénurie de cadres qualifiés. Norman Dike venait du QG de la division. Il n'était pas fait pour ce poste. Il avait été affecté à la compagnie afin d'acquérir de l'expérience au combat. Totalement incompétent et détesté de ses hommes qui l'avaient surnommé « *Foxhole Norman* » (Norman le planqué), il passait son temps à se promener dans les bois en abandonnant le commandement à ses chefs de section et à Lipton. Parmi les chefs de section, Compton n'était pas non plus au meilleur de sa forme, durant la Bataille des Ardennes. D'ailleurs, il craquera, physiquement et psychologiquement. Bien sûr, Peacock se donnait du mal, mais lui non plus n'était pas vraiment à sa place (officier d'état-major, à la base, il n'était pas taillé pour l'infanterie). Ceci dit, on pouvait compter sur les lieutenants Shames et Foley (arrivé durant la Campagne de Hollande, Foley était un bon officier, soucieux d'accomplir son devoir en se montrant à la hauteur des vétérans).

(25) *Frères d'armes*, *op. cit.*, page 235.

(26) Le *327th GIR* avait tenu le front au sud du périmètre avec le *326th AEB*. Comportant, à l'origine, deux bataillons au lieu de trois, le *327th GIR* fut renforcé par le *1/401th GIR*, en juin 1944.

(27) Donald Malarkey, propos recueillis par Susan Finn (la fille de Robert « Burr » Smith), durant l'interview que Don lui accorda, le 4/07/2010.

(28) Forrest Guth, interviewé par l'auteur, à Bastogne, le 24/09/2004.

Patrouille nocturne (Haguenau) 12

Adieu, Bastogne ! Le long périple vers l'Alsace (17-21 janvier 1945)

Dans la soirée du 17 janvier 1945, le *506th PIR*, occupé à bivouaquer dans le secteur de Recogne/Sonne Fontaine, est relevé par des troupes de la *17th Airborne Division*. A partir de 8h00, le lendemain, le régiment stationne dans le village de Rosière la Petite (Vaux-sur-Sûre), à une dizaine de kilomètres au sud-ouest de Sibret (l'unité a atteint ce lieu au terme d'un trajet nocturne en camion).

Le 19 janvier, l'ordre de transfert du régiment vers Sarrebourg est donné. Départ prévu, en direction de l'Alsace, le 20 au matin. En effet, depuis le 31 décembre 1944, date à laquelle la *Wehrmacht* a déclenché l'Opération *Nordwind* (contre-offensive majeure, destinée à anéantir les unités franco-américaines, dont la *7th US Army*, présentes dans le nord-est de la France et menaçant la frontière du *Reich*), d'intenses combats se déroulent en Alsace, y compris le long des rives de la Moder, cours d'eau derrière lequel ont retraité les troupes alliées, contraintes, sous la pression adverse, à un repli stratégique vers le sud-ouest.

Par une météo exécrable, exposés au vent et aux chutes de neige, les camions transportant les paras du *2/506th PIR*, se traînent, à la vitesse d'un escargot, sur des routes boueuses et encombrées. D'ailleurs, il leur faudra 35 heures pour rallier Diemeringen, depuis Rosière la Petite, via Virton, Verdun, Toul, Nancy et, enfin, Sarrebourg !

En réserve, à l'arrière du front (21-31 janvier 1945)

Le 21 janvier, à 22h30, le *2/506th PIR* prend ses quartiers dans la localité de Waldhambach. Ensuite, du 22 au 25, l'unité, gardée en réserve, séjourne dans le village, en attente de remonter au front.

Le 26 janvier, en milieu d'après-midi, le *506th PIR*, passant par Drulingen, est déployé dans le secteur de Geiswiller/Wickersheim/Lixhausen/Bossendorf, au sud de la Moder, entre Saverne et Haguenau. Par après, les 30 et 31 du mois, le *2/506th PIR*, en jouant toujours le rôle envié de réserve régimentaire, occupe Grassendorf.

Bien que moins confortable que les bonnes conditions de vie dont ont profité les paras lors de leur séjour à Mourmelon, deux mois auparavant (*cf. supra*, chapitre 11), le quotidien sur le front alsacien se révèle, nettement, plus « agréable » que l'existence misérable vécue dans les forêts ardennaises, durant la Bataille de Bastogne. Certes, la guerre est loin d'être finie et le risque d'être blessé ou tué demeure bien présent, mais, cependant, les paras, mangeant à leur faim et ayant, enfin, perçu des tenues d'hiver, sont « correctement logés » dans des maisons, avec un toit au-dessus de leur tête, occupant un secteur réputé « calme », les seuls contacts avec l'ennemi se résumant à de brèves escarmouches qui se déroulent lors des patrouilles dans le *no man's land* ainsi qu'à des tirs sporadiques de la part de l'artillerie allemande.

Vues d'avant-guerre sur la trame urbaine de la cité de Haguenau. (N. Roos.)

GI's photographiés, en novembre 1944, dans le périmètre du Fort du Hochwald (Drachenbronn-Birlenbach), un ouvrage de la Ligne Maginot, intégrant le Secteur fortifié de Haguenau. (*US Army.*)

Combats urbains défensifs à Haguenau (1er – 22 février 1945)

A partir du 1er février, commence à circuler, dans les rangs des paras de la *Easy Co.* la rumeur annonçant qu'un transfert vers une « zone de combats plus intenses », à savoir très probablement la ville de Haguenau, apparaît comme imminent.

GI's photographiés, durant l'hiver 1944-1945, au cœur de la Forêt de Haguenau. (*US Army*.)

A midi, le 4 février, tombe l'ordre de transfert vers Haguenau (*cf.* encadré hors texte, ci-dessous), comme l'ont prédit les « fuites » émanant de l'état-major régimentaire et alimentant la rumeur susmentionnée. Ensuite, vers 22h00, le même jour, le *409th Infantry Regiment*, relève le *506th PIR* qui abandonne ses positions, prêt à faire mouvement, dans les plus brefs délais.

Le lendemain, à 13h30, à bord de camions surchargés, les paras prennent la route à destination de Haguenau. Le convoi arrive sur place en fin d'après-midi. Entre 17h00 et 18h00, commence la relève des

Vieux quartiers sur la Moder, à Haguenau, avant-guerre. (N. Roos.)

A droite : le Canal de dérivation de la Moder, à Haguenau. (M.H. Longue-Catherine)

Ci-dessus et ci-contre : la rivière Moder, à Haguenau. (M.H. Longue-Catherine)

unités amies quittant le secteur par les hommes du *506th PIR* qui occupent, désormais, les positions que viennent d'évacuer les biffins du *313th Infantry Regiment* (*79th Infantry Division*). La manœuvre est achevée à 22h00.

Gardant le *3/506th PIR*, en réserve, stationné dans les faubourgs de la ville, le *Colonel* Sink place les *1/* et *2/506th PIR*, au nord-est de la partie de la cité bâtie au sud de la Moder. La *Easy Co.*, quant à elle, occupe une position au confluent de la Moder et de son canal de dérivation, à l'extrême droite de la ligne tenue par son régiment.

Du 6 au 23 février, les paras du *2/506th PIR* occupent le terrain et surveillent leur secteur, sur la ligne de front, se bornant à demeurer sur la défensive. L'essentiel des combats se résume à observer les positions ennemies et à demander des tirs d'artillerie par radio, une fois qu'une cible intéressante est repérée, ainsi qu'à envoyer des patrouilles de reconnaissance, de nuit, sur la rive nord de la Moder, notamment pour détruire les avant-postes adverses et faire des prisonniers, livrés, ensuite, au service de renseignement.

Tout au long de leur présence à Haguenau, pendant la journée, les paras demeurent barricadés dans les bâtiments qu'ils occupent (les caves des maisons, pour la plupart, à demi ruinées, servent de refuges et les fenêtres des étages de postes de tir et d'observation). En effet, chaque mouvement à découvert appelle la mort, provoquant des tirs de mitrailleuses ou de mortiers. De plus, l'activité permanente des snipers allemands, chasseurs féroces sans cesse à l'affût d'une proie, incite les paras à ne pas se montrer. Seule la nuit permet, en demeurant prudent, de circuler à l'extérieur, dans les rues désertes.

Autre mission des paras, durant la Bataille de Haguenau : l'accueil de nouvelles recrues. A titre d'exemple, l'une des escouades du *1st Platoon* de la *Easy Co.*,

Monument commémorant la Libération de Haguenau, sur la rive de la Moder. (M.H. Longue-Catherine.)

à laquelle appartient le soldat David K. Webster (1922-1961), réduite à six hommes, reçoit, en renfort, quatre jeunes gars de 18-19 ans, frais émoulus de l'école des troupes aéroportées, des « bleus terrorisés » à qui les vétérans doivent apprendre le « métier de soldat ».

Patrouille nocturne (15 février 1945)

Le 12 février, le *Captain* Nixon rencontre Dick Winters et Ronald Speirs ; il leur annonce que le service de renseignement régimentaire réclame, d'urgence, des prisonniers à interroger. De fait, il se révèle nécessaire d'envoyer une patrouille capturer quelques Allemands. Devant la moue de ses interlocuteurs, Nixon, embarrassé, s'empresse de préciser que cette requête bien fâcheuse découle, directement, d'un ordre du *Colonel* Sink, tentant, vainement, de se dédouaner auprès de ses camarades officiers.

Ci-dessus : Forrest Guth (à gauche), en compagnie de Ken Mercier. (F. Guth, via M. De Trez/*Dead Man's Corner Museum*.)

A gauche : mannequin grandeur nature au visage ressemblant à celui de la personne représentée, Forrest Guth, revêtu de l'uniforme que portait l'intéressé le soir où il partit en patrouille sur la rive nord de la Moder, une pièce unique, à admirer, avec d'autres, dans les salles d'exposition du *December 44 Historical Museum* de La Gleize. (M. De Trez/*December 44 Historical Museum*.)

La Bataille de Haguenau (hiver 1944-1945)

Cité médiévale du Département du Bas-Rhin, située à 30 kilomètres au nord de Strasbourg, la ville de Haguenau est traversée par deux cours d'eau, à savoir : la Moder et l'Eberbach, drainant, tous deux, la vaste Forêt de Haguenau qui abrite une série d'ouvrages fortifiés du complexe défensif de la Ligne Maginot.

Le 11 décembre 1944, la localité, qui compte alors 18000 habitants, est libérée par *l'US Army*. Mais, le 21 janvier 1945, la *Wehrmacht* reprend la moitié nord de la ville et la ligne de front se fixe au cœur de cette dernière, suivant le tracé des rives de la Moder. A cette époque, 7000 civils se terrent dans les sous-sols des bâtiments, souffrant de la faim et du froid glacial. Zone de guerre, copieusement bombardée, le tissu urbain de Haguenau subit d'importants dégâts. Finalement, la ville, saccagée par les belligérants, est définitivement reprise, le 15 mars.

Assez méconnus, les combats de Haguenau, souvent livrés au corps à corps et d'une extrême brutalité, demeurent, selon nous, à classer dans la catégorie de tous ceux se montrant bien représentatifs de l'intensification de la violence de guerre caractérisant les féroces combats de l'hiver 1944-1945.

Suite à leur entrevue avec Nixon, Winters et Speirs briefent les hommes de la *Easy Co.*, les informant de leur plan. Ce dernier est des plus simples : de nuit, ils traverseront la Moder à l'aide de bateaux pneumatiques, s'infiltreront, discrètement, dans les lignes ennemies et, enfin, donneront l'assaut à une maison suspectée d'être un avant-poste allemand, en veillant à ramener quelques prisonniers, de préférence, bien vivants et encore en état de parler ! Parmi toutes les sections de la compagnie, 20 hommes sont sélectionnés pour participer à « la patrouille ». Dans le groupe des « heureux chanceux » se trouvent, entre autres : Forrest L. Guth (interprète), Earl E. Mac Clung (éclaireur) et Kenneth D. Mercier (sergent, chef de patrouille), du *3rd Platoon*, ainsi que Roy W. Cobb, Thomas A. Mac Creary, James B. Sholty et Melvin O. Winn, du *1st Platoon*. D'autre part, participera aussi à la patrouille, ici sur base du volontariat, le *2nd Lieutenant* Henry Jones (1922-1947), un jeune officier, tout juste diplômé de West Point, figurant parmi les nouvelles recrues, présent à titre « d'obser-

Forrest Guth. (F. Guth)

vateur » et « désireux d'acquérir de l'expérience au combat ».

Une fois sa mission accomplie, la patrouille, via un sifflet, donnera le signal aux troupes amies de déclencher un tir de couverture, en grande partie assuré par des mitrailleuses (l'une d'elles sera maniée par le *PFC* David K. Webster), afin de pouvoir regagner la rive sud de la Moder, dans une « relative sécurité ». Concernant le secteur de la ligne de front tenu par la *Easy Co.,* lesdits tirs seront dirigés par le *Captain* Speirs et le *Staff Sergeant* Malarkey.

Comme prévu, la patrouille commence sa mission dans la nuit du 15 au 16 février, à partir de 22h00, dans un noir d'encre, vu l'absence de lune ainsi qu'à cause de la brume masquant le reflet blafard des étoiles perchées bien haut dans le ciel obscur. Une fois sur la rive nord de la Moder, le *Sergeant* Mercier divise son unité en deux groupes. Prenant la tête de l'escouade chargée d'investir l'avant-poste allemand et de ramener des captifs (*cf. supra*), il laisse à Henry Jones le commandement de la dizaine d'hommes laissés en couverture de l'action périlleuse qu'il se prépare à entreprendre.

Earl Mac Clung. (E. Mac Clung.)

Une fois devant la maison constituant leur objectif, les hommes de Mercier tirent des grenades à fusils à travers les fenêtres et les soupiraux de l'édifice. Ensuite, ils font irruption, brutalement, dans le bâtiment, jetant des grenades dans l'escalier de la cave et fonçant au sous-sol. Durant cette action, Eugene E. Jackson, vétéran du *D-Day*, né en 1922, est mortellement blessé par des éclats de grenade, un projectile mortel que lui-même vient de lancer et que, dans une imprudente précipitation, il suit de « trop près ».

Mutilé au crâne, le visage ensanglanté, le pauvre jeune homme s'écroule, avant d'être ramassé et secouru par deux soldats qui l'empoignent, le relèvent et le traînent dehors. Fou de douleur, Jackson hurle et s'agite, violemment, en implorant ses frères d'armes de mettre un terme à ses souffrances. Tandis qu'il est évacué, les autres paras se saisissent, sans ménagement, des trois Allemands, abasourdis, ayant survécu au grenadage de la cave (deux d'entre eux sont indemnes) qui, pris par surprise et dans l'impossibilité de résister, se voient contraints d'offrir leur reddition, sous peine d'être abattus.

Sortant de la maison, Mercier et ses hommes rejoignent le groupe de l'aspirant Jones et se replient, au pas de course, vers la berge de la Moder où les attendent leurs embarcations de fortune. Une fois sur place, Mercier utilise son sifflet afin de, comme prévu, signaler à Speirs et Malarkey qu'il est temps d'ouvrir le feu. Sous un tir de couverture efficace et spectaculaire (balles traçantes et explosions illuminent la zone comme un sapin de Noël), les paras regagnent, sans encombre, la rive sud de la Moder et les maisons les abritant, avec deux des prisonniers allemands (le troisième, blessé, est abandonné à son sort, au bord de la rivière).

Quid du sort du soldat Jackson ? Malheureusement pour lui, le pauvre garçon décède, des suites de ses blessures, sous le regard impuissant de ses camarades, lors de son transfert à l'infirmerie. L'autre tué de la *Easy Co.* à Haguenau est le *Sergeant* William F. Kiehn (*3rd Platoon*), né en 1921, passé de vie à trépas, le 10 février 1945, deux jours avant la « patrouille ». En effet, lors d'un bombardement, Kiehn se réfugie dans la cave de la maison la plus proche, mais celle-ci est atteinte, de plein fouet, par une salve d'artillerie lourde et s'effondre. Enseveli sous les gravats, pris au piège et grièvement blessé, Kiehn meurt, rapidement, sans que ses camarades ne puissent ouïr ses appels au secours...

Ci-dessus : à l'issue de la Bataille de Haguenau, Dick Winters est promu *Major*, le 20 février 1945, et officiellement nommé commandant du *2/506th PIR*, le 8 mars suivant. (R. Winters.)

Bien qu'extrêmement téméraire et en dépit de la mort du soldat Jackson, la « patrouille » de la *Easy Co.* se solde finalement, en termes militaires, par un « succès » ; l'avant-poste allemand est détruit et deux prisonniers ont été remis, sains et saufs, au service de renseignement régimentaire, pour interrogatoire, comme exigé par le *Colonel* Sink. Toutefois, cette « expédition nocturne » en valait-elle vraiment la peine ? Question pertinente ! En effet, risquer la vie d'une vingtaine d'hommes pour glaner quelques renseignements peut apparaître comme une décision tout à fait déraisonnable, voire complètement folle ! Si nous regardons la vérité en face, nous sommes encore bien, ici, devant l'une des preuves flagrantes de l'absurdité de la guerre !

Le 23 février, huit jours après la « patrouille », le *506th PIR* est relevé par le *143rd Infantry Regiment* (*36th Infantry Division*) et embarque dans des camions à destination de Saverne, prélude au retour au camp de base de Mourmelon.

La dernière campagne

13

En mars 1945, le général Eisenhower rend visite à la *101st Airborne Division*, à Mourmelon. Sur ce cliché, on le voit rencontrer les « *Kansas Boys* » (soldats originaires de cet état) de l'unité, dont l'ensemble des troupes est félicité pour son héroïsme durant la Bataille de Bastogne. (*US Army*).

Ci-dessous : le soldat James P. Conboy du *Reg. HQ and HQ Co.* du *513th PIR* (*17th Airborne Division*), photographié par Robert Capa, le jour du lancement de l'Opération « *Varsity* ». (*US Army.*)

Mourmelon (25 février -2 avril 1945)

Le 23 février 1945, la *101st Airborne Division* quitte le secteur de Haguenau, relevée par la *36th Infantry Division*. Retirée du front, l'unité est expédiée à Saverne, où elle séjourne jusqu'au 25 du mois, avant de partir pour le camp de Mourmelon.

De retour à Mourmelon, les hommes de la *Easy Co.* bénéficient de l'opportunité de prendre du repos pendant quelques jours, ainsi que de celle de profiter d'un libre accès à des douches, tout comme à des salles de loisirs où la distribution de jeux de société, de livres et de revues, viennent, au même titre que la projection de films hollywoodiens, égayer leur quotidien, en leur permettant de se détendre et de se changer les idées.

Hélas pour les paras, la quiétude de la relative tranquillité qu'on leur a récemment accordée, ne dure pas. En effet, concomitamment à l'arrivée des nouvelles recrues, reprennent les longues et astreignantes séances d'entraînement, suivant un programme très strict, établi par Dick Winters. Bien entendu, les vétérans se plieront à cette « corvée » sans le moindre enthousiasme. Pourtant, maintenir la discipline, intégrer les nouveaux au groupe des vétérans et continuer d'entraîner les troupes se révèle, à ce moment, un « mal nécessaire », surtout compte tenu du fait que la *101st Airborne Division* devait, en principe, selon les plans du haut commandement allié, se montrer pleinement, opérationnelle, en vue de sa participation à l'Opération *Eclipse*, soit le « grand saut » sur Berlin !

Le 24 mars, les soldats de la *Easy Co.* apprennent le lancement de l'Opération *Varsity*, à savoir : le parachutage de deux divisions du *18th Allied Airborne*

Largage des paras de la *17th Airborne Division,* au dessus de l'Allemagne, dans le cadre de l'Opération « *Varsity* ». *(US Army.)*

Corps (*17th US Airborne Division* et *6th Airborne Division*, une unité britannique), à l'est du Rhin, dans la région de Wesel. A la fois déçus et heureux d'être restés « à l'arrière », à Mourmelon, les paras se réjouissent d'être informés du succès de cette offensive se soldant par une victoire néanmoins très, pour ne pas dire trop, chèrement acquise.

Fin mars, la nécessité d'exploiter la percée à l'est du Rhin et de conquérir le cœur de *Reich* incite le haut commandement allié à renvoyer la *101st Airborne Division* en première ligne. De fait, les paras de la *Easy Co.* bouclent leur barda, saisissent leurs armes et repartent en guerre, bien décidés pour la plupart à ne prendre aucun risque inconsidéré, puisque, *a priori*, « les Boches sont foutus » et que la fin du conflit en Europe semble imminente…

Au cœur du Reich (2-22 avril 1945)

Durant la Campagne d'Allemagne, la *101st Airborne Division* est employée comme une « division d'infanterie classique » ; elle se déplace donc à pied ou en camion.

Durant la réduction de la Poche de la Ruhr (la bataille dure du 7 mars au 21 avril et 325000 Allemands sont capturés), le *2/506th* PIR tient une ligne de front s'étendant de Stürzelberg à Worringen, sur la rive ouest du Rhin. L'essentiel de l'activité du bataillon se limite alors à occuper le terrain et, à l'occasion, à envoyer des patrouilles de reconnaissance de l'autre côté du fleuve. En outre, la *Easy Co.* est également chargée de la garde et de la gestion d'un camp de personnes déplacées, réduites à l'état de forçats par les Nazis, dans le voisinage de la bourgade de Dormagen. En parallèle à l'accomplissement de cette tâche ingrate, l'unité continue à s'entraîner et demeure en état d'alerte.

A l'initiative du *Captain* Speirs, les paras se rendent aussi à Cologne. Fortement impressionnés par l'ampleur des destructions, à l'issue de la visite des ruines de la cité rhénane, dévastée, tous cernent bien, maintenant, la nature cruelle et destructrice du « châtiment » infligé à l'Allemagne…

A partir du 22 avril, la *101st Airborne Division* est rattachée à la *7th US Army*, déjà en mouvement vers le sud de l'Allemagne. Ayant franchi le Rhin, dans la région de Mannheim, cette dernière se dirige vers le sud/sud-est, en direction de la Bavière, s'emparant, entre autres, des villes de Heidelberg, Nuremberg, Ingolstadt, Augsbourg et Munich. A cette date, l'objectif des Américains n'est plus Berlin, mais bien le massif alpin car les Alliés redoutent que les derniers irréductibles parmi les Nazis les plus fanatiques, y compris des troupes d'élite de la *Waffen-SS*, se réfugient dans les montagnes, en se fondant dans la nature, afin de mener des actions de guérilla, prolongeant ainsi le conflit en Europe de plusieurs semaines, voire de plusieurs mois ! Espérant prendre les Allemands de vitesse avant l'éventuelle création d'un réduit alpin, les Américains et les Français foncent donc vers la Bavière, balayant, impitoyablement, toute tentative de résistance adverse.

Quittant les rives du Rhin et les positions qu'elle occupe entre Neuss (Düsseldorf) et Cologne, la *101st Air-*

Paras de la *17th Airborne Division*, photographiés dans une ville allemande, cadre des affrontements vécus entre belligérants allemands et américains, lors de l'Opération « *Varsity* ». *(US Army.)*

Ci-contre et au milieu à gauche : vue aérienne des ruines du centre-ville de Cologne, rasé par les bombardements. (*US Army.*)

Soldats allemands, marchant le long d'un autoroute, vers l'arrière, en bon ordre, dans le calme et la discipline, encadrés par leurs officiers, en direction de l'ouest, soucieux de se rendre aux Américains et ainsi d'échapper aux Russes. (US Army.)

borne Division, désormais rattachée à la *7th US Army*, est convoyée en train jusqu'à la ville de Ludwigshafen (à côté de Mannheim, dans le Land de Rhénanie-Palatinat). De là, elle emprunte le trajet précédemment suivi par les autres divisions de la *7th US Army*, en direction de Munich.

Tout au long de son périple au cœur du *Reich*, le *506th PIR* progresse à l'avant-garde de la *101st Airborne Division*. Sans conteste, le régiment de Bob Sink ne rencontre que peu ou pas de résistance sérieuse, de la part de l'ennemi, traversant des zones préalablement sécurisées par d'autres unités de la *7th US Army*. En réalité, il apparaît comme évident que les paras n'ont fait que tenter de rejoindre, sans jamais vraiment y parvenir, les unités amies directement en contact avec l'adversaire, contraintes, quant à elles, de livrer bataille. Non, le principal « obstacle » entravant l'avance des paras consiste à « gérer » la question du flux massif de milliers d'Allemands marchant vers l'arrière, en bon ordre, dans le calme et la discipline, encadrés par leurs officiers, en direction de l'ouest, soucieux de rendre les armes et de se constituer prisonniers dans les plus brefs délais, trop heureux d'échapper à la brutalité de l'Armée Rouge.

Quid de la question des relations entre les paras et la population allemande ? D'une part, ceux-ci se sont comportés en conquérants animés d'un sentiment haineux anti-allemand (une attitude générant son inévitable lot d'exactions), réquisitionnant vivres et habitations, se livrant, parfois, au pillage et commettant, hélas, un nombre indéterminé de crimes de guerre tels que des viols de femmes et de jeunes filles, voire des meurtres de civils considérés, à tort ou à raison, comme « nazis et hostiles ». D'autre part, la politique officielle de non fraternisation et de dénazification se révèle un lamentable échec vu que les Américains nouent, en fin de compte, d'assez cordiales relations avec les civils teutons, du moins lorsqu'ils ne rencontrent pas de résistance aux abords ou dans les agglomérations.

Epouvante à Landsberg (29-30 avril 1945)

En fin de journée, le 29 avril, le *2/506th PIR* fait halte dans la petite ville de Buchloe, érigée à dix kilomètres à l'ouest de Landsberg am Lech, dans la région de Munich. Alors que son bataillon investit les lieux, le *Major* Winters ordonne à ses hommes d'installer un périmètre de sécurité autour du bourg dans lequel les Américains s'apprêtent à passer la nuit ainsi que de patrouiller dans la campagne environnante, à la recherche d'une éventuelle présence adverse. C'est ainsi que l'une des patrouilles, marchant à travers bois, suit un sentier la conduisant à l'une des entrées du complexe concentrationnaire de Hurlach-Kaufering-Landsberg (une des nombreuses annexes au camp principal de Dachau). Là, sont encore détenus plusieurs milliers de prisonniers, en majorité des Juifs d'Europe de l'Est, abandonnés à leur triste sort par leurs geôliers *SS* qui, pour la plupart, ont pris la fuite, inquiets, à juste titre d'ailleurs, du traitement que pourraient leur réserver les Américains.

Le complexe concentrationnaire de Hurlach-Kaufering-Landsberg a été découvert, par hasard, et libéré, le 27 avril, par une unité de la *12th Armored Division*, progressant en avant-garde de la *7th US Army*. Dans ce camp dont les paras ignorent, jusque-là, l'existence, croupissent des êtres dans un état physique indescriptible. Sous les traits de créatures étranges, spectres décharnés, semblant sortir tout droit d'un cauchemar, apparaissent les déportés, hagards et chancelants, maigrement vêtus de leur « pyjama rayé ». Les plus valides d'entre eux sont encore capables de sourire et de s'asseoir, avant de se lever, péniblement, pour s'agripper aux *GI's* et quémander de la nourriture. En revanche, les plus faibles, plus morts que vivants, sont condamnés au trépas et gisent, çà et là, à demi nus, sur le sol souillé d'ordures et d'excréments. Quelle abomination : des êtres humains, traités en esclaves, décimés par les épidémies, ont été exterminés par le travail forcé, les privations et les mauvais traitements !

Vues d'ensemble du site du complexe concentrationnaire de Hurlach-Kaufering-Landsberg, prises à la libération du camp. Parant d'avance au négationnisme, le général Eisenhower demande que les plus grands journalistes et photographes de presse de l'époque, y compris ceux engagés dans l'armée comme reporters de guerre, soient témoins de l'horreur des camps. En outre, on ordonne à ceux-ci de filmer les lieux et de prendre des clichés qui, plus tard, seront utilisés comme preuves contre les accusés au Procès de Nuremberg. (*US Army.*)

La fouille du camp, véritable plongée au cœur de l'épouvante, révèle toute l'horreur de l'univers concentrationnaire nazi. Visitant les lieux, les paras sont outrés par ce qu'ils découvrent et tentent, tant bien que mal, de porter assistance aux déportés. Hélas, nombre d'entre eux mourront encore, après leur libération, faute d'avoir reçu les soins adéquats, de maladie (typhus ou dysenterie) ou suite à l'ingestion d'une nourriture trop riche (les rations militaires américaines, distribuées par les paras) que leur estomac d'affamé n'est plus en mesure de digérer !

Face à l'urgence de la situation et afin d'éviter la propagation d'épidémies, les chefs de la *101st Airborne Division* décident qu'il faut, rapidement, incendier une partie des baraquements et inhumer les dépouilles des déportés qui ont succombé. De fait, ils contraignent les quelques prisonniers *SS*, ex-gardiens du camp ayant choisi de se rendre et non pas de fuir, survivants miraculés de la vague d'exécu-

tions sommaires appliquée, en représailles, suite à la découverte du camp, par les *GI's*, ainsi que les civils des communes avoisinantes à devenir les fossoyeurs chargés d'ensevelir les montagnes de cadavres, présentes sur place. Sous la menace des armes et le regard haineux des paras, les Allemands obéiront, sans broncher. En outre, il se révèle aussi nécessaire de garder le camp « fermé » (surveillé par des sentinelles américaines) afin d'empêcher que les détenus ne se dispersent dans la nature. En effet, les garder « groupés » permettra aux unités médicales de les compter, de les identifier et de les soigner aussi bien que possible…

Pour tous les hommes de la *Easy Co.*, comme pour leurs camarades, la vision du camp de la mort de Hurlach-Kauffering-Landsberg restera, à jamais, un très mauvais souvenir, générant cauchemars ainsi que sentiments de dégoût et de colère. Pour beaucoup, ce sera aussi « la confirmation » qu'ils ont combattu pour une « juste cause »…

Berchtesgaden (4-8 mai 1945)

Du 1er au 2 mai, le *506th PIR* avance vers le sud, en empruntant l'autoroute Munich-Salzburg, progressant à contre-courant d'un flot, quasi ininterrompu, de hordes de soldats allemands cherchant à offrir leur reddition. Le 3 mai, le *Colonel* Sink reçoit pour instruction de la part de ses supérieurs de foncer vers la bourgade alpestre de Berchtesgaden (lieu de villégiature du *Führer* et des plus hauts hiérarques nazis) et de s'en emparer, avant les Français de la 2e Division Blindée (2e DB).

En théorie, la 2e DB est censée flanquer la *101st Airborne Division*, mais, dans les faits, règne la confusion la plus totale et les unités de pointe du *506th PIR* buttent, finalement, à Inzell, sur l'arrière-garde de l'un des groupements tactiques (soit, un *Combat Command*, comme disent les Américains) de cette célèbre unité française, aux ordres du Général Leclerc, aux prises avec un adversaire coriace lui barrant la route (le violent affrontement survenu dans la « passe de Inzell » sera le dernier combat de la 2e DB).

Apprenant que son avance est bloquée par la résistance allemande, la présence des colonnes de la 2e DB, créant un embouteillage monstrueux, ainsi que par la destruction des ponts permettant d'enjamber un ravin croisant la route de Berchtesgaden, Sink ordonne au *2/506th PIR* de contourner l'obstacle, en rebroussant chemin jusqu'à Siegsdorf, et d'atteindre Berchtesgaden par l'est, via Bad Reichenhall, non loin de la frontière autrichienne.

A l'aube du 4 mai, en tête de son bataillon, la *Easy Co.* pénètre dans Berchtesgaden. Une fois le village sous contrôle, Dick Winters réquisitionne l'hôtel

Sur le site de l'Obersalzberg, le *1st Lt.* Albert H. Miller Jr. de la *Able Co.* du *506th PIR* a photographié ce qui ressemble à une caserne en ruines, avec les montagnes en arrière-plan. (Albert H. Miller Jr., via William Smith.)

Soldats américains visitant les ruines du *Berghof*, la résidence secondaire du *Führer*. (*US Army*.)

Ci-contre : entrée de troupes de la *3rd Infantry Division* dans la bourgade bavaroise de Berchtesgaden. (*US Army.*)

Ci-dessous : paras réunis devant l'entrée du *Berchtesgadener Hof*, PC du *Colonel* Sink. (*US Army.*)

Ci-dessous, à droite : deux soldats de la *101st Airborne Division*, trinquant à la victoire, le 8 mai 1945, dans une rue de Berchtesgaden. (*US Army.*)

Berchtesgadener Hof afin que Sink puisse y installer son PC dès qu'il serait sur place. En outre, les soldats du *2/506th PIR* constatent, avec stupeur, que des éléments du *7th Infantry Regiment* (*3rd Infantry Division*), arrivant de Salzburg, sont, également, pré-

Des *P47* de l'*US Air Force* survolant le site ravagé de l'Obersalzberg car précédemment bombardé par des avions de la *Royal Air Force*, les 24 et 25 avril 1945. Sur ce cliché, on aperçoit bien les ruines des luxueux chalets qui servaient de lieu de villégiature aux plus hauts dignitaires du régime nazi. (*US Army*.)

En haut : sur la terrasse du *Berghof*, un groupe d'officiers américains « prend l'apéro », trinquant à la victoire. De gauche à droite : Dick Winters, Lewis Nixon, Harry Welsh, inconnu et Lloyd Cox. (*US Army*, via R. Winters.)

Ci-dessus : vue sur la terrasse du *Berghof*, depuis l'intérieur de la maison. A droite, le *Captain* Lloyd J. Cox, *XO* du *2/506th PIR*. (*US Army*, via R. Winters.)

Ci-contre : les ruines du Berghof, résidence secondaire/ d'été du Führer, en mai 1945. *(US Army.)*

sents sur les lieux. De la bouche de leurs compatriotes, les paras apprennent aussi que les Français les talonnent et, donc, ne sauraient tarder à se porter à leur rencontre…

Certes, les Américains sont arrivés à Berchtesgaden avant les Français, hélas pour eux, « battus à la course » et devancés de quelques heures, seulement. Cependant, *quid* de la question de la prise du *Berghof* et du Nid d'Aigle, résidences secondaires de Hitler?

C'est très simple : dans ce cas, c'est la situation inverse qui s'est produite ! En effet, concentrés sur la conquête de Berchtesgaden, les Américains, qui ignorent, en partie, la présence, dans le secteur, de sites importants, érigés sur l'Obersalzberg, tels que le *Berghof*, négligent, dans un premier temps, de quitter la vallée et d'explorer les alentours du village. De fait, des soldats français profitent de l'occasion pour visiter les lieux avant les *GI's*, prenant là, pour ainsi dire, leur « revanche » ! Les premiers soldats de la 2e DB entrés au *Berghof*, en ruines, car, précédemment bombardé par l'aviation alliée, sont le capitaine Laurent Touyeras (1910-1980) et le caporal François Borg, parvenus sur les lieux en jeep, au soir du 4 mai. Ils y seront rejoints par la 2e section de la 12e compagnie du Régiment de Marche du Tchad, commandée par le lieutenant Albert Messiah (1921-2013).

Du 5 au 8 mai, durant leur séjour à Berchtesgaden, les hommes de la *Easy Co.* ne se privent pas de se loger aussi confortablement que possible, se livrant au pillage et à la « chasse aux souvenirs » ainsi qu'à d'abominables libations, parfois, souvent même, en bien charmante compagnie. Bien entendu, la plupart d'entre eux visitent les ruines du *Berghof* et le Nid d'Aigle, dès que leurs officiers leur accordent quartiers libres, entre deux tours de garde ou séances de tri de prisonniers allemands.

Le repos du guerrier (Kaprun/Zell Am See, Autriche, 9 mai-31 juillet 1945)

Le 8 mai, en fin d'après-midi, le *506th PIR* se voit assigné à une nouvelle mission, à savoir que suite à la fin du conflit en Europe, le régiment doit se rendre à Zell Am See, en Autriche, situé à 80 kilomètres (par la route), au sud de Berchtesgaden, et occuper militairement la région. Cela signifie, évidemment, que le régiment obtient carte blanche pour pacifier et sécuriser la zone tombée sous sa juridiction, soumise, désormais, à l'application de la loi martiale. A 22h00, l'ordre de départ est donné et le convoi transportant les paras se met en route ; il atteint sa destination, le lendemain, à la pointe du jour.

A leur arrivée à Zell Am See, débraillés et hirsutes, les hommes de la *Easy Co.* reçoivent un accueil plutôt mitigé de la part de la population autrichienne. En effet, tous ces gens, apercevant les paras malpropres et pas rasés, revêtus de treillis élimés et souillés, constatent, immédiatement, que leur allure contraste, fortement, avec celle des 25000 soldats allemands, toujours en armes, présents dans la région. Contrairement aux Américains, dont la « gueule de bois » est plus qu'apparente et dont l'indiscipline crève les yeux, les soldats de la *Wehrmacht*, bien que vaincus, gardent, quant à eux, la tête haute, conservant leur dignité ainsi qu'un aspect martial. En outre, tous continuent d'observer une stricte discipline militaire prussienne.

Le 9 mai, le *2/506th PIR* compte moins de 600 hommes. Or, le bataillon reçoit la reddition de 25000 Allemands, stationnés dans sa zone d'occupation ! Comment procéder pour gérer, efficacement, la situation ? C'est bien la question que se pose Dick Winters. La première démarche entreprise par le jeune *Major* est de convoquer l'officier le plus haut en grade, présent parmi les prisonniers allemands. Ensuite, lors d'une entrevue des plus courtoises, Winters et l'officier allemand s'accordent sur les termes d'un « contrat », stipulant que toutes les armes seront remises aux Américains et que les officiers, conservant leur pistolet, tout comme les membres de la *Feldgendarmerie*, maintiendront l'ordre et la discipline au sein de la foule de prisonniers.

Dès le 10 mai, Winters et son acolyte, Lewis Nixon, entreprennent d'inspecter les cantonnements des prisonniers de guerre. Avec joie et soulagement, ils constatent que les ordres donnés par Winters sont

Le *Kehlsteinhaus*, plus connu sous le nom de « Nid d'Aigle » du fait de sa position sur un piton rocheux sur le flanc de la montagne dite du *Hoher Göll*. Construit à partir de 1937, cette maison de pierre est offerte à Hitler, par les autorités du Parti Nazi, en 1939, le jour de son cinquantième anniversaire. Cependant, souffrant de vertige, le *Führer* ne s'y rendra qu'à de quelques rares occasions... (*US Army*.)

Vue sur la route menant au Nid D'Aigle, un bâtiment érigé au sommet d'un piton rocheux qu'on aperçoit à l'arrière-plan. (J. Pangerl, via Mark Bando.)

Ci-dessus : photographie prise à l'intérieur du Nid d'Aigle, dans le salon. (J. Pangerl, via Mark Bando.)

Ci-contre et page suivante : les soldats allemands capturés dans le secteur de Berchtesgaden, par les paras du *506th PIR*, sont triés, regroupés et puis transportés en bus jusqu'à Bad Reichenhall où ils embarquent dans des camions à destination des camps de prisonniers de la région de Munich. (Albert H. Miller Jr., via William Smith.)

1688140

En haut : la bourgade de Zell Am See, au début du XXe siècle. (Collection privée.)

Au centre : le *Major* Winters à Zell Am See/Kaprun. (R. Winters.)

En bas : photo de groupe de la *Easy Company* prise à Kaprun, au début de l'été 1945. (*US Army*/Archives du *506th PIR*.)

appliqués à la lettre et que l'accord passé avec l'officier allemand le plus gradé, conclu la veille, est pleinement respecté ! On ne peut plus coopératifs, les prisonniers semblent en forme et heureux, réunis au sein de camps, certes, improvisés, mais impeccablement gérés.

A partir du lendemain, les paras commencent à « trier » les prisonniers de guerre présents dans leur zone d'occupation (une tâche laborieuse). Après interrogatoire, les captifs sont soit renvoyés dans leur foyer, soit dirigés vers des camps de prisonniers établis au nord, par-delà de la frontière allemande, dans la région de Munich. Bien entendu, les blessés reçoivent tous les soins adéquats et ceux suspectés, à tort ou à raison, d'être des criminels de guerre nazis sont remis dans les mains d'unités spécialisées (commissions d'enquête sur les crimes de guerre) ou bien « sommairement passés par les armes, après un jugement expéditif ».

Au début de l'été, une fois la question des prisonniers allemands traitée, les paras se retrouvent, pour ainsi dire, « au chômage », « livrés à eux-mêmes et réduits à l'oisiveté ». En effet, le *2/506th PIR* troque son statut d'unité de combat pour celui de troupe d'occupation ! Autrement dit, comme la guerre est finie, les paras n'ont plus d'ennemi à combattre. En revanche, ce dont ils disposent en quantité c'est du temps libre, des armes et de l'alcool...

La région de Zell Am See – Kaprun (Kaprun, un village situé à une dizaine de kilomètres de Zell Am See, abrite le QG du *2/506th PIR*) offre un cadre idyllique, encore plus enchanteur que la bourgade de Berchtesgaden et ses environs, avec ses lacs d'eau cristalline et ses montagnes boisées, aux sommets enneigés. Comprenons donc par là que l'endroit, avec son paysage dont la beauté est à couper le

souffle, est le lieu idéal pour le « repos du guerrier ». D'une part ce sera, effectivement, le cas. D'autre part, bien des malheurs viendront, encore, ternir et endeuiller, le souvenir de ce chaud été 1945.

Fait historique avéré : durant la fin du printemps et l'été, les paras ont pris une cuite tous les soirs ! A cette époque, l'alcool coule à flots et, une fois la nuit tombée, la fête bat son plein (les « réjouissances », qu'il s'agisse, entre autres, de soirées dansantes ou d'activités culturelles, sont organisées par les services de relations publiques ou le « comité des fêtes » du *506th PIR*) ! Conscients qu'ils ne peuvent que « limiter les dégâts », les officiers, somme toute relativement impuissants, ferment les yeux, du moins tant que les dérives liées à l'abus de boisson ne prennent pas trop d'ampleur. Ceci dit, hélas, l'ivrognerie des paras, atteignant des sommets, engendre pas mal d'incidents, trop souvent dramatiques, tels que, par exemple, une série regrettable d'accidents de la route causant morts d'hommes.

Outre la consommation effrénée d'alcool, les paras, libérés des corvées, tels que la lessive, la cuisine ou bien le ménage, que d'autres accomplissent, volontiers, à leur place (prisonniers allemands et déportés des deux sexes, fraîchement libérés des camps de travail de la région, se portant volontaires pour être les « larbins » des *GI's*, en échange d'argent, de cigarettes ou de nourriture), trouvent le moyen de « tuer le temps » en s'adonnant au sport, à la chasse (dans les bois, le gibier pullule) ou à la drague et ce avec un succès retentissant. Sans conteste, les paras, après avoir enduré les affres de la vie sur le front, ont bien profité de cette période de « repos du guerrier »...

Epilogue

Le 31 juillet 1945, tandis que le gros des effectifs de *101st Airborne Division* demeure en Autriche, le *506th PIR* quitte Zell Am See et rejoint, en train, la ville de Joigny (département de l'Yonne). De retour en France, les paras logent dans une caserne militaire érigée dans les faubourgs de la cité bourguignonne.

A partir du 10 août, suite au largage des deux bombes atomiques sur le Japon et à l'imminence de la très probable reddition de l'Empire du Soleil Levant, les *Airborne Troops* basées en Europe subissent une réorganisation d'envergure n'épargnant pas le *506th PIR*. Tout d'abord, la plupart des vétérans ne désirant pas rester et faire carrière dans l'armée, y compris et surtout ceux du *D-Day*, sont renvoyés aux USA afin d'être rendus à la vie civile (démobilisation avec les honneurs et versement dans la réserve pour une durée de 3 à 5 ans). Ensuite, la majorité des plus jeunes recrues sont transférées à la *17th* ou à la *82nd Airborne Division*. De fait, le *506th PIR* ressemble, alors, bien plus à une unité d'instruction et de transit qu'à un régiment opérationnel, prêt à combattre !

Le 11 août, le *Colonel* Sink est promu commandant en second de la *101st Airborne Division*, en train de « se vider de sa substance » suite à la dissolution de nombreuses unités. Les larmes aux yeux, l'officier quitte son régiment, si cher à son cœur. Dix jours plus tard, c'est le *Major-General* Taylor qui s'en va et rentre aux USA pour prendre la direction de West Point. Au même moment, le *506th PIR* est expédié en Allemagne et se voit cantonné à Berlin, provisoirement rattaché à la *82nd Airborne Division*.

Le 30 novembre, la *101st Airborne Division* (ou, du moins, ce qu'il en reste, *cf. supra*) est mise en « inactivité ». Autrement dit : l'unité est, purement et simplement, dissoute. Quant au *506th PIR*, il subit le même sort ; la *Easy Co.* cesse donc d'exister...

Dès l'année 1946, à l'initiative de Bill Guarnere et de quelques autres vétérans de la *Easy Co.*, se tient, une fois l'an, le banquet réunissant les « anciens de la *Easy* » et leurs familles. Encore aujourd'hui, la tradition perdure, même si, toutefois, le nombre de vétérans présents a fortement décru, du fait de la disparition progressive et inévitable de ces hommes, tous nés entre 1910 et 1928, ex-jeunes soldats devenus vieillards, au fil des années, victimes du temps. D'ailleurs, à l'heure de la rédaction de ces lignes, seuls 16 vétérans de la *Easy Company (2/506th PIR)* « *Band of Brothers* » sont encore en vie. Le plus âgé d'entre eux est Don Malarkey (94 ans)...

Herbert Suerth et Bill Guarnere. (W. Guarnere.)

Réunion des anciens de la *Easy Co.*, en 1946. Au premier rang (de gauche à droite) : « Skinny » Sisk, « Shifty » Powers, Don Moone, « Popeye » Wynn, Carwood Lipton, Bill Guarnere et « Buck » Taylor. Au deuxième rang (de gauche à droite) : Ronald Speirs, Herbert Suerth et Ed Shames. (W. Guarnere.)

Postface :
Du « drame de Brécourt » au Musée d'Utah Beach

On commence seulement, depuis une vingtaine d'années, à évoquer le sort tragique des Normands au milieu de la bataille de Normandie, plus de 20 000 morts civils, plus que les soldats anglais qui, pourtant, durent affronter le combat. Civils tués sous les bombardements alliés, au milieu des combats, « dommages collatéraux », mais aussi dans la « furie des combats », ce qui est le cas dans le « drame de Brécourt ». « L'épopée » ne doit pas faire oublier que les civils normands en furent bien souvent les victimes innocentes, les exemples en sont infinis. Leur courage fut exceptionnel et, après les combats, ils durent reconstruire, dans des conditions très difficiles, en gardant pour eux tout ce qu'ils ont subi lors de ces semaines terribles. La douleur, muette, a atteint son paroxysme, à la fin de la bataille, avec le bombardement du Havre. Tout ceci doit être rappelé. Et l'exemple de la famille de Vallavieille témoigne de la grandeur d'âme de tous les Normands qui ont su pardonner et rebâtir.

Georges Bernage
Editeur et historien

Après avoir lu avec intérêt cet ouvrage, je voudrais apporter quelques informations sur la bataille de Brécourt et sur mon père Michel de Vallavieille dans un souci de toujours transmettre la vérité.

Avec le temps qui passe, je constate que les historiens et les guides sont beaucoup plus bavards que les témoins.

Pendant des années, quand nous étions enfants, nous avons toujours été préservés de cette bataille qui reste un épisode tragique. Par respect pour notre famille et en particulier pour notre père, qui n'en parlait jamais, nous avons continué à ne rien dire. Aujourd'hui, il faut donner une version la plus juste possible de la vérité et ne pas accepter les dérives.

Les quatre canons de la batterie allemande sont arrivés à Brécourt en février 1944. Les hommes vivaient pour partie dans la maison et les dépendances et aussi dans les autres fermes voisines. Le 15 mai 1944, la batterie est remplacée par une batterie hippomobile composée de soldats plus vieux ou très jeunes. Notre père nous a toujours dit que, le 6 juin, si la première batterie était restée, il n'y aurait eu aucun survivant. Cette position n'était pas connue des renseignements donc pas bombardée, ce qui fut une chance.

Pendant la première partie de la nuit, les Allemands ont donné à mon grand-père un livre de messe pris sur un parachutiste qu'ils avaient tué. Ce livre est au Musée et je trouve cela très symbolique que d'apprendre ainsi le début du débarquement.

Les habitants de Sainte-Marie-du-Mont avaient une grande confiance en mon grand-père, officier de la Première Guerre. Je citerai comme exemple des habitants de la dune venant chercher refuge à Brécourt après les premiers bombardements à *Utah Beach*, disant : « *le Colonel va nous protéger* ».

La mission des parachutistes était de sécuriser les sorties de *Utah*. Ils sont arrivés par hasard sur cette batterie en action qui tirait sur la plage. C'était un réel danger pour les unités qui commençaient à débarquer. Au petit matin a lieu la première attaque frontale de la compagnie D qui est un échec. Je regrette toujours de ne rien connaître à propos de ces parachutistes morts ici et oubliés. Pour le déroulé de la bataille, je me réfère au plan réalisé par Dick Winters, avec mon père et mon oncle Louis de Vallavieille, lors de sa première visite en 1984. Je ne reviendrai pas sur le déroulé, ce serait trop long.

Ma famille était cachée dans une pièce aux murs solides, à gauche du porche, sous la protection de mon grand-père, homme d'expérience de la guerre. En fin de matinée, les parachutistes tirant à travers les fenêtres, ils décidèrent de sortir tous ensemble. Ce sont les parachutistes qui ont obligé mon père à avancer et qui lui ont tiré cinq balles dans le dos, menaçant ensuite le reste de la famille et les personnes qui étaient avec eux. Mon grand-père a eu toutes les peines du monde à faire comprendre que mon père était un civil et lui officier prêt à donner sa vie pour sauver son fils.

Un infirmier américain arrive enfin, avec son talkie-walkie, et demande aux chars venant de *Utah* d'arrêter de tirer vers la maison.

Mon père est transporté vers *Utah* sur un brancard, dans un état très critique, enjambant les 32 chevaux de la batterie tués par les Allemands afin de ne pas être utilisés par les Américains. Mon père est opéré une première fois à *Utah* le 7 juin. Il part vers l'Angleterre le 10, toujours en très mauvais état. Mes grands-parents resteront de très longues semaines sans nouvelles. Il reviendra 8 mois plus tard avec des séquelles à vie.

Le champ des canons devient un hôpital américain dès le 7 juin. Les autres herbages aux alentours deviennent des dépôts pour le port artificiel d'*Utah*. Ils sont dévastés, il faudra beaucoup de temps et de courage pour tout remettre en état.

Mon père devient Maire de Sainte-Marie-du-Mont en 1949 jusqu'à 1991, à sa mort. Il fonde le musée en 1962 avec beaucoup de difficultés, à cette période tout le monde voulait oublier. Il rencontre beaucoup de vétérans et se lie d'amitié avec les grands officiers de *Utah*. Il met tout son cœur et toute son énergie dans cette réalisation. Il estimait qu'il avait eu de la chance de s'en tirer par rapport à ses 2 frères, morts en 1940, et le grand nombre de victimes civiles.

J'ai repris la responsabilité du Musée en 1991. Je sais que son esprit veille sur nous et sur son Musée pour que nous restions dans le droit chemin.

Charles de Vallavieille

Photo de Michel de Vallavieille. A côté de lui, debout, son frère Louis. Assis à droite Dick Winters et, à gauche, Walter Gordon. (Coll. Musée d'Utah Beach.)

Table des matières

Erratum :
- **Page 15 :** le chapitre 14 « Galerie de portraits » a finalement été supprimé.
- **Page 36, photo en haut à gauche :** photo parvenue des USA avec une légende erronée. Veuillez-nous excuser. (Photo L. Jansma.)

Conclusion

Aujourd'hui, la *Easy Company* du *2/506th PIR*, mondialement connue, jouit de la renommée enviée de « meilleure compagnie d'infanterie d'élite ayant combattu, au sein de l'*US Army*, durant la Seconde Guerre mondiale » ! Seulement voilà, au-delà de la « légende », demeure la véracité des faits historiques. De fait, on est en droit de se demander si la flatteuse réputation de la *Easy Co.* est méritée ou surfaite. Après vérification, on s'aperçoit que derrière la légende se dissimule bien une grande part de vérité. C'est pourquoi, selon nous, on peut affirmer, sans flagornerie aucune, que la *Easy Co.* se montre digne de sa renommée. Par contre, il est indéniable que cette unité n'est pas la seule compagnie de courageux soldats (paras ou autres) pouvant prétendre récolter tous les honneurs. Alors, pourquoi tant de commémorations restent-elles liées au souvenir des actions héroïques de la *Easy Co.* ? Tout simplement parce que celle-ci a, largement, bénéficié, sans que les vétérans ne l'aient demandé, ni même souhaité, au départ, de « l'effet de propagande mythifiant » (avec ses retombées commerciales) du phénomène d'hypermnésie engendré par par le succès de la série TV « *Band of Brothers* » (certes, une mise en scène réductrice et théâtrale de l'histoire, mais demeurant excellente, voire quasi documentaire sous bien des aspects), devenue culte! En outre, en dehors de toute polémique, retenons surtout que la *Easy Co.* comptait dans ses rangs une majorité d'hommes ordinaires volontaires pour accomplir des exploits extraordinaires en se montrant braves et dévoués à la cause qu'ils défendaient ainsi qu'à leurs frères d'armes dans la pire épreuve qui soit, c'est-à-dire la guerre. Ce type d'hommes c'est ce que nous appelons, communément, des héros et ce même si ce qualificatif dérange, encore et toujours, les vétérans qui n'éprouvent que le sentiment d'avoir accompli leur devoir, ni plus, ni moins.

Assurément, les hauts faits d'armes de la *Easy Co.*, intégrant le large ensemble de ceux accomplis par tout le *2/506th PIR*, figurent en bonne place parmi la multitude d'actions militaires ayant contribué à la victoire des Alliés en Europe de l'Ouest. Toutefois, n'oublions pas que l'héroïsme se paye, souvent, presque toujours même, au prix fort, soit au « tarif du sang versé ».

Sources :

- Documentation provenant des archives du *506th PIR* (*US Army*)

- Documentation provenant des archives de la *506th Airborne Infantry Regiment Association*.

- Documentation provenant des archives de la *Friends of Easy Company, 506th PIR*.

- Documentation provenant des archives de la *Men of Easy Company Association*.

- « The Battle of Carentan (8-15 june 1944) », in *Utah Beach to Cherbourg (6-27 june 1944)*, *Historical Division*, *US War Department*, 1948.

- *We Stand Alone Together*, film documentaire, produit par HBO.

- Discussions et échanges de correspondance avec les spécialistes et vétérans cités en page 1 du présent ouvrage (2004-2016).

Bibliographie :

- Alexander Larry, *Biggest Brother. The Life Of Major Dick Winters*.

- Ambrose Stephen, *Frères d'armes. Compagnie E du 506ᵉ PIR, 1942-1945*.

- Bando Mark, *101st Airborne. The Screaming Eagles in WWII*.

- Bando Mark, *Vanguard of the Crusade. The 101st Airborne Division in World War II* (publié en français aux Editions Heimdal)

- Bando, Mark, *Avenging Eagles. Histoire secrète de la 101st Airborne Division* (Heimdal).

- Bernage Georges, *Utah Beach*, Heimdal.

- Bernage Georges, *Objectif : Carentan (6-15 juin 1944)*, Heimdal.

- Brotherton Marcus, *A Company of Heroes. Personnal Memories about the Real Band of Brothers*.

- Brotherton Marcus, *Shifty's War* (écrit en collaboration avec Shifty Powers).

- Brotherton Marcus, *We Who Are Alive and Remain: Untold Stories from the Band of Brothers*.

- Compton Lynn, *Call of Duty. My Life Before, During and After the Band of Brothers.*

- Deschodt Christophe et Rouger Laurent, *Paras du D-Day, les Américains (82nd et 101st Airborne Divisions US).*

- De Trez Michel, *Cpl. Forrest L. Guth*, Collection *« The Way We Were – WWII Paratroopers Portrait Series »*.

- Esquerre Christophe et Vallee Gilles, *La nuit de la liberté* (Heimdal).

- Guarnere William et Heffron Edward, *Brothers in Battle. Best of Friends.*

- Kingseed Cole, *Conversations with Major Dick Winters. Life Lessons from the Commander of the Band of Brothers.*

- Koskimaki George, *D-Day with the Screaming Eagles.*

- Koskimaki George, *Les bâtards battus de Bastogne (Chronique de la défense de Bastogne, 19 décembre 1944 – 17 janvier 1945).*

- Malarkey Donald, *Easy Company Soldier*.

- Mac Donald Charles, *Noël 44 – La Bataille d'Ardenne.*

- Winters Richard, *Beyond Band of Brothers. Memoirs of Major Dick Winters.*

A visiter :

- *D-Day Paratroopers Historical Center* (*Dead Man's Corner Museum + D-Day Experience*), à Saint-Côme-du-Mont (Normandie).

- Manoir de Donville et Musée Mémorial de la Bataille de *Bloody Gulch*, à Carentan (Normandie).

- « Le Mess », Musée de la *101st Airborne Division*, à Bastogne (Ardennes belges).

- *December 44 Historical Museum*, à La Gleize (Ardennes belges)

Conseils de lecture :

1/ Tous les livres repris dans la bibliographie de cet ouvrage, y compris et surtout les publications des Editions Heimdal.

2/ Les ouvrages de Donald R. Burgett, vétéran de la *Able Co.* du *1/506th PIR*, à savoir :

Currahee! A Screaming Eagle at Normandy;

The Road to Arnhem ;

Seven Roads to Hell ;

Beyond the Rhine: A Screaming Eagle in Germany.

3/ Les ouvrages de Ian Garder, biographe de Ed Shames et historien du *3/506th PIR*, à savoir :

Tonight We Die As Men (*3/506th PIR*, vol. 1) ;

Deliver Us From the Darkness (*3/506th PIR*, vol. 2) ;

No Victory in Valhalla (*3/506th PIR*, vol. 3) ;

Airborne. The Combat Story of Ed Shames.

4/ L'intégralité de la longue série de publications parue dans la foulée du succès planétaire remporté par l'événement télévisuel *Banf Of Brothers*.

Remerciements :

Nos plus vifs et sincères remerciements, expression de notre profonde et reconnaissante gratitude sont adressés à...

Tous nos proches (famille et amis), y compris et surtout à nos parents ainsi qu'à notre chère et tendre épouse, Judith, pour sa patience et ses encouragements ;

Toute l'équipe des Editions Heimdal ;

Toutes les personnes qui ont participé à la réalisation de notre ouvrage, y compris les spécialistes et vétérans cités en page 1 ainsi que, entre autres, Mark Bando, Laurent Berrafato, Ronald Bouwknegt, Philippe Chapron, Robert Fergloute, Jim Martin, Jake Powers, Nicolas Roos, Bert Siezen, William Smith, Cathy Spitzenberger, Tom Timmermans (webmaster du site *www.battledetective.com*), Gilles Vallée, Jan Van Bakel, Denis Van Den Brink, Peter Van Der Linden et Timo Worst.

Achevé d'imprimer en mars 2016 sur les presses de l'imprimerie
de Champagne, Langres, pour le compte des Editions Heimdal.
Georges Bernage, éditeur.